**Kohlhammer
Urban** Taschenbücher

Band 694

Grundriss der Pädagogik/ Erziehungswissenschaft

Band 34

Herausgegeben von Werner Helsper, Jochen Kade, Christian Lüders, Frank-Olaf Radtke und Werner Thole

Bereits erschienen:

Band 2
J. Abel/R. Möller/K.P. Treumann
Einführung in die Empirische Pädagogik

Band 3
I. Diehm/F.-O. Radtke
Erziehung und Migration

Band 11
J. Kade/D. Nittel/W. Seitter
Einführung in die Erwachsenenbildung/ Weiterbildung

Band 13
Ulrich Heimlich
Integrative Pädagogik

Band 15
Sigrid Nolda
Pädagogik und Medien

Band 16
Georg Peez
Einführung in die Kunstpädagogik

Band 17
Franz Hamburger
Einführung in die Sozialpädagogik

Band 19
Friedrich Schweitzer
Pädagogik und Religion

Band 20
Walter Herzog
Pädagogik und Psychologie

Band 21
Jörg Zirfas
Pädagogik und Anthropologie

Band 23
Ingo Richter
Recht im Bildungssystem

Band 24
Andreas Wernet
Hermeneutik – Kasuistik – Fallverstehen

Band 25
Klaus Prange
Schlüsselwerke der Pädagogik Band 1: Von Plato bis Hegel

Band 28
Harm Kuper
Evaluation im Bildungssystem

Band 30
Barbara Rendtorff
Erziehung und Geschlecht

Band 32
K. Prange/G. Strobel-Eisele
Die Formen des pädagogischen Handelns

Christel Adick

Vergleichende Erziehungswissenschaft

Eine Einführung

Verlag W. Kohlhammer

Dieses Werk einschließlich aller seiner Teile ist urheberrechtlich geschützt. Jede Verwendung außerhalb der engen Grenzen des Urheberrechts ist ohne Zustimmung des Verlags unzulässig und strafbar. Das gilt insbesondere für Vervielfältigungen, Übersetzungen, Mikroverfilmungen und für die Einspeicherung und Verarbeitung in elektronischen Systemen.

Alle Rechte vorbehalten
© 2008 W. Kohlhammer GmbH
Gesamtherstellung:
W. Kohlhammer Druckerei GmbH + Co. KG, Stuttgart
Printed in Germany

ISBN 978-3-17-018858-7

Grundriss der Pädagogik/ Erziehungswissenschaft

Die einzelnen Bände der Reihe »Grundriss der Pädagogik/Erziehungswissenschaft« präsentieren jeweils grundlegende, wissenschafts- und berufsorientierte Einführungen in erziehungswissenschaftliche Teilgebiete und Themenfelder. Die Reihe wendet sich insbesondere an Studierende, aber auch an BerufspraktikerInnen in den verschiedenen pädagogischen Handlungsfeldern, an Lehrende in der akademischen Erstausbildung sowie in der Fort- und Weiterbildung. Die Systematik der Reihe ist orientiert an dem gewachsenen Ausdifferenzierungsprozess erziehungswissenschaftlicher Frage- und Problemstellungen. Sie greift die damit verknüpften Herausforderungen auch aus dem Umfeld der pädagogischen Arbeits- und Handlungsfelder systematisch auf und reflektiert die damit korrespondierenden Handlungsprobleme, neuen Unsicherheiten und sich wandelnden Aufgabenstellungen.

Mit den einzelnen Bänden der Reihe »Grundriss der Pädagogik/Erziehungswissenschaft« soll der Blick für neuere Entwicklungen in den pädagogischen Handlungsfeldern, der erziehungswissenschaftlichen Forschung und der Theoriebildung geöffnet werden. Im Mittelpunkt stehen die pädagogischen Handlungsformen und Methoden im Spannungsfeld von Profession und Disziplin sowie das Verhältnis von Erziehung und Bildung zu wissenschaftlichen Diskursen und gesellschaftlichen Entwicklungen.

Die Autorinnen und Autoren der Reihe sind Erziehungswissenschaftler, die die verschiedenen Fachrichtungen repräsentieren. Damit gewährleisten die einzelnen Bände der Reihe »Grundriss der Pädagogik/Erziehungswissenschaft« einen theoretisch fundierten, berufsfeldorientierten und empirisch abgesicherten Einblick in aktuelle Fragestellungen und Entwicklungen der Erziehungswissenschaft.

Herausgeber
Prof. Dr. Werner Helsper (Universität Halle-Wittenberg)
Prof. Dr. Jochen Kade (Universität Frankfurt am Main)
Dr. Christian Lüders (Deutsches Jugendinstitut München)
Prof. Dr. Frank-Olaf Radtke (Universität Frankfurt am Main)
Professor Dr. Werner Thole (Universität Kassel)

Inhaltsverzeichnis

Einleitung 11

**1   Was ist Vergleichende
      Erziehungswissenschaft?** 15
1.1   Die Erfindung der Vergleichenden
      Erziehungswissenschaft 15
1.2   Akademische Organisationen der
      Vergleichenden Erziehungswissenschaft 24
1.3   Definitionen und Zuordnungen, Inklusion
      und Exklusion von Fachgebieten 29

**2   Die Gegenstandsstruktur der
      Vergleichenden Erziehungswissenschaft** 47
2.1   Erziehung und Bildung im internationalen
      Diskurs 48
2.2   Die Gegenstände der
      Vergleichenden Erziehungswissenschaft 52
2.3   Komparatisten und Internationalisten
      in der Vergleichenden Erziehungswissenschaft 63
2.4   Reflexionsebenen und Wissensformen
      in der Erziehungswissenschaft 67
2.5   Reflexionsebenen und Wissensformen
      in der Vergleichenden Erziehungswissenschaft 74

**3   Alltagswissen in der Vergleichenden
      Erziehungswissenschaft** 78
3.1   Alltägliches im Unterschied zu
      wissenschaftlichem Wissen 79

3.2 Der Typus ›Bericht‹ als Wissensform mit implizitem Vergleich 82
3.3 Alltagswissen in der internationalen bzw. interkulturellen Erziehungspraxis 89
3.4 Aus der Praxis für die Praxis: KMK-Empfehlungen für die ›Internationale Erziehung‹ 93
3.5 Alltagswissen im Bereich der Internationalen Bildungspolitik 100

4 Regelwissen und Modelle in der Vergleichenden Erziehungswissenschaft 107
4.1 Vergleichende Pädagogik 108
4.2 Internationale Reformpädagogik 113
4.3 Interkulturelle und Internationale Pädagogiken 116
4.4 Internationale Pädagogik in internationalen Schulen 130
4.5 Forschungsmodelle und Bildungsprogramme in der Internationalen Bildungspolitik 135

5 Wissenschaftliches Wissen in der Vergleichenden Erziehungswissenschaft 142
5.1 Der Vergleich 144
5.2 Vergleichende Untersuchungsdesigns 151
5.3 Das Internationale in der Vergleichenden Erziehungswissenschaft 154
5.4 Verschränkung international vergleichender und interkultureller Untersuchungsperspektiven 160
5.5 Und die Theorie? 165
5.6 Das Theorie-Konzept der ›world polity‹ 167

6 Metatheoretisches Wissen in der Vergleichenden Erziehungswissenschaft 176
6.1 Paradigmen der Vergleichenden Erziehungswissenschaft und Funktionen des Vergleichs 177

6.2	Der methodologische Nationalismus und Kulturalismus – das Ende der Vergleichenden Erziehungswissenschaft?	184
6.3	Ein Klassifikationsschema für einen Vergleich von Theorien	188
6.4	Kritische Fortsetzung des Theorienvergleichs	192
6.5	Weltsystem – Weltkultur – Weltgesellschaft	200

Ausblick 212

Weiterführende Hinweise 217

Literaturverzeichnis 224

Verzeichnis der Abkürzungen 241

Einleitung

Diese Einführung setzt sich das Ziel, jenen Leserinnen und Lesern, die sich bisher mit der Vergleichenden Erziehungswissenschaft noch nicht oder erst in Anfängen beschäftigt haben, eine Orientierung zu geben, die es ihnen gestattet, einen *Einblick in Grundfragen der Disziplin* zu gewinnen. Mit dem Begriff ›Grundfragen‹ sind immer wiederkehrende Probleme der Zuordnung, Definitionen und Abgrenzungen gemeint, z.B. die Frage, ob und mit welcher Begründung bestimmte Themen zu den Aufgaben der Vergleichenden Erziehungswissenschaft gehören oder nicht.

Ein weiteres Anliegen ist es, *aktuelle Diskussionen, Forschungsergebnisse und Reformprojekte*, die sich mit internationalen und interkulturellen Dimensionen von Erziehung und Bildung beschäftigen, *in einen größeren Kontext einordnen* zu können. Beispielsweise stellt sich die Frage, welchen Stellenwert internationale Schulleistungsvergleiche wie die inzwischen weithin bekannten PISA-Studien oder Programme wie »Bildung für nachhaltige Entwicklung« in der Vergleichenden Erziehungswissenschaft haben und wo sie dort anzusiedeln sind.

Ferner zielt dieses Buch auf die *Sensibilisierung für unterschiedliche Wissensbestände und Textgattungen* in der Vergleichenden Erziehungswissenschaft. Es geht darum, (potenzielle) Wissensbestände klassifizieren zu können, um somit deren jeweilige Argumentationslogik und die damit gegebenen Typiken und Beschränkungen wahrzunehmen. Dies bedeutet beispielsweise, das Bildungsprogramm einer internationalen Organisation von einem Bericht oder einer Untersuchung unterscheiden zu können.

Des Weiteren möchte diese Einführung auch Anregungen für *eine eigenständige Weiterarbeit im Bereich der Vergleichenden Erziehungswissenschaft geben*. Hierzu wird versucht, die Rezeption und Aufbereitung von Informationen vorzustrukturieren, da angesichts der Fülle von potenziell erreichbaren Informationen (nicht zuletzt im Internet) gerade Anfänger Gefahr laufen, ›den Wald vor lauter Bäumen‹ nicht mehr zu sehen. Dies zeigt sich z.B. in der Notwendigkeit einer organisierenden Fragestellung und in der Berücksichtigung verschiedener Reflexionsebenen bei Recherchen zu einem Thema.

Letztendlich soll dieses Buch auch dazu anregen, *eigene Berufsmotivationen zu reflektieren*. Dies soll dadurch geschehen, dass Praxisfelder angesprochen werden, für die ein Studium der Vergleichenden Erziehungswissenschaft von Nutzen sein kann, z.B. in der interkulturellen Erziehung in der Schule, in Projekten des globalen Lernens in der außerschulischen Bildung oder in der Programmarbeit internationaler Nichtregierungsorganisationen.

Im *ersten Kapitel* des Buches wird die Frage »Was ist Vergleichende Erziehungswissenschaft?« aufgeworfen. Zur Beantwortung wird auf die Entstehung dieser Disziplin und auf wichtige in diesem Bereich agierende akademische Organisationen hingewiesen. Ferner werden erste Abgrenzungsversuche unternommen, um zu klären, welche Themen und Fragestellungen in dieses Fachgebiet fallen und warum dies so sein sollte.

Das *zweite Kapitel* dient der Schaffung eines Ordnungs- und Begründungszusammenhangs, der dem gesamten Buch zugrunde liegt. Es wird nach den Gegenständen der Vergleichenden Erziehungswissenschaft gefragt und danach, wie man Wissensbestände in diesem Fachgebiet sinnvoll ordnen kann. Im Rekurs auf allgemeine erziehungswissenschaftliche Diskurse über Theorie- und Wissensformen wird eine Strukturierung unterbreitet, die eine Unterscheidung in Alltagswissen, Regelwissen und Modelle, wissenschaftliches Wissen und metatheoretische Reflexionen vorsieht. An diesen vier Reflexionsebenen orientieren sich die weiteren Kapitel des Buches.

Dementsprechend beschäftigt sich das *dritte Kapitel* mit dem alltäglichen Handlungswissen in der Vergleichenden Erziehungswissenschaft, nennt Beispiele aus internationalen bzw. interkulturellen Erziehungspraxen und klassifiziert diese. Einschlägige Empfehlungen der Kultusministerkonferenz (KMK) werden als alltägliche Wissensformen identifiziert, die ›aus der Praxis für die Praxis‹ verfasst werden. Auch in der Internationalen Bildungspolitik finden sich Routinen, die sich als Alltagswissen ansehen lassen.

Im *vierten Kapitel* geht es um Regeln und Modelle bzw. Pädagogiken, die für die Vermittlung von Professionswissen eine Rolle spielen. Bestimmte Arten von Länder- und Kulturstudien werden als ›Vergleichende Pädagogik‹ etikettiert. Hinzu kommt eine Beschäftigung mit der Internationalen Reformpädagogik sowie den Varianten Interkultureller und Internationaler Pädagogiken. Schließlich werden vergleichende Forschungsstrategien erläutert, die evidenzbasierte Entscheidungen vorbereiten und zur Programmentwicklung in internationalen Organisationen beitragen sollen. Diese können als das ›Handwerkszeug‹ der Internationalen Bildungspolitik gelten.

Anschließend erfolgt im *fünften Kapitel* ein Blickwechsel auf das spezifisch wissenschaftliche Wissen in der Vergleichenden Erziehungswissenschaft. Zentral ist hier zunächst die Beschäftigung mit Fragen der Vergleichsmethodik sowie mit der Terminologie des Internationalen. Zur Erläuterung werden Klassifikationsmodelle und Beispiele aus der Forschung gegeben. Gesonderte Aufmerksamkeit wird auch der Möglichkeit einer Verschränkung von international vergleichenden und interkulturellen Perspektiven geschenkt. Schließlich wird die für jegliche Wissenschaft zentrale Frage nach dem Theoriebezug im Blick auf die Vergleichende Erziehungswissenschaft geklärt.

Das *sechste Kapitel* ist metatheoretischen Überlegungen gewidmet. Mit welchen Erkenntnisinteressen werden überhaupt internationale bzw. interkulturelle Vergleiche unternommen? Die gängigen Vergleichseinheiten Nationalstaaten bzw. Kulturen werden in methodologiekritischer Hinsicht problematisiert. Ferner wird die Frage nach der Theorie erneut dadurch aufgegriffen, dass ein Vergleichsschema für verschiedene Theorierichtungen vorgestellt und kritisch weiterentwickelt wird. Das Kapitel endet mit einem Blick auf drei makroperspektivische Theorieangebote, die unter den Stichworten ›Weltsystem – Weltkultur – Weltgesellschaft‹ zusammenfassend betrachtet werden.

Im *Ausblick* am Ende dieses Buches wird auf die Bedeutung der Vergleichenden Erziehungswissenschaft für die Vermittlung von beruflichen Kompetenzen im komparativen und internationalen Bereich hingewiesen. Dazu werden auch einige Berufsfelder kurz angesprochen, die außerhalb der bisher vorwiegend fokussierten schulischen Handlungsbereiche angesiedelt sind.

1 Was ist Vergleichende Erziehungswissenschaft?

Wie kann man die Frage: »Was ist Vergleichende Erziehungswissenschaft?« überhaupt beantworten? Ein häufig gewählter Einstieg ist der historische Rückblick auf die Entstehung, auf wichtige Entwicklungsetappen und auf bedeutende Personen, die die Disziplin geprägt haben. Obwohl hier keine Geschichte der Vergleichenden Erziehungswissenschaft geschrieben werden kann, soll dennoch als erster Antwortversuch der Blick auf den nach der heute gängigen Lehrmeinung als ›Begründer der Vergleichende Erziehungswissenschaft‹ titulierten Marc-Antoine Jullien (1775–1848) geworfen werden. In einem zweiten Schritt wird erläutert, wie sich die Vergleichende Erziehungswissenschaft in der *scientific community* spiegelt. Hierzu werden die wichtigsten akademischen Vereinigungen der Vergleichenden Erziehungswissenschaft vorgestellt. Im dritten Antwortversuch steht die Konstitution der Vergleichenden Erziehungswissenschaft durch Definitionen und Abgrenzungen von Konzeptionen im Mittelpunkt. Eine Vielzahl von Begriffen, denen auch Studierende in der Literatur immer wieder begegnen, werden daraufhin befragt, ob sie als Synonyme, als Teilmengen oder als Alternativen zur Vergleichenden Erziehungswissenschaft gelten können. Es sei an dieser Stelle angemerkt, dass die angesprochenen Definitionen und inhaltlichen Umschreibungen dessen, was die Vergleichende Erziehungswissenschaft ausmacht, in diesem Kapitel nur vorgestellt und dann in den weiteren Kapiteln dieses Buches inhaltlich ausführlicher behandelt werden.

1.1 Die Erfindung der Vergleichenden Erziehungswissenschaft

Die erste Antwort auf die Frage »Was ist Vergleichende Erziehungswissenschaft?« lautet: *Die Vergleichende Erziehungswissenschaft ist das, was ihre Erfindung zu tun beabsichtigte* – wozu wurde sie sonst wissenschaftlich erfunden? Dieser Antwortversuch impliziert unweigerlich die Frage, wer die Vergleichende Erziehungswissenschaft, wann und in welchem Zusammenhang überhaupt ›erfunden‹ hat. Nach Meinung der Zunft gilt Marc-Antoine Jullien, mit Beinamen ›de Paris‹, als Begründer der Vergleichenden Erziehungswissenschaft (Kurzbiographie zu Jullien in Tab. 1).

Jullien hat wohl als Erster eine Programmschrift vorgelegt, in der das neue akademische Arbeitsfeld der ›éducation comparée‹ konzipiert wurde. Dieses skizzierte er in seiner 1817 erschienenen Broschüre »Esquisse d'un ouvrage sur l'Éducation Comparée« (so der Titel des Deckblattes). Damit wäre die Vergleichende Erziehungswissenschaft immerhin schon bald 200 Jahre alt. Julliens im Original nur 56 Seiten umfassende Broschüre blieb jedoch offenbar Zeit seines Lebens ziemlich unbeachtet; allerdings wurde sie im 20. Jahrhundert wieder entdeckt und weltweit verbreitet (vgl. die Schilderungen im Vorwort von Espe 1954; in Schneider 1961, S. 15ff.; Hilker 1962, S. 17ff.; Gautherin 1993): Ein international engagierter ungarischer Pädagoge namens Franz Kemény stieß 1885 als Student in Paris, an einem Bücherstand an der Seine, auf Julliens Veröffentlichung, die er aber erst 50 Jahre später, im Jahr 1935, dem Internationalen Erziehungsbüro (International Bureau of Education, IBE) in Genf vermachte, wo sie auf lebhaftes Interesse stieß. Dieses führte sowohl zu biographischen Nachforschungen zu Jullien (Rosselló 1943) als auch zu einer Faksimile-Auflage seines Werkes. Bevor allerdings die französischsprachige Neuauflage durch das IBE erfolgte (1962), war es schon von Hans Espe ins Deutsche übersetzt worden (1954; incl. Abbildung von Jullien), weil – so Espes Begründung – die Herausforderungen der Nachkriegszeit noch mehr als zu Zeiten Julliens »die Notwendigkeit des Zusammenschlusses der europäischen Völker in geistiger, politischer und wirtschaftlicher Hinsicht« vor Augen führten (Espe 1954, Vorwort). Die Genfer Neuauflage (1962) von Julliens Schrift wurde dann wiederum dreißig Jahre später, auf zwei internationalen Kongressen der Vergleichenden Erziehungswissenschaft, die 1992 stattfanden – ein europäischer Kongress in Dijon und ein Weltkongress in Prag –, als Reprint unter den Kongressteilnehmern aus aller Welt verbreitet.

Mit Blick auf die lange Zeitspanne zwischen dem Verfassen der Schrift und ihrer tatsächlichen Beachtung meint Dietmar Waterkamp, dass man eigentlich nicht von Jullien als Begründer der Vergleichenden Erziehungswissenschaft sprechen könne (2006,

Die Erfindung der Vergleichenden Erziehungswissenschaft

Tab. 1: Biographische Übersicht zu Marc-Antoine Jullien (© C. Adick)

10. März 1775	geboren in Paris in eine mittelständische Familie; Vater: Marc-Antoine Jullien Senior (»Jullien de la Drôme«)
	Schüler am Collège de Navarre, Orientierung an der politischen Philosophie Rousseaus
ab 1789	bekennender Gegner der Monarchie
1791	tritt den Jakobinern bei, erscheint immer häufiger an der Seite des Jakobinerführers Robespierre und kämpft für die Demokratie
1793	Beauftragter der Streitkräfte in den Pyrenäen, offizieller Gesandter des Amtes für Öffentliche Sicherheit
1794	Berufener Minister des »Comité d'Instruction publique«; verhaftet nach dem Hinrichtungstag von Robespierre (28.07.1794), verurteilt zu 15 Monaten Gefängnis; hier überdenkt er seine politischen Überzeugungen und kommt zu dem Schluss, dass eine Reform der Bildung der Schlüssel zu einem sozialen Wandel sein kann, welcher der Zwei-Klassen-Gesellschaft entgegenwirkt
1796	erhält von Napoleon Bonaparte einen Posten in der italienischen Armee
1801–1819	verschreibt sich ganz dem Thema »Erziehung und Bildung«
1808	Herausgabe des »Essai général d'éducation physique, morale et intellectuelle«
1810–1812	diverse Aufenthalte zum Studium am Pestalozzi Institut in Iferten (Yverdon)
1812–1817	weitere zwei Jahre im Gefängnis; Herausgabe des »Journal d'éducation« zur Verbreitung von Pestalozzis Ideen
1817	Herausgabe des 50-seitigen Essays »Esquisse d'un ouvrage sur l'éducation comparée« (Skizzen zu einem Werk über die Vergleichende Erziehungswissenschaft); gilt als Gründungsschrift der Vergleichenden Erziehungswissenschaft
1818	Jullien bricht mit Pestalozzi, der ihn des Verrates bezichtigt
1819	Gründung der Zeitschrift »Revue encyclopédique«, für die er selbst einige Artikel schreibt; zieht sich ansonsten aus der Öffentlichkeit zurück
04. April 1848	Tod

S. 18). Dieser Hinweis ist zwar richtig, ändert aber nichts an der wissenschaftsgeschichtlichen Bedeutsamkeit von Jullien, zumal er und seine Schrift mit der Geschichte des für die Vergleichende Erziehungswissenschaft ebenfalls bedeutsamen Internationalen Erziehungsbüros (IBE) verknüpft sind.

Das IBE war 1925 als private Organisation in Genf gegründet worden; 1929 wurde es dann mit neuen Statuten zum ersten zwischenstaatlichen Beratungsorgan für Fragen von Erziehung und Bildung mit Jean Piaget als langjährigem Direktor (1929–1967) an seiner Spitze. Im Jahre 1969 wurde das IBE der UNESCO angegliedert, behielt aber weiterhin eine gewisse Autonomie. Seine Hauptaufgaben sind heute die Förderung des politischen Dialogs zwischen nationalen Bildungsministerien, die Erstellung von Studien zu internationalen Curriculumfragen, zu Unterrichtsmethoden und zur Lehrerbildung und das Bereitstellen von Informationen und Dokumentationen für die internationale Wissenschaftskommunikation und Politikberatung. Das IBE organisiert ferner turnusmäßig die Weltbildungskonferenz für Vertreter aller Bildungsministerien weltweit und vergibt seit 1992 die Comenius-Medaille an Personen oder Organisationen für ihre besonderen Verdienste um Bildung und Erziehung (vgl. die Webseite des IBE: *www.ibe.unesco.org*).

Jullien de Paris wurde (neben anderen) die Ehre zuteil, in die vom IBE herausgegebene Sammlung von Biographien international bekannter Pädagoginnen und Pädagogen aufgenommen zu werden, die inzwischen als vierbändiges Werk verfügbar ist (Morsy/Tedesco [Hrsg.] 1997). Der erste Abschnitt der ihm gewidmeten Biographie (Gautherin 1993) ist wie folgt überschrieben: »From loss of faith in politics to a mystical faith in education?«. »Faith in politics« bezieht sich dabei auf die Lebensphase Julliens, in der er im Zuge der Französischen Revolution (1789) versuchte, seine Ideale mit politischen Mitteln zu erreichen. Jullien war Gegner der Monarchie und verteilte schon als 14-Jähriger Flugblätter, die nach dem Sturm auf die Bastille zum Sturz der Monarchie aufriefen. Als Anhänger der Jakobiner und Robespierres wurde er nach der Schreckensherrschaft des Konvents, die mit der Absetzung und Hinrichtung Robespierres (28.07.1794) endete, selbst für 15 Monate inhaftiert. Im Gefängnis überdachte er seine politischen Überzeugungen und kam zu dem Schluss, dass einzig Erziehung und Bildung eines ›neuen Menschen‹ zur Erreichung seiner Ziele führen könnten: gleiche Rechte für alle, Überwindung der sozialen Klassengegensätze, Demokratie. Während seine Ziele also gleich geblieben waren, wollte er diese zunächt mit politischen, dann aber mit pädagogischen Mitteln erreichen – gemäß der Frage: Muss die Gesellschaft erst mit politischen Mitteln verändert werden, so dass daraus ›neue Menschen‹ hervorgehen können, oder sollen die Menschen zuerst mit Hilfe der Pädagogik verändert werden, so dass daraus neue (bessere) gesellschaftliche Verhältnisse entstehen?

Nachdem Jullien einige Jahre in Diensten von Napoleon Bonaparte gestanden hatte, waren die Jahre 1801 bis 1819 seine intensivste pädagogische Schaffensphase: 1808 schrieb er ein grundlegendes Werk über die physische, moralische und intellektuelle Erziehung des Menschen; zwischen 1810–1812 reiste er mehrfach zum pädagogischen Institut von Pestalozzi in Iferten (Yverdon) in der Schweiz, wohin er auch seine Kinder zur Erziehung gab. Es kam zu einer umfangreichen Korrespondenz zwischen ihm und Pestalozzi und Jullien förderte die Verbreitung von Pestalozzis Ideen in Frankreich. Iferten war 1805 gegründet worden und hatte um 1809 herum seine Blütezeit. Aber etwa ab 1815 kam es zu Zwist und Streit unter den Mitarbeitern, so dass Iferten 1825 geschlossen wurde (vgl. einführend zu Pestalozzi: Menck 1993, S. 110ff.). Wegen der Krisen in Iferten wandte sich Jullien 1818 von Pestalozzi ab, was dieser ihm als Verrat ankreidete. In den besagten Jahren war Jullien Mitbegründer des ›Journal d'éducation‹ und Begründer einer ›Revue encyclopédique‹ (1819). Im Jahr 1817 schrieb er das bereits genannte Werk zur Grundlegung der Vergleichenden Erziehungswissenschaft, in dem zum ersten Mal Ziele und Methoden dieser neuen, im Französischen mit ›éducation comparée‹ bezeichneten wissenschaftlichen Disziplin dargestellt wurden.

Die von Hans Espe (1954) gewählte Übersetzung in ›vergleichende Erziehung‹ ist insofern etwas unglücklich gewählt, da es für Jullien, wie im Folgenden deutlich wird, sowohl um die vergleichende Erforschung der Erziehung als auch um die Erziehung zur internationalen Verständigung ging, was in dem Terminus ›vergleichende Erziehung‹ allerdings nicht deutlich wird. Zugleich ist ›vergleichende Erziehung‹ eine sachlogisch unsinnige Begriffskombination, wenn man ›Erziehung‹ als Praxishandeln begreift; denn Vergleichen ist ein reflexiver Akt, so dass es zumindest ›Vergleichende Pädagogik‹ hätte heißen müssen. Im Vorwort zu seiner deutschen Übersetzung spricht Espe denn auch davon, dass es sich bei Julliens Schrift um »die erste Einführung in die Vergleichende Erziehungswissenschaft« handele.

Julliens Programmschrift enthält zwei Teile: einen Teil, der sich mit der Vergleichenden Erziehungswissenschaft und ihren Einrichtungen, Aufgaben und Methoden, aber auch Hindernissen beschäftigt, und einen zweiten Teil, der seine empirische Methode und die dafür konzipierten Fragebögen umfasst. Beide sollen kurz erläutert werden:

Die Begründung für die Notwendigkeit der Vergleichenden Erziehungswissenschaft im ersten Teil seiner Schrift mutet uns heute überaus modern an. Jullien forderte den Vergleich von Schulen in Europa in einer Zeit, in der noch nichts von dem, was wir heute mit dem Begriff von ›nationalen Bildungssystemen‹ verbinden, wie z.B. Schulpflicht für alle, geregelte Lehrerbildung, nationale Bildungsverwaltungen, etabliert war. Ferner forderte Jullien die Einrichtung einer Sonderkommission für Erziehungsfragen auf internationaler Basis, also einen zumindest europaweiten Austausch von Erfahrungen angesichts der neuen Herausforderungen in der Etablierung solcher ›nationaler Bildungssysteme‹. Aus diesem Grunde wird er auch als ›geistiger Vater‹ des heutigen IBE angesehen (Rosselló 1943). Daraus erklärt sich auch das Interesse an der Wiederauflage seines Werkes durch dieses heute unter der UNESCO wirkende Institut in Genf. Des weiteren schlug Jullien die Errichtung einer Lehrerbildungsanstalt in und für Europa angesichts der damaligen defizitären Lehrerbildung vor, ein Vorschlag, den man eher mit dem heutigen Zusammenwachsen in der Europäischen Union (EU) oder mit dem sog. Bologna-Prozess zur Schaffung eines europäischen Hochschulraumes in Verbindung bringen würde, als ihn anfangs des 19. Jahrhunderts zu vermuten. Ferner dachte Jullien an die Herausgabe eines mehrsprachigen Publikationsorgans, wie es dann ein Jahrhundert später mit der von Friedrich Schneider 1931 begründeten ›Internationalen Zeitschrift für Erziehungswissenschaft‹ Wirklichkeit wurde (vgl. Horn 1996, S. 317ff.).

Friedrich Schneider (1881–1974), der ebenfalls zu den Klassikern der Vergleichenden Erziehungswissenschaft zählt, war damals Privatdozent an der Universität Köln und Professor an der Pädagogischen Akademie in Bonn, wurde jedoch während der NS-

Zeit aus seinem Amt entlassen und verlor auch seine Position als Herausgeber der von ihm begründeten Zeitschrift. Die Geburt dieser dreisprachigen Fachzeitschrift im Jahre 1931 wurde damals u.a. von Jean Piaget, dem damaligen Direktor des Internationalen Erziehungsbüros in Genf, als ein wichtiger Meilenstein für die internationale wissenschaftliche Kommunikation über Fragen von Erziehung und Bildung angesehen. Die wechselvolle Geschichte dieser Zeitschrift, ihr Verfall durch die Übernahme der Nazi-Ideologie, ihre Neugründung durch Schneider im Jahre 1947 und schließlich ihre Übernahme durch das UNESCO-Institut in Hamburg im Jahre 1955, das sie heute immer noch redaktionell betreut, wären einer längeren Betrachtung wert, weil sie ein besonderes Kapitel der Geschichte der Vergleichenden Erziehungswissenschaft in Deutschland darstellen. Im Rahmen einer Einführung kann dies jedoch nicht geleistet werden (grundlegende Informationen dazu finden sich in Horn 1996, S. 307ff. und in einem retrospektiven Themenheft der bis heute erscheinenden ›International Review of Education‹ (McIntosh [Hrsg.] 2002). Im Rückblick auf Julliens Ideen kann man also feststellen, dass einige von diesen – wenn auch mit großer Zeitverzögerung – in die Tat umgesetzt wurden. Im Zuge der Entstehung eines europäischen Hochschulraumes und weiterer europäischer Vernetzungen mag seine Idee einer Lehrerbildungsanstalt für Europa vielleicht auch eines Tages realisiert werden.

Auch die von Jullien vorgeschlagene wissenschaftliche Methode war modern: Er verwies auf die Notwendigkeit einer wissenschaftlichen Pädagogik und gilt daher nicht nur als Vater der Vergleichende Erziehungswissenschaft, sondern manchen auch als Begründer einer modernen eigenständigen Erziehungswissenschaft, die sich nicht mehr als Anhängsel der Philosophie oder Theologie verstand. Schriewer zufolge (1994a, S. 8) kommt der Schrift von Jullien de Paris daher sogar das Verdienst zu, »die Positivierung spekulativer Erziehungskonzepte und die Methodisierung pädagogischer Theorie« betrieben zu haben und damit »Gründungsmanifest nicht nur der Vergleichenden, sondern Programmschrift der Erziehungswissenschaft schlechthin« zu sein. Julliens Vorbild waren die Naturwissenschaften, z.B. die vergleichende Anatomie in der Zoologie, die als Modell für einen Vergleich von Schulwesen verschiedener Art dienen konnte. Seine Herangehensweise war empirisch: Er wollte Fakten und Beobachtungen sammeln, die Daten in Tabellen zusammenfassen, so dass daraus Berechnungen erstellt werden könnten, woraus wiederum Regeln und Gesetze für einen besseren Unterricht abzuleiten wären. Hierzu entwickelte er einen Fragebogen mit nicht weniger als 266 Fragen; Teile davon waren 1816 und 1817 bereits im ›Journal d'éducation‹ erschienen; weitere Frageserien waren vorgesehen, wurden von ihm jedoch offenbar nicht mehr veröffentlicht.

Der von ihm entwickelte Fragenkatalog war nach verschiedenen Teilbereichen von Erziehung und Bildung gegliedert: 120 Fragen bezogen sich auf die Grund- und Volksbildung (*education et instruction primaire et commune*) und 146 Fragen auf die Sekundar- und die klassische Bildung (*éducation secondaire et classique*). Diese finden sich in seiner Schrift ausführlich dargelegt. Um einen Einblick in Julliens empirisch-vergleichende Herangehensweise zu vermitteln, sind hier die ersten zwölf Fragen des Erhebungsbogens, der sich auf die Grund- und Volksbildung bezieht, in ihrer deutschen Fassung durch Espe (1954, S. 27f.) und in ihrem Layout dieser Veröffentlichung nachempfunden, abgedruckt (Abb. 1). Diese zwölf Fragen gehören zu einem Fragebogenteil, der sich mit den Schulen, ihrer Entstehung, Beschaffenheit und Frequentierung beschäftigt, während sich die weiteren Teile dieser Serie den Fragen zum Schulleiter, zur Lehrerschaft, zu den Schülern und zu Körperpflege und Leibesübungen widmen.

Die vier weiteren (nicht mehr veröffentlichten) Frageserien sollten sich auf die restlichen Bereiche der entstehenden Bildungssysteme richten, und zwar auf die Bereiche Höhere und Wissenschaftliche Bildung, Lehrerbildung, Bildung des weiblichen Geschlechts und Bildungsrecht. Jullien stellte sich vor, diese Fragebögen überall in Europa zirkulieren zu lassen, und gab zu diesem Zweck die Adresse an, an die sie zurückgeschickt werden sollten. Er hoffte, anschließend eine Arbeitsgruppe zusammenzustellen, die die Ergebnisse auswerten sollte. Bevor er den Fragebogen breit streuen wollte, schlug er vor, eine Art Testlauf oder Pretest, wie wir heute sagen würden, in der Schweiz durchzuführen. Leider ist uns nicht bekannt, wie viele Fragebögen jemals verschickt und erhalten wurden; auch sind, wie schon gesagt, von Jullien gar nicht alle geplanten Frageserien detailliert vorgelegt worden. Dass Jullien die Schweiz als ›Testkandidat‹ im Sinn hatte, begründet er damit, dass dort eine kulturelle, sprachliche und religiöse Vielfalt vorhanden sei, die für die angestrebten Vergleiche und Fortentwicklungen

> DIE EINZELNEN SERIEN
> Erste Serie
> A. Erziehung und Unterricht auf der allgemeinen Volksschule
> A (1) Volks- und Elementarschulen
>
> Zahl, Art, Ursprung und Gründung der Schulen; Organisation und Unterhalt; Verwaltung und Finanzen; Material der Örtlichkeiten. – Beziehung zwischen der Anzahl der Volksschulen und derjenigen der Einwohner des Landes. – Unterschiede zwischen den Schulen, die für die Kinder der verschiedenen Religionsbekenntnisse bestimmt sind. – Beitragsteil für jedes Kind. – Grundsätze für die Aufnahme in die Schulen.
> 1. Wie groß ist die Zahl der Elementar- oder Volksschulen in der Stadt und im Bezirk (Kreis, Distrikt, Kanton, Department, Provinz, usw.)?
> 2. Wie ist die Beschaffenheit und welches sind die Namen dieser Schulen (deutsche, französische usw.; christliche; Haus- oder Sonntagsschulen; mit oder ohne Koedukation; oder besonders für die männliche oder die weibliche Jugend bestimmt, gemeinsam für alle Kinder desselben Ortes oder nur bestimmt für die Kinder der armen Familien, für die der bürgerlichen oder wohlhabenden Kreise oder die der reichen Grundbesitzer und Adeligen, sofern diese eine besondere Gruppe im Staate bilden)?
> 3. Zu welcher Zeit ist jede dieser Schulen gegründet worden und von wem?
> 4. Von wem werden diese Schulen unterhalten: auf Kosten und mit Hilfe der Zentralregierung, oder von jeder Gemeinde, oder von besonderen Gesellschaften, oder aus Fonds, die von frommen Stiftungen herkommen? – Wie werden die zu ihrem Unterhalt bestimmten Fonds verwaltet?
> 5. Wie sind die für die Schulen bestimmten Gebäude beschaffen? Sind sie mehr oder weniger geräumig, bequem, luftig, angenehm und für ihren Zweck geeignet?
>   (Denn die Gebäude, in denen die Kinder während ihrer ersten Jahre erzogen werden, üben einen großen Einfluss auf ihre Vorstellungswelt wie auf die Entwicklung aller ihrer Fähigkeiten aus.)
> 6. Für welche Bezirke sind die Schulen bestimmt?
>   (Für eine Stadt oder nur für ein Stadtviertel oder eine Gemeinde einen Marktflecken, ein Dorf oder mehrere Siedlungen?)
> 7. In welchem Verhältnis steht die Anzahl dieser Schulen zu der Bevölkerungszahl der Stadt oder des Bezirks (Distrikts, Kreises usw.), in dem sie eingerichtet worden sind, sowie Gesamtschülerzahl, die sie besucht?
> 8. Sind die Schulen für die Kinder bestimmt, deren Eltern verschiedenen Religionsgemeinschaften angehören und in welchem Verhältnis zueinander stehen die Schulen jeder Religionsgemeinschaft?
> 9. Wenn es für die Kinder der verschiedenen Religionsgemeinschaften besondere Schulen gibt, welche Unterschiede kann man zwischen diesen Schulen feststellen, und zwar nach folgenden Gesichtspunkten: Wie waren sie bei ihren ersten Anfängen und bei der Gründung? Ihre Organisation und ihr Unterhalt? Ihr Material und ihre Gebäude? Die Verwaltung und ihre Kosten? Verhältniszahl der Schüler zu den Bewohnern, die zu derselben Religionsgemeinschaft gehören? Wahl der Lehrer, Unterricht und Erfolge der Kinder, innere Disziplin, äußere Überwachung usw.?
> 10. Sind die Schulen unentgeltlich oder nicht? Oder wie hoch ist das monatliche, jährliche Schulgeld, das man für jedes Kind zahlt?
> 11. Unter welchen Bedingungen werden die Kinder in die Volksschulen aufgenommen?
> 12. Schicken alle Eltern ihre Kinder dahin? Werden sie dazu aufgefordert oder durch irgendwelche Gesetzesbestimmungen bzw. irgendwelche örtlichen Verwaltungsverordnungen gezwungen, sie dorthin zu schicken?

Abb. 1: Auszug aus dem Fragenkatalog von Jullien zur Erforschung von Schulen in Europa (Quelle: Espe 1954, S. 27f.)

geradezu ideale Ausgangsbedingungen schaffe (vgl. Jullien in Espe 1954, S. 18f.). Möglicherweise war ihm auch eine Schulumfrage im Raum Zürich aus den Jahren 1771/72 bekannt, die bereits mit der Fragebogenmethode vonstatten gegangen war. Diese Zürcher Umfrage wurde erst vor kurzem (2007) von Daniel Tröhler und Andrea Schwab mitsamt Daten auf CD-ROM publiziert und damit einem größeren Publikum zugänglich gemacht, so dass unter anderem geprüft werden könnte, ob es von ihr eine Spur zu Jullien gibt.

Das Unterfangen, die Erziehungs- und Bildungswirklichkeit im Europa der damaligen Zeit mittels Fragebögen komplett abbilden und daraus dann Grundsätze für eine bessere Schulbildung ableiten zu wollen, erscheint uns heute als naiver Empirismus und unterlag zugleich dem (bis heute weit verbreiteten) normativen Fehlschluss, der in der Vorstellung besteht, aus vorliegenden Befunden relativ unvermittelt normativ wünschbare Zustände ableiten zu können. Dennoch war Jullien seiner Zeit weit voraus und seine Grundanliegen beschäftigen uns heute immer noch. Zusammenfassend betrachtet bleibt deshalb festzuhalten, dass es für Jullien de Paris keine Frage war, ob vergleichende Forschung und internationale Erziehung zusammengehören, oder ob sie unterschiedliche wissenschaftliche Reflexionsgänge darstellen; denn faktische und normative Dimensionen waren in seinem Werk untrennbar verbunden. Es wurde von ihm auch nicht reflektiert, ob und ggf. unter welchen Voraussetzungen Regeln für eine bessere Erziehungs- und Bildungspraxis aus den empirischen Befunden ableitbar wären. Wir können seine Position daher – trotz all seiner Verdienste um die Begründung der Vergleichenden Erziehungswissenschaft – als naive, unreflektierte Gemengelage komparativer und internationaler Motive kennzeichnen.

1.2 Akademische Organisationen der Vergleichenden Erziehungswissenschaft

Die zweite Antwort auf die Frage: Was ist Vergleichende Erziehungswissenschaft? lautet: *Vergleichende Erziehungswissenschaft ist das, was die scientific community, d.h. die wissenschaftliche Gemeinde, unter diesem Etikett praktiziert.* Aus diesem Grunde soll im Folgenden der Blick auf deutsche und internationale akademische

Vereinigungen gelenkt werden, die einen maßgeblichen standespolitischen Einfluss auf die Geschicke der Vergleichenden Erziehungswissenschaft als akademische Disziplin haben.

Im Mai 1961 fand eine Tagung Vergleichender Erziehungswissenschaftler in London statt, auf der die »Comparative Education Society in Europe« (CESE) gegründet wurde und auf der sich zugleich die anwesenden deutschen Fachvertreter zu einer »Arbeitsgemeinschaft für Vergleichende Erziehungswissenschaft« unter dem Vorsitzend von Gottfried Hausmann zusammen schlossen, der zu jener Zeit an der Universität Hamburg den ersten und damals einzigen Lehrstuhl für Vergleichende Erziehungswissenschaft in der Bundesrepublik Deutschland inne hatte. Nimmt man die Gründung einer Organisation als Indiz für auf Dauer gestellte Aktivitäten einschließlich der Definition von Zielen und Mitgliedschaftsregeln, so kann die Londoner Konferenz als die gemeinsame Geburtsstunde der Vergleichenden Erziehungswissenschaft als akademische Disziplin in Europa und in Deutschland angesehen werden. In jenem Jahr hatte die Vergleichende Erziehungswissenschaft in Deutschland jedoch noch nicht den Status einer Kommission der Deutschen Gesellschaft für Erziehungswissenschaft (DGfE); denn die DGfE wurde erst 1963 ins Leben gerufen und hielt im Juli 1964 ihre erste Sitzung mit gewähltem Vorstand ab, auf der auch eine erste mögliche Kommissionsgliederung angedacht wurde. Nach der Versendung des Protokolls dieser Sitzung meldeten Leonhard Froese, Franz Hilker und Theo Dietrich ihre Forderung nach einer Kommission Vergleichende Erziehungswissenschaft an, die aber nicht sofort Gehör fand. Als im Juni 1965 die CESE in Berlin tagte, nutzten die deutschen Fachvertreter – noch bevor die Frage der Kommissionen allgemein geregelt war – diese Gelegenheit, ihre Arbeitsgruppe in eine Kommission umzuwandeln und deren Überführung in die DGfE zu beschließen (vgl. Berg et al. 2004. S. 37ff.). »Man wird also festhalten dürfen, dass diese Kommission [Vergleichende Erziehungswissenschaft, C.A.] die erste satzungsgemäße DGfE-Kommission gewesen ist« (ebd., S. 39).

In den Jahrzehnten danach entstanden in der DGfE weitere Kommissionen und Arbeitsgruppen, so dass zur Eindämmung dieser »zentrifugalen Tendenzen« (ebd., S. 47) die Neugliederung in Sektionen als ›ausgebaute Schwerpunkte der Erziehungswissenschaft‹, die wiederum aus mehreren Kommissionen bestehen können, 1999 vom Vorstand beschlossen und 2000 verwirklicht wurde (ebd., S. 52f.). Durch diese Neugliederung der DGfE entstand auch die jetzige »Sektion International und Interkulturell Vergleichende Erziehungswissenschaft« (SIIVE). In ihr sind derzeit zwei Kommissionen vertreten, die Kommission ›Interkulturelle Bildung‹ und die Kommission ›Vergleichende und Internationale Erziehungswissenschaft‹; letztere entstand 2005 durch den Beschluss, die vormals getrennten Kommissionen ›Vergleichende Erziehungswissenschaft‹ und ›Bildungsforschung mit der Dritten Welt‹ zu einer einzigen zusammen zu legen. Soll die Gliederung in Sektionen nicht auf reiner Willkür beruhen, so ist anzunehmen, dass diese Kommissionen, die nun zunehmend auch auf Kongressen, in Forschungen, in Publikationen und in Bezug auf Konzeptionen für die universitäre Lehre zusammenarbeiten, auch inhaltlich einiges verbindet.

Der Selbstdarstellung der SIIVE ist zu entnehmen, dass sie sich als wissenschaftliche Einrichtung der DGfE begreift und deren Aufgaben und Ziele unterstützt (Informationen zur SIIVE über die Webseite der DGfE: *www.dgfe.de*). Zugleich nimmt sie die spezifischen, ihrem Arbeitsgebiet entsprechenden Aufgaben wahr. Es gibt ›ordentliche‹ und ›assoziierte‹ Mitglieder der SIIVE. Ordentliches Mitglied wird man durch eine Mitgliedschaft in der DGfE und die Wahl dieser Sektion. Da die DGfE die akademische Standesvertretung der Erziehungswissenschaft in Deutschland ist, setzt eine volle Mitgliedschaft in ihr in der Regel den Doktortitel voraus (ca. 2000 DGfE-Mitglieder Anfang 2008). Assoziiertes Mitglied in der SIIVE kann man aber auch ohne Doktortitel werden. Die SIIVE hat derzeit rund 280 Mitglieder. In ihrer Geschäftsordnung wird noch als Besonderheit festgehalten, dass die Kommission ›Vergleichende Erziehungswissenschaft‹ (inzwischen ›Vergleichende und Internationale Erziehungswissenschaft‹) die ›Deutschsprachige Sektion der Comparative Education Society in Europe‹ (CESE) ist. Mit anderen Worten: Nicht die gesamte Sektion, sondern (nur) eine ihrer Untergruppen, ist Teil der CESE. Warum das so ist, erklärt sich aus den oben genannten historischen Bedingungen der gemeinsamen ›Geburt‹ auf der Londoner Konferenz.

Die 1961 gegründete CESE wiederum besteht ihrer eigenen Selbstdarstellung zufolge (vgl. *www.cese-europe.org/history.htm*) aus Dozenten und Forschern, die sich in Hochschulinstitutionen mit ›comparative and international education‹ beschäftigen, und aus

Personen, die in anderen Institutionen und Organisationen in diesem Bereich tätig sind. Ihre Aufgabe besteht darin, Wissenschaft, Forschung und Lehre im Bereich der Vergleichenden Erziehungswissenschaft zu fördern, internationale Kooperationen zu ermutigen und dazu internationale Kongresse in Europa durchzuführen. Die CESE war zugleich eine der Gründungsgesellschaften des weltweiten akademischen Dachverbandes der Vergleichenden Erziehungswissenschaft, des ›World Council of Comparative Education Societies‹ (WCCES). Der WCCES ist als Nichtregierungsorganisation bei der UNESCO akkreditiert und umfasst Mitgliedsverbände der Vergleichenden Erziehungswissenschaft aus aller Welt. Schaut man sich die Namensgebung der Mitgliedsverbände an, so ist festzustellen, dass die akademische Bezeichnung ›Vergleichende Erziehungswissenschaft‹ überwiegt; etliche der Gesellschaften führen indessen die Doppelbezeichnung ›Vergleichende und Internationale Erziehungswissenschaft‹ in ihrem Titel, so die nordamerikanische, die australische und neuseeländische, die britische, die kanadische und die skandinavische Vereinigung (vgl. *www.hku.hk/cerc/wcces*). Der WCCES wurde 1970 gegründet und hält in der Regel alle drei Jahre einen Weltkongress der Vergleichenden Erziehungswissenschaft an wechselnden Orten in unterschiedlichen Erdteilen ab. 2007 fand der Weltkongress in Sarajevo statt; 2010 soll er in Istanbul abgehalten werden.

Schon etwas früher als die CESE war eine nordamerikanische akademische Vereinigung der Vergleichenden Erziehungswissenschaft mit Sitz in den USA gegründet worden: 1956 zunächst als Comparative Education Society (CES) ins Leben gerufen, wurde sie im Jahre 1969 mit dem Zusatz ›international‹ versehen und in Comparative and International Education (CIES) umbenannt. Sie hat derzeit mehr als 1.600 Mitglieder, darunter Akademiker, in der Praxis tätige Personen und Studierende aus aller Welt; neben diesen sind in der CIES auch noch ca. 1.300 Institutionen Mitglieder, vor allem akademische Bibliotheken und internationale Organisationen (laut Angaben auf der Webseite der CIES Anfang 2008: *www.cies.us*). Ihr Zweck besteht darin, interdisziplinäre und internationale Kooperationen zwischen all jenen zu fördern, die sich mit theoretischen Fragen vergleichender pädagogischer Forschung und ihrer praktischen Anwendung beschäftigen. Laut einer Aussage von David N. Wilson, damals Präsident der CIES, war die CIES 1994 die weltweit größte von damals insgesamt 29 akademischen Gesellschaften der Vergleichenden Erziehungswissenschaft (1994, S. 451), eine Aussage, die wahrscheinlich auch heute noch zutreffen dürfte, obwohl zwischenzeitlich weitere nationale akademische Vereinigungen der Vergleichenden Erziehungswissenschaft neu gegründet wurden.

Begreift man, wie hier vorgeschlagen, das Tun akademischer Vereinigungen als Repräsentation dessen, was die *scientific community* unter dem Etikett ›Vergleichende Erziehungswissenschaft‹ praktiziert, so fallen einige Unterschiede auf. Abgesehen von dem möglichen Auseinanderklaffen von Rhetorik und Praxis, über das hier nicht weiter nachgedacht werden soll, fällt auf, dass man offenbar von einer Vergleichenden Erziehungswissenschaft im engeren und einer im weiteren Sinne sprechen kann. Darüber hinaus entwickelt sich das Feld aber ständig weiter. Erinnert sei z.B. daran, dass die ›Kommission Vergleichende und Internationale Erziehungswissenschaft‹, nicht aber die SIIVE, d.h. die Sektion als Ganze, als ›deutsche Sektion‹ der CESE fungiert, d.h. die Kommission ›Interkulturelle Bildung‹ bleibt außen vor. Die CIES dagegen geht mit ihrem interdisziplinären Ansatz weit über bloss akademische Interessen hinaus und versteht sich explizit auch als Reflexionsorgan aller praktischen Anwendungen von Vergleichsstudien, wobei ausdrücklich auch Entwicklungsländer und multikulturelle Handlungsfelder genannt werden (»policy and implementation issues in developing countries and cross-cultural settings«; vgl. *www.cies.ws/purpose.html*). Damit ist die weite inhaltliche Ausrichtung der CIES mehr oder weniger kompatibel zum Gesamtspektrum der in der SIIVE behandelten Fragestellungen, nicht aber zu denen nur einzelner Kommissionen. Es bleibt abzuwarten, ob in Deutschland irgendwann einmal der Schritt getan wird, die noch existierenden zwei Kommissionen aufzulösen und organisatorisch nur noch als Gesamtsektion in Erscheinung zu treten. Jedenfalls zeigt sich die Tendenz, internationale und interkulturelle Vergleichsperspektiven und zugleich die sich aus internationalen und interkulturellen Beziehungen ergebenden Praxen und Anwendungsprobleme als Gegenstand einer begrifflich breit verstandenen Vergleichenden Erziehungswissenschaft anzusehen. So wurde z.B. im Jahre 2006 wieder ein neues Journal der Vergleichenden Erziehungswissenschaft ins Leben gerufen mit dem Titel »Research in Comparative and International Education«, das allerdings nur als online Zeitschrift operiert (*www.wwwords.co.uk/*

RCIE). Es scheint also ein gewisser Konsens zu bestehen, ›Comparative and International Education‹ als eine kompakte Umschreibung für die Vergleichende Erziehungswissenschaft anzusehen. Damit wäre das Feld, das die internationale *scientific community* heute bearbeitet, gar nicht so weit entfernt von dem, was Jullien de Paris in seinen Skizzen zur Vergleichenden Erziehungswissenschaft angedacht hatte.

1.3 Definitionen und Zuordnungen, Inklusion und Exklusion von Fachgebieten

Die dritte Antwort auf die Frage: Was ist Vergleichende Erziehungswissenschaft? lautet: *Vergleichende Erziehungswissenschaft ist das, was andere wissenschaftliche Zugriffe in ihren Augen nicht sind.* Ein wissenschaftliches Fachgebiet konstituiert sich durch Definitionen und durch Abgrenzungen von anderen Fachgebieten. Es gibt eine Reihe konkurrierender oder alternativer Begriffe zur Bezeichnung ›Vergleichende Erziehungswissenschaft‹. Wenn man diese reflektiert – so die Idee des folgenden Abschnitts –, dann könnte deutlicher werden, was Vergleichende Erziehungswissenschaft ist bzw. nicht ist. Die Funktion des folgenden Abschnitts besteht daher vornehmlich in dem Versuch, relevante Begriffe zu identifizieren, diese kurz zu charakterisieren und gegen andere abzugrenzen und die Begriffsvielfalt zu ordnen. Damit sollen auch Anfänger für die (manchmal leidig erscheinende) Notwendigkeit und die Probleme von Begriffsarbeit sensibilisiert werden; denn hinter Begriffsdiskussionen verbergen sich häufig bedeutsame inhaltliche Kontroversen.

Auslandspädagogik und Ethnopädagogik als Teile der Vergleichenden Erziehungswissenschaft?

Auslandspädagogik

Pädagogik des Auslands, Auslandspädagogik oder auch pädagogische Auslandskunde genannt, bilden ein Syndrom, das auf einen bis heute geläufigen Typus von Berichten, Studien und Untersuchungen verweist, deren Hauptmerkmale folgendermaßen zusammengefasst werden können:

- Die Studien befassen sich mit der Pädagogik eines – vom Standpunkt des Verfassers betrachtet – ausländischen Staates;
- sie sind in der Regel in der Sprache des Verfassers (und nicht in der des erforschten Landes) abgefasst;
- Vergleiche werden, wenn überhaupt, eher implizit durchgeführt;
- die Erfahrungen des Landes, aus dem der Verfasser stammt, bilden die meist unreflektierte Hintergrundfolie für die Betrachtung der Pädagogik des ausländischen Staates;
- die Studien werden meist mehr oder weniger explizit im Interesse an der Verbesserung der Erziehung und Bildung im eigenen Land unternommen.

Die schon bei Jullien de Paris im 19. Jahrhundert konzipierte vergleichende Betrachtung der in der Entstehung begriffenen nationalstaatlichen Bildungssysteme in Europa zeigte ein gesteigertes Interesse daran, zu erkunden, wie andere Länder mit den damals neuen Herausforderungen wie der flächendeckenden Umsetzung der Schulpflicht, dem Aufbau einer Bildungsadministration, der Gliederung des Schulwesens in Typen und Stufen, der Lehrerbildung und der Inklusion von Mädchen und Frauen in Bildungs- und Ausbildungsgänge umgingen; denn für alle diese Bereiche gab es in jener Zeit noch keine endgültigen und schon gar keine europäischen Modelle.

›Auslandspädagogik‹ blieb auch weiterhin ein fester Bestandteil der Vergleichenden Erziehungswissenschaft. So referiert z.B. Schneider (1961, S. 95) eine Auswertung von George F. Kellner, der amerikanische pädagogische Fachzeichschriften nach Titeln ausgewertet und dabei um die 500 Aufsätze zur Vergleichenden Erziehungswissenschaft gezählt hatte. In der Mehrzahl beschäftigten sich diese Aufsätze aber inhaltlich nur mit einem einzigen Land, so dass sie eher der ›Auslandspädagogik‹ zuzuordnen seien. Auch heute noch finden wir diesen Typus in Gestalt vieler Länderstudien, die bei näherem Hinsehen sogar den größten Teil dessen ausmachen, was unter dem Etikett der Vergleichenden Erziehungswissenschaft geschrieben wird. Ein Indiz hierfür sind die unzähligen Monographien zum Bildungswesen einzelner Länder, die Sammelwerke zu den Bildungswesen in bestimmten Regionen und die Enzyklopädien zu den Bildungssystemen dieser Welt, in denen die Länderanalysen nebeneinander gestellt sind. Als Beispiel können hier zwei im deutschen Sprachraum erfolgreiche Sammelbände zu Bildungssystemen in Europa angeführt werden (Anweiler et al. 1996, Döbert et al. [Hrsg.] 2002): Auch wenn die einzelnen Länderartikel nach einem ähnlichen Schema verfasst wurden, das im Kern so etwas wie Vergleichskriterien vorgibt, so stellen sie dennoch keine vergleichenden Analysen dar. Diese ergeben sich erst beim ›Querlesen‹ der Länderartikel unter bestimmten Fragestellungen, z.B. zur Struktur des Sekundarschulwesens (gegliedert oder nicht), zur Organisation der beruflichen Ausbildung (schulisch, betrieblich oder anders), zum Umfang und zur staatlichen Kontrolle von Privatschulen, zu Schulbesuchsquoten und zu anderen Fragen mehr.

In jüngster Zeit ist Auslandspädagogik wieder aktuell geworden, indem man sich die Bildungssysteme derjenigen Länder anschaut, die bei PISA und anderen internationalen Schulleistungsvergleichen besonders gut abgeschnitten haben (Arbeitsgruppe Internationale Vergleichsstudie 2003). Die oben genannten Merkmale dieses Typs treffen fast lehrbuchreif zu. Das Interesse an der Nutzbarmachung für das eigene Land ist unverkennbar. ›Auslandspädagogik‹ wird auch gerne von Examenskandidaten betrieben, wenn diese z.B. mit dem Vorschlag kommen, eine Arbeit über ›das Bildungswesen‹ in einem bestimmten Lande schreiben zu wollen, z.B. weil sie dort einige Semester studiert oder aus anderen Gründen Kontakt zu diesem Land haben.

Ob ›Auslandspädagogik‹ als legitimer Bestandteil der Vergleichenden Erziehungswissenschaft gelten darf, ist häufig diskutiert worden. Schon früh wurde auf die Unzulänglichkeiten dieserart Studien hingewiesen. Die Kritik bezieht sich auf mangelnde Wissenschaftlichkeit, nationale Voreingenommenheit, den fehlenden Vergleich und die Engführung wegen des überwiegenden Eigeninteresses, das man mit der pädagogischen Beobachtung von Entwicklungen im Ausland verbindet. Von denjenigen, die ›Auslandspädagogik‹ als legitimen Teilbereich der Vergleichenden Erziehungswissenschaft reklamieren, wird dagegen ins Feld geführt, dass solche Studien wertvolle Materialien und Erkenntnisse liefern, die als Vorarbeiten oder Datengrundlage in ›echte‹ Vergleiche münden könnten und damit eine wichtige Basis der Vergleichenden Erziehungswissenschaft darstellen. Die Vertreter einer engeren Definition beharren dagegen auf dem Spezifikum der Vergleichenden Erziehungswissenschaft, das nur darin bestehen könne, auch wirklich ausgewiesene Vergleiche durchzuführen, d.h. tatsächlich mehrere Länder in die Betrachtung einzubeziehen, die Vergleichskriterien zu begründen und die eigene Voreingenommenheit zu reflektieren. Ein starker Vertreter dieser engen Definition der Vergleichenden Erziehungswissenschaft war z.B. Friedrich Schneider (1947, S. 29–35):

»Wenn man also die Auslandspädagogik, weil sie der Vergleichenden Erziehungswissenschaft das Material liefert, der letzteren glaubt zurechnen zu müssen, müßte man konsequenterweise auch die ganze historische und deskriptive Pädagogik und die Kulturgeschichte, weil sie ebenfalls Stofflieferanten für sie sind, ihr zurechnen. Wir scheiden daher Auslandspädagogik und Vergleichende Pädagogik säuberlich voneinander, halten an der gegebenen Wesensbestimmung des Begriffs ›Vergleichende Erziehungswissenschaft‹ fest und lehnen jede erweiterte Verwendung des Begriffs ab. Die Wissenschaften, die Material zu der Forschungsarbeit der Vergleichenden Erziehungswissenschaft beitragen, können höchstens als deren Hilfswissenschaften bezeichnet werden.« (Schneider 1947, S. 35).

In seinem späteren Werk, wohl auch unter dem Eindruck inzwischen abgelaufener internationaler Tagungen und Verbandsgründungen, war Schneider indessen der Auslandspädagogik gegenüber versöhnlicher gestimmt (1961, S. 90–96): Er gestand zu, dass sie irgendwie zur Vergleichenden Erziehungswissenschaft gehöre, diskutierte sogar die Idee, das Fachgebiet »Auslandspädagogik und Vergleichende Erziehungswissenschaft« zu nennen, verwarf aber diese Bezeichnung aus Praktikabilitätsgründen wieder und kam letztlich zu dem Schluss, beide Gebiete unter der Bezeichnung ›Vergleichende Erziehungswissenschaft‹ zusammenzufassen (ebd., S. 96). Festzuhalten ist also, dass im innerwissenschaftlichen Diskurs wie auch im Blick auf die fachwissenschaftlichen Bücher und Zeitschriften ›Auslandspädagogik‹ bis heute zum Geschäft der Vergleichenden Erziehungswissenschaft gehört. Die Wissenschaftlichkeit, mit der diese betrieben wird, hat vielleicht im Vergleich zur auslandskundlichen Berichterstattung früherer Epochen zugenommen, aber ihr Charakteristikum: »Literatur über die Pädagogik anderer Völker in der Landessprache« des ausländischen Beobachters zu sein (Schneider 1947, S. 34), und die damit einer gehenden Perspektiven(verengungen) haben sich im Prinzip nicht geändert.

Ethnopädagogik

Von der Vergleichenden Erziehungswissenschaft bisher seltener zur Kenntnis genommen wurde ein Forschungszweig, der an dieser Stelle kurz angesprochen werden soll, weil er – trotz anderer Begrifflichkeit – inhaltliche Ähnlichkeiten zur Auslandspädagogik aufweist. Es handelt sich dabei um die ›Ethnopädagogik‹. Mit ›Ethnopädagogik‹ ist ein Arbeitsgebiet bezeichnet, das überwiegend von der Ethnologie (früher: Völkerkunde) bearbeitet wird, das sich seit einiger Zeit aber ausdrücklich als ein interdisziplinäres zwischen Ethnologie und Pädagogik versteht, bei dem auch Erziehungswissenschaftler mitarbeiten. Laut Pierre Erny und Friedrich Karl Rothe (1992, S. 83; 1996, S. 93) steht ›Ethnopädagogik‹ für ›Anthropology of Education‹ im Englischen (frz. ethnologie de l'éducation) und könne auch als ›Erziehungsethnologie‹ übersetzt werden. Ihr Arbeitsfeld sei seit langem bekannt, der Begriff allerdings sei neueren Datums.

Schon seit langem beschäftigten sich Ethnologen – manche von diesen waren zugleich auch Missionare – neben anderen Themen auch mit Erziehung und Bildung in den von ihnen untersuchten außereuropäischen Völkern. Uwe Krebs hat eine Vielzahl solcher Quellentexte zu Ethnien in Afrika, Amerika, Asien und Australien aus den Jahren 1898–1983 zusammenfassend ausgewertet und verglichen. Schaut man sich allein die Titel der Werke aus früheren Jahrzehnten an (Krebs 2001, S. 592ff.), so fällt auf, dass es in diesen um Erziehung bei ›primitiven Völkern‹, in ›Stammeskulturen‹, bei ›Eingeborenen‹ oder bei ›Naturvölkern‹ geht. In englischsprachigen Veröffentlichungen ist entsprechend von ›savage childhood‹, von ›native education‹ oder von ›tribal education‹ die Rede. Diese diskriminierende Terminologie ist in jüngeren Veröffentlichungen durch Begriffe wie ›traditionelle Erziehung‹, ›Erziehung in vorindustriellen Kulturen‹ oder auch durch ›autochthone Erziehung‹ bzw. im Englischen durch ›indigenous education‹ ersetzt worden. Es ging bzw. geht also um Erziehung und Bildung bei – aus der Perspektive der Forschenden gesehen – ›fremden‹ Völkern, deren besondere ›Fremdheit‹ darin besteht, dass diese sich in ihrer Wirtschafts- und Lebensweise grundsätzlich vom ›westlichen‹ industriellen Lebensmodell unterscheiden. Das besondere Interesse daran mag sich dem Umstand verdanken, dass man meint, in solchen Kulturen ein Stück

Menschheitsgeschichte zu erkennen, wie dies etwa Robert Alt in seinen »Vorlesungen über die Erziehung auf frühen Stufen der Menschheitsentwicklung« in den 1950er Jahren als Pädagogikprofessor in Ost-Berlin tat (Alt 1956). Oder es mag im Zusammenhang mit imperialistischen und missionarischen Interessen zu Zeiten des Kolonialismus stehen, wie Immanuel Wallerstein (2004, S. 4ff.) dies in seiner Analyse der Entstehung der Sozialwissenschaften im 19. Jahrhunert darlegt. Er postuliert, dass sich eine charakteristische wissenschaftliche Arbeitsteilung herauskristallisierte, in der – neben der Mutterdisziplin Geschichte – verschiedene neue sozialwissenschaftliche Disziplinen entstanden. Während die Wirtschaftswissenschaft, die Politikwissenschaft und die Soziologie den gesellschaftlichen Wandel in den sich industrialisierenden Ländern in Europa bearbeiteten, bedurfte es für die ›fremden‹ außereuropäischen Regionen eigener Wissenschaften. Auf diese Weise entstanden die Anthropologie bzw. Ethnologie, die sich auf ›primitive‹ Völker ohne moderne Technologie und Schriftsysteme richtete, und die Orientalistik, die die nicht-westlichen sog. ›Hochkulturen‹ (z.B. China, Indien, Persien und die arabische Welt) erforschte, die zwar Schriftlichkeit, Technologie und Bürokratie kannten, aber dennoch ganz anders funktionierten als der sich modernisierende Westen. In dieser Lesart liegt es nahe davon auszugehen, dass Ethnologie (und Orientalistik) der Herrschaftssicherung der europäischen Expansion nach Übersee dienten oder jedenfalls dienlich gemacht werden sollten. Etwas über Erziehung und Bildung in den ›primitiven‹ Kulturen herauszufinden, könnte dann z.B. die Einflussnahme und Kontrolle über diese Völker im Dienste der Kolonialpädagogik erleichtern.

Wie sieht die Aufgabenbeschreibung der Ethnopädagogik heute aus? Hat sie sich von dem genannten kolonialgeschichtlichen Erbe befreit? Laut Erny und Rothe (1992, S. 83; 1996, S. 93) bezeichnet ›Ethnopädagogik‹ heute dreierlei:

- In einem weiten Sinne meint der Begriff »Untersuchungen, die sich weitläufig mit Ethnologie und Pädagogik befassen«.
- In einem engeren, praktischen Sinne bezeichnet er »eine Pädagogik, die sich auf die Vorgaben stützt, die ihr von der Ethnologie geliefert werden«, um z.B. Bildungsprogramme in der Entwicklungszusammenarbeit wirksamer zu machen.
- In einem ›umgrenzteren Verständnis‹ aber meine Ethnopädagogik »das Studium der Art und Weise, in der Kinder in unter-

schiedlichen Kulturen erzogen werden, oder auch der Wertvorstellungen und Erziehungsideale der jeweiligen Ethnien«.

Ersetzte man bei der letztgenannten Aussage die Begriffe ›Ethnien‹ und ›Kulturen‹ durch ›Nationen‹ (oder ›Nationalstaaten‹ oder einfach ›Länder‹), so könnte man die genannte Definition für eine Beschreibung von Auslandspädagogik halten. Wo also liegt der Unterschied zwischen ›Auslandspädagogik‹ und ›Ethnopädagogik‹? Der Titel des Buches, in dem die genannte Definition von Ethnopädagogik publiziert ist, macht es deutlich: »Ethnopädagogik – Sozialisation und Erziehung in traditionalen Gesellschaften. Eine Einführung« (hg. v. Müller/Treml, 1992/1996). Überspitzt gesagt liegt der Unterschied also darin, dass die Ethnopädagogik sich (immer noch) mit der Erziehung bei ›primitiven‹ Völkern beschäftigt, die Auslandspädagogik hingegen mit der in ›zivilisierten‹ Nationen. Ein weiterer Unterschied liegt darin, dass die Studien nicht – wie für den Typus der Auslandspädagogik konstatiert – im Interesse an der Verbesserung von Erziehung und Bildung im eigenen Land unternommen werden, sondern der Verbesserung der ›Bildungshilfe‹ für diese ›traditionalen Gesellschaften‹ dienen sollen. Damit rückt die Ethnopädagogik an das Arbeitsgebiet der Bildungsforschung mit der Dritten Welt heran, für das eine kritische und selbstreflexive »Hinterfragung ›unseres‹ Verhältnisses zur ›Dritten Welt‹« (so der Untertitel eines von Renate Nestvogel 1991 herausgebenenen Buches) seit Jahren selbstverständlich ist.

Seit einiger Zeit gibt es auch eine auf die hiesige Erziehungs- und Bildungspraxis angewandte Ethnopädagogik, die die Belange der ›Interkulturellen Pädagogik‹ tangiert. Es handelt sich hierbei um die Anwendung von Ethnopädagogik in der Schule (Unger-Heitsch [Hrsg.] 2001). In diesem Zusammenhang existiert auch ein evaluierter Schulversuch, in dem der Erfolg ethnologischen Unterrichts für den Erwerb von interkultureller Kompetenz in mehreren Schulklassen überprüft wurde (Bertels et al. 2004). Eine so verstandene Ethnopädagogik mag durchaus dazu beitragen, die Diskussion um Konzeptionen der Interkulturellen bzw. Internationalen Pädagogik zu bereichern oder zu modifizieren. In gewissem Sinne tangiert dies auch ein ›Lernen von der Dritten Welt‹ hier bei uns, wie dies Renate Nestvogel bereits Jahre zuvor (1983) reklamiert hatte. Ethnopädagogik wäre demnach nicht nur eine Variante von ›Auslandspädagogik‹, sondern auch eine Variante von ›Internationaler bzw. Interkultureller Pädagogik‹.

Nach Meinung der Autorin gehört die Ethnopädagogik, da sie sich auf Erziehung und Bildung in anderen Kulturen als der der Forschenden bezieht und da sie ebenfalls praktisch pädagogisch tätig wird und entsprechende Konzepte entwirft, im Prinzip mit dem gleichen Recht zur Vergleichenden Erziehungswissenschaft, wie dies für die Auslandspädagogik reklamiert und praktiziert wird. Die wissenschaftliche Herangehensweise der ›Ethnopädagogik‹ muss sich jedoch eine ähnliche Kritik gefallen lassen, wie sie in Bezug auf die Auslandspädagogik angesprochen wurde: Die kulturelle Voreingenommenheit steht zusätzlich unter Eurozentrismus-Verdacht. Des Weiteren müsste noch begründet werden, warum sich die Ethnopädagogik zur Optimierung der externen Bildungshilfe berufen fühlt; denn eine solche externe Einflussnahme auf die untersuchten Länder beansprucht die Auslandspädagogik nicht. Insgesamt wäre also ein fruchtbarer Meinungsaustausch zwischen Ethnopädagogik und Vergleichender Erziehungswissenschaft angeraten.

Vergleichende Erziehungswissenschaft, Vergleichende Pädagogik oder Vergleichende Bildungsforschung?

Die Bezeichnungen ›Vergleichende Erziehungswissenschaft‹ und ›Vergleichende Pädagogik‹ werden seit langem in der Regel wie Synonyme verwendet, ähnlich wie dies etwa zur Bezeichnung universitärer Institute der Fall ist, die an der einen Universität ›Institut für Pädagogik‹, an einer anderen ›Institut für Erziehungswissenschaft‹ heißen. Man könte den naheliegend erscheinenden Grund vermuten, hier sei eine historisch ältere Version (›Pädagogik‹) durch eine modernere (›Erziehungswissenschaft‹) ersetzt worden. Tatsächlich aber finden wir auch bei Universitätsneugründungen sowohl Institute für Pädagogik als auch solche für Erziehungswissenschaft. Ebenso ist bis in die jüngere Zeit hinein noch der Begriff ›Vergleichende Pädagogik‹ vorzufinden, wohingegen einige der Begründer dieser Disziplin schon recht früh den Begriff ›Vergleichende Erziehungswissenschaft‹ prägten. In neuerer Zeit kam als weitere Variante ›Vergleichende Bildungsforschung‹ hinzu, so dass hier ebenfalls geklärt werden muss, ob sich dieser Begriff von ›Vergleichende Erziehungswissenschaft‹ unterscheidet.

Früh und kosequent verwendet z.B. der schon genannte Klassiker Friedrich Schneider den Begriff ›Vergleichende Erziehungswissenschaft«. So unterscheidet er in einer einleitenden Aufsatzserie in der von ihm begründeten ›Internationalen Zeitschrift für Erziehungswissenschaft‹ zwischen ›Internationaler Pädagogik‹, ›Auslandspädagogik‹ und ›Vergleichender Erziehungswissenschaft‹ (Schneider 1931–1933). Seine Schrift »Triebkräfte der Pädagogik der Völker« ist mit: »Eine Einführung in die Vergleichende Erziehungswissenschaft« untertitelt (Schneider 1947); und 1961 erschien seine »Vergleichende Erziehungswissenschaft« mit dem Untertitel »Geschichte, Forschung, Lehre« (Schneider 1961).

Franz Hilker spricht hingegen in seiner zu Schneider (1961) fast zeit- und titelgleichen Überblickspublikation von »Vergleichende Pädagogik. Eine Einführung in ihre Geschichte, Theorie und Praxis« (Hilker 1962). Noch eine Dekade später wurde »Vergleichende Pädagogik« als Buchtitel benutzt (Kern 1973). Der Terminus etablierte sich auch in der wissenschaftlichen Diskussion der DDR (Kienitz/Mehnert 1966) und führte dort zur Gründung einer entsprechenden Zeitschrift »Vergleichende Pädagogik«. Im Unterschied dazu existierte in jenen Jahren in der damaligen BRD – neben der auf Schneider zurück gehenden mehrsprachigen »Internationalen Zeitschrift für Erziehungswissenschaft« des UNESCO-Instituts in Hamburg – im vergleichenden Bereich einzig die Zeitschrift »Pädagogik und Schule in Ost und West«. Ihre Entstehung und ihr Titel sind bezeichnend für die Vergleichende Erziehungswissenschaft der damaligen Zeit in der BRD, die stark vom Ost-West-Vergleich geprägt war. Denn das erste Heft der »Pädagogik und Schule in Ost und West« im Januar 1966 wurde als »14. Jahrgang« begonnen, da diese neue Zeitschrift sich als Nachfolgerin des »Informationsdienst für freiheitliche Erzieher« (13 Jahrgänge von 1953–1965) und des Zusammenschlusses mit der Vierteljahresschrift »Gesamtdeutscher Literaturbeobachter« (bis 1964) verstand.

Andere Autoren hingegen, wie z.B. Oskar Anweiler, benutzten in jenen Jahren sowohl den einen als auch den anderen Begriff (›Vergleichende Erziehungswissenschaft‹ in Anweiler 1966, ›Vergleichende Pädagogik‹ in Anweiler 1967). Anweiler präferierte schließlich den neuen Begriff ›Vergleichende Bildungsforschung‹ (Anweiler 1971) und nannte die von ihm 1972 gegründete und bis zu seiner Emeritierung geleitete Arbeitsgruppe an der Ruhr-Universität Bochum, die sich der Forschung und der Politikberatung zu den Bildungsentwicklungen in Mittel- und Osteuropa widmete, konsequenterweise »Arbeitsstelle für vergleichende Bildungsforschung«. Laut Wolfgang Hörner (2004, S. 182) wurde der Begriff ›Vergleichende Bildungsforschung‹ in Anlehnung an eine Arbeit von Eugen Lemberg (1963) geschaffen, »um entsprechend dem anglo-amerikanischen Begriff ›education‹ die institutionelle Dimension von Bildung und ihre Verbindung zu den soziologischen, politischen und ökonomischen Aspekten zu betonen. Der Begriff ›Bildungsforschung‹ stellt also genau wie ›Bildungspolitik‹ (›educational policy‹) eine Lehnübersetzung aus dem anglo-amerikanischen Denken dar«. Bildungsforschung kann demzufolge von vielen Wissenschaften betrieben werden, nicht nur von der Erziehungswissenschaft.

Die in diesem Abschnitt angesprochenen Bezeichnungen haben gemeinsam, dass sie alle in ihrem Titel den Bezug auf die Methode, die *vergleichende* Herangehensweise, führen und dann in der Bezeichnung des Fachgebietes zwischen ›Pädagogik‹, ›Erziehungswissenschaft‹ und ›Bildungsforschung‹ variieren. Damit fokussieren sie jenen Strang der Vergleichenden Erziehungswissenschaft, der schon bei Jullien in seiner Forschungsfrage zur Ermittlung von vergleichenden Daten über die Bildungssysteme des damaligen Europa enthalten war.

Internationale und Interkulturelle Erziehung bzw. Pädagogik als Teile der Vergleichenden Erziehungswissenschaft?

Es gibt einige weitere Begriffe, bei denen nicht ganz klar ist, ob sie Teilgebiete oder Alternativen zur Vergleichenden Erziehungswissenschaft darstellen, wie ›Internationale Erziehung‹, ›Internationale Pädagogik‹, ›Interkulturelle Erziehung‹, ›Interkulturelle Pädagogik‹ und die sich in jüngerer Zeit noch anbahnenden Begriffskombinationen mit ›transnational‹ und ›transkulturell‹. Gemeinsam ist all diesen Varianten, dass sie an Stelle des Terminus ›Vergleich‹ die Adjektive ›international‹ bzw. ›interkulturell‹ (seltener: multikulturell) oder neuerlich auch ›transnational‹ und ›transkulturell‹ in ihrer Begriffsbildung benutzen. Diese Adjektive werden dann wahlweise mit ›Erziehung‹, ›Pädagogik‹ oder anderen Sachgebietskomposita verknüpft. Obwohl häufig nicht deutlich unterschieden wird, soll hier von ›Erziehung‹ die Rede sein, wenn damit Praktiken und Handlungsfelder gemeint sind, und von

›Pädagogik‹ gesprochen werden, um damit Konzeptionen zu bezeichnen, die sich auf solche Praxen richten. (Diese Unterscheidung wird in Kap. 2 dieses Buches noch einmal dezidiert aufgegriffen.)

Die ›*Internationale Erziehung*‹ geht bereits auf die Ideen von Jullien de Paris zurück; denn die von ihm entworfene ›éducation comparée‹ (Jullien 1817) enthielt zugleich das Moment der internationalen Verständigung. Bei dieser geht es um die Erziehung zu entsprechenden Einstellungen und um Kooperationen im zwischenstaatlichen Zusammenleben, die sog. ›Völkerverständigung‹. Zur Beförderung dieser ›Internationalen Erziehung‹ wurden und werden spezielle Praktiken entwickelt, wie z.b. internationale Schüler- und Jugendbegegnungen. Nach dem Zweiten Weltkrieg war es insbesondere die UNESCO, die diese ›Internationale Erziehung‹ propagierte und weiterentwickelte. Dies wird schon in ihrer für die damalige Zeit wegweisenden Empfehlung von 1974 deutlich, deren Titel als ein bis heute uneingelöstes Programm der ›Internationalen Erziehung‹ gelesen werden kann: »Empfehlung über die Erziehung zu internationaler Verständigung und Zusammenarbeit und zum Weltfrieden sowie die Erziehung im Hinblick auf die Menschenrechte und Grundfreiheiten« (abgedruckt in: Deutsche UNESCO-Kommission 1979, S. 81–95).

Die ›*Interkulturelle Erziehung*‹ entstand hingegen erst nach dem Zweiten Weltkrieg als Reaktion auf Migration (vgl. Diehm/Radtke 1999). Zunächst unter dem Terminus ›Ausländerpädagogik‹ betrieben, setzte sich ab den 1980er Jahren in Deutschland und anderswo zunehmend der Begriff ›Interkulturelle Erziehung‹ durch. Ihre Aufgabe kann als die Bearbeitung von kultureller Vielfalt innerhalb nationalstaatlich definierter Grenzen mit erzieherischen Mitteln umrissen werden. Spiegelbildlich zur Entstehung der ›Auslandspädagogik‹ in der klassischen Komparatistik werden in der ›Ausländerpädagogik‹ die Ausländer mit fremdem (be-, entfremdendem) Blick überwiegend aus den Augen deutscher Pädagogen betrachtet, wobei sich ähnliche Vereinseitigungen und Perspektivenverzerrungen abspielen können wie in der ›Auslandspädagogik‹, die andersnationale Erziehung und Bildung in den ›fremden Blick‹ nimmt.

Die ›*Internationale Pädagogik*‹ wurde insbesondere von Hermann Röhrs schon früh als Teilgebiet der Vergleichenden Erziehungswissenschaft reklamiert. Dieses Teilgebiet »bildet im Rahmen der

Vergleichenden Erziehungswissenschaft eine besondere Forschungsrichtung, die sich weniger durch das Gegenstandsgebiet und die Methoden als durch die Blickrichtung und Frageweise ausgrenzt. Dabei geht es in erster Linie um die Erhellung der pädagogischen Relevanz der vielfältigen Aufgaben einer internationalen Kooperation und Koordination, deren oberstes Ziel die internationale Verständigung und Friedenssicherung ist« (Röhrs 1966, S. 11). In einer späteren Veröffentlichung präzisiert Röhrs als ihre Aufgaben: »1. Pädagogik der internationalen Schulen und anderen Bildungseinrichtungen, 2. Pädagogik der internationalen Organisationen, 3. Pädagogik der internationalen Beziehungen« (1975, S. 25). Daraus ist zu ersehen, dass sich laut Röhrs die ›Internationale Pädagogik‹ auf die Reflexion und Bearbeitung der oben geschilderte Praxen der ›Internationalen Erziehung‹ richtet; zugleich sieht er ihre Aufgabe jedoch darin, die pädagogischen Dimensionen der internationalen Politik (internationale Organisationen und Beziehungen) zu beobachten.

In der *Interkulturellen Pädagogik* geht es ähnlich wie in der ›Internationalen Pädagogik‹ um die Reflexion und Bearbeitung der Praxen interkultureller Erziehung und Bildung. Abzulesen ist dieser explizite Bezug auf eine neue Reflexionsebene, und zwar die der ›Pädagogik‹ (im Unterschied zu ›Erziehung‹), beispielsweise an der Umbenennung des Grundlagenwerkes von Georg Auernheimer: Während die erste Auflage (1990) und die zweite überarbeitete und ergänzte Auflage (1995) unter dem Titel »Einführung in die interkulturelle Erziehung« firmierten, publizierte Auernheimer die dritte, neu bearbeitete und ergänzte Auflage seines Werkes als »Einführung in die Interkulturelle Pädagogik« (2003). Der Autor begründet dies in seinem Vorwort zur dritten Auflage explizit wie folgt: »Die Änderung des Titels habe ich deswegen für gerechtfertigt gehalten, weil man inzwischen – anders als noch 1995 bei der zweiten Auflage – von einem eigenständigen pädagogischen Fachgebiet sprechen kann.« Als Belege für eine solche auf Dauer gestellte Etablierung als neues Fachgebiet führt er z.B. die Existenz entsprechend ausgerichteter Institute und Lehrstühle an sowie Definitionsbemühungen und Abgrenzungen zu anderen Fachgebieten (ebd., S. 49ff.).

In Bezug auf die derzeit noch eher selten verwendeten Begriffe ›transnational‹ und ›transkulturell‹ ist noch nicht abzusehen, ob und für welche Gegenstände sie sich langfristig etablieren werden.

In einem Themenheft der ›Zeitschrift für Erziehungswissenschaft‹ mit dem Titel ›*Transnationale Bildungsräume*‹ (H.1/2004) tritt das Adjektiv ›transnational‹ in den unterschiedlichsten Kombinationen auf, wie transnationale (Aus-)Bildungs- und Zukunftsorientierungen, Bildungswege, Bildungsverläufe, Bildungslaufbahnen (vgl. dazu Adick 2005, S. 261). ›Transnational‹ bezieht sich hierbei auf Erziehung und Bildung von ›Transmigranten‹ in ›transnationalen Sozialräumen‹. Mit ›Transmigranten‹ sind solche Migranten gemeint, für die der Wechsel von einer Herkunfts- in eine Ankunftsgesellschaft »kein singulärer Vorgang ist, sondern zu einem Normalzustand wird, indem sich der alltagsweltliche Sozialraum der *Transmigranten* pluri-lokal über Ländergrenzen hinweg zwischen verschiedenen Orten aufspannt« (Gogolin/Pries 2004, S. 10). Ein solcher Lebensweg kann z.B. dadurch gekennzeichnet sein, dass ein Kind in seinem Geburtsland die Grundschule besucht, in einem anderen Land weiter zur Schule geht und eine Hochschulberechtigung erwirbt, danach wieder in seinem Geburtsland studiert, zwischendurch ein Auslandssemester absolviert und anschließend wiederum in einem anderen Land einen Arbeitsplatz annimmt, wobei es ›pluri-lokale‹, Ländergrenzen überschreitende Kontakte knüpft und Netzwerke nutzt, die relativ stabil sind.

Der englischsprachige Begriff ›*transnational education*‹ ist hingegen vor einigen Jahren im Zuge der Internationalisierung des Hochschulbereichs aufgekommen. Er bezeichnet nach einer vielfach akzeptierten engeren Definition »international branch campuses and franchising operations and provision of education/training by international non-official higher education institutions, off-shore institutions, foreign public universities, various consortia, and corporate universities« (Adam 2001, S. 40). Da es die genannten Erscheinungen nicht nur im Hochschulbereich gibt, sondern auch in anderen Bildungssektoren, insbesondere im außerschulischen und im Erwachsenen- und Weiterbildungsbereich (z.B. Nachhilfe- und Sprachenschulen als Lizenzunternehmen oder eigenständige Ausbildungsgänge transnationaler Konzerne), sollte der Begriff ›transnational education‹ im Sinne von ›transnationale Bildungsanbieter‹ oder ›transnationale Bildungsangebote‹ in der deutschen Diskussion benutzt werden (Adick 2005). Die damit bezeichnete Erziehungs- und Bildungswirklichkeit steht vor allem im Zusammenhang mit dem Globalisierungsdiskurs (Privatisierung, Liberalisierung, Deregulierung) und mit der Diskussion um die Neuordnung der Bildungsdienstleistungen auf dem Weltmarkt in Gestalt des GATS (General Agreement on Trade in Services). Es sind – insbesondere in Bereichen außerhalb des Pflichtschulsektors – auch schon transnationale Nichtregierungsorganisationen und Wirtschaftsunternehmen auszumachen, die sich mit Erziehung und Bildung aller Art beschäftigen und die deshalb auch die Aufmerksamkeit der Vergleichenden Erziehungswissenschaft auf sich ziehen sollten (Adick 2008). Von ›transnationaler Pädagogik‹ zu sprechen wäre jedoch verfehlt; denn dazu müssten inhaltlich bestimmte, spezifisch ›transnationale‹ pädagogische Konzeptionen identifizierbar sein.

Auch der Begriff ›*transkulturell*‹ ist seit einigen Jahren in der pädagogischen Diskussion angekommen (vgl. Datta [Hrsg.] 2005), auch wenn er nicht immer eindeutig von ›interkulturell‹ abgegrenzt wird. Beschäftigt man sich mit ›Transkulturalität und Pädagogik‹ (so der Titel eines Sammelbandes, hg. von Göhlich et al. 2006), so werden immer wieder Veröffentlichungen des Philosophen Wolfgang Welsch rezipiert, der sich nicht nur radikal gegen die Vorstellung geschlossener und einheitlicher Nationalkulturen wendet, sondern ebenso alle inter- und multikulturellen Konzepte ablehnt, weil diese ebenso eine abgeschlossene Insel- bzw. Kugelvorstellung von Kultur weiter transportierten, wenngleich mit der Zielvorstellung, zwischen diesen zu vermitteln. Er definiert wie folgt:»›*Transkulturalität*‹ will beides anzeigen: daß wir uns *jenseits* der klassischen Kulturverfassung befinden; und daß die neuen Kultur- und Lebensformen durch diese alten Formationen wie selbstverständlich *hindurch*gehen« (Welsch 1992, S. 5, Hervorh. im Orig.). Dieses sei im Übrigen nicht neu; denn so ließe sich bspw. auch die deutsche Kultur historisch nicht ohne andere, etwa griechische oder römische, Traditionen rekonstruieren (Welsch 1995, S. 42). Transkulturalität laufe hingegen nicht »auf die Annahme einer zunehmenden Homogenisierung der Kulturen und auf eine uniforme Weltzivilisation hinaus« (ebd., S. 43). »Statt dessen entwickelt sich eine Vielheit unterschiedlicher Lebensformen transkulturellen Zuschnitts« (ebd., S. 44).

Seit den 1990er Jahren, vor allem im Zuge der Zunahme des Redens über ›Globalisierung‹, ist als ein weiteres pädagogisches Konzept der ›Internationalen Erziehung‹ das des ›*Globalen Lernens*‹ hinzugekommen: ›Globales Lernen‹ (im Englischen: global education) wird in der internationalen wie in der deutschen Diskussion überwiegend als Oberbegriff für ältere und jüngere Konzeptionen wie Erziehung zur Völkerverständigung bzw. zur internationalen Verständigung, Friedenserziehung, Menschenrechtserziehung, entwicklungspolitische Bildung, interkulturelle Erziehung usw. angesehen (Schöfthaler 2000; Fujikane 2003). Neu zu diesen bekannten Komponenten hinzu gekommen ist im ›Globalen Lernen‹ die inzwischen explizit auf globale Dimensionen ausgerichtete Umwelterziehung, die zuvor in den international bzw. interkulturell ausgerichteten Erziehungs- und Bildungskonzepten eher nicht thematisiert wurde. Die nach der UN-Konferenz für Entwicklung und Umwelt in Rio de Janeiro (1992) ausgerufene ›Bildung für nachhaltige Entwicklung‹ kann als neueste Variante des ›Globalen Lernens‹ angesehen werden; denn sie umfasst unter dem Leitbild der Nachhaltigkeit die oben genannten Konzeptionen und soll in der derzeit laufenden UN-Dekade (2005–2014) ›Bildung für nachhaltige Entwicklung‹ (im Englischen: ›education for sustainable development‹) weltweit in allen Bereichen von Erziehung, Bildung und Ausbildung umgesetzt werden. Deutschland beteiligt sich mit einer Vielzahl von Projekten und Programmen an diesen Dekadeaktivitäten und hat inzwischen ein Internetportal geschaffen, über das relevante Dokumente, Materialien, Berichte, Hinweise und Adressen der breiten Öffentlichkeit zugänglich sind (*www.bne-portal.de*).

Nach einer eigenen Definition ist das Globale Lernen als »Oberbegriff für all jene didaktischen Bemühungen zu sehen, die sich auf die Implementation und Strukturierung solcher Unterrichtsgegenstände richten, deren Fokus die gesamtmenschheitliche Lebenspraxis darstellt« (Adick 2002a, S. 399). Globales Lernen lässt sich als eine Antwort der Pädagogik auf Globalisierung begreifen, wobei ›Antwort‹ (statt ›Reaktion‹) bedeutet, dass es durch Erziehung und Bildung zu einer produktiven und pädagogisch letztlich nicht vorentscheidbaren Auseinandersetzung mit Globalisierung kommen soll, was ebenso wenig als Lösung von Globalisierungsproblemen missverstanden werden darf (ebd., S. 400ff.). In den letzten Jahren sind bereits einige didaktische Modelle zur Umsetzung des Globalen Lernens entwickelt worden (Scheunpflug/Schröck 2001, Adick 2002a, Selby/Rathenow 2003), auf die an späterer Stelle noch eingegangen wird (vgl. Kap. 4.3).

All diesen Konzepten ist gemeinsam, dass sie es mit der praktischen Bedeutsamkeit der Vergleichenden Erziehungswissenschaft zu tun haben, d.h. mit internationalen (zwischenstaatlichen/transnationalen/globalen) und/oder mit interkulturellen (multi-, transkulturellen) pädagogischen Handlungsfeldern und dem Ziel einer durch Erziehung und Bildung beförderten internationalen bzw. interkulturellen Verständigung und Kompetenzsteigerung. Sie beziehen sich damit im Prinzip alle auf die schon von Jullien geforderte praktische Verwertbarkeit der Vergleichenden Erziehungswissenschaft und bezeichnen den Strang der Disziplin, der in der CIES und in anderen akademischen Vereinigungen oder in Zeitschriften als ›international education‹ bezeichnet ist. Es wird daher dafür plädiert, ›Internationale Erziehung‹ als Oberbegriff für all diese kulturelle und territoriale Grenzen überschreitenden Handlungsfelder von Erziehung und Bildung zu wählen. Von ›Internationaler Pädagogik‹ ist dann zu sprechen, wenn diese Handlungsfelder Gegenstand der Reflexion und Modellbildung sind und für ihre Beförderung pädagogische Konzepte erarbeitet werden. Akzeptiert wäre damit in jedem Falle und unter welchem Etikett auch immer, dass ›Internationale Erziehung‹ und ›Internationale Pädagogik‹ zum Gegenstandsbereich der Vergleichenden Erziehungswissenschaft zählen. Dies ist nicht ein einhelliger Konsens, aber trotz teils deutlicher Skepsis gegen solcherart ›Praxisverwertung‹ der Vergleichenden Erziehungswissenschaft (z.B. Schneider 1961, S. 93ff. und S. 104ff.; Schriewer 1994a, S. 42f.) scheint auch hier die Faktizität zu obsiegen: Denn weite Teile der *scientific community* der deutschen und der internationalen Vergleichenden Erziehungswissenschaft arbeiten und forschen in diesen Bereichen, was sich an Publikationen, Kongressthemen und Lehrangeboten ablesen lässt. Wenn also Vergleichende Erziehungswissenschaft (auch) das ist, was die *scientific community* tut, dann gehören diese Aufgaben auf jeden Fall in ihren Arbeitsbereich.

Was ist dann ›*Internationale Erziehungswissenschaft*‹ – im Unterschied zur ›Internationalen Pädagogik‹? Schneider benutzte den Begriff ›Internationale Erziehungswissenschaft‹ in seiner schon genannten dreiteiligen Aufsatzserie (Schneider 1931–1933) als Oberbegriff für die von ihm diskutierten Begriffsvarianten Internationale Pädagogik, Auslandspädagogik und Vergleichende Erziehungswissenschaft und fügte dem noch eine Art Metaebene (»die Theorie der Internationalen Erziehungswissenschaft«) hinzu.

Die ›Internationale Erziehungswissenschaft‹ umfasst ihm zufolge: die Theorie der Internationalen Erziehungswissenschaft (deren »Wesen und Ziel, Geschichte, Methoden und Bedeutung«), die Auslandspädagogik (»Untersuchung und Darstellung der pädagogischen Theorie und Wirklichkeit des Auslands«), die Internationale Pädagogik im engeren Sinne (»Erforschung und Darstellung der zwischenstaatlichen pädagogischen Kraftströme«) und die Vergleichende Erziehungswissenschaft (»kritischer Vergleich und Beurteilung der in international-erziehungswissenschaftlicher Forschung festgestellten Sachverhalte«) (Schneider 1931/32, S. 405f.). Unter der uns heute befremdlich anmutenden Rede von den »zwischenstaatlichen pädagogischen Kraftströmen« versteht Schneider im Übrigen die funktionalen wie auch die intentionalen Auswirkungen zwischenstaatlicher pädagogischer Beziehungen. Diese können die internationale Verbreitung und Wirkung reformpädagogischer Konzepte betreffen, aber auch die Arbeit internationaler pädagogischer Institutionen und ferner auch die Auswirkungen internationaler Begegnungen oder die ›Völkerbundspädagogik‹ umgreifen (ebd.). Wie gesagt sind diese Fragestellungen seiner Meinung nach Teile der – übergeordneten – Internationalen Erziehungswissenschaft.

Für Mitter (1996a, S. 8f.) hingegen ist *Internationale Erziehungswissenschaft* kein Oberbegriff für diverse internationale und komparative Arbeitsfelder (wie für Schneider). Denn *Internationale Erziehungswissenschaft* entfalte sich außerhalb der Vergleichenden Erziehungswissenschaft, sie sei ›indirekte Komparatistik‹: »Im weiteren Sinne läßt sich Internationale Erziehungswissenschaft als die Arbeit *aller* Erziehungswissenschaftler zusammenfassen, welche sich in ihren erziehungswissenschaftlichen Teildisziplinen auf die Vorbilder und Bezugspersonen *außerhalb* ihrer ›nationalen‹ Wissenschaftlergemeinschaft beziehen« (ebd., S. 8). Im Prinzip könnten dieser Sichtweise zufolge alle erziehungswissenschaftlichen Disziplinen solch einen Bezug auf ausländische Erfahrungen, Pädagogiken, wissenschaftliche Diskussionsbeiträge usw. ohne explizite komparative Reflexionen vornehmen und hätten dies eigentlich immer schon getan, z.B. in der Rezeption ausländischer Publikationen. Denkt man Mitters Überlegungen zu Ende, dann wäre jedoch der Begriff ›Internationale Erziehungswissenschaft‹ eigentlich entbehrlich, weil Wissenschaft immer schon international ist.

Laut Volker Lenhart (1999) ist die Begründung für die *Internationale Erziehungswissenschaft* hingegen folgende: »Die auf Verständigung und Frieden ausgerichtete Lösung von Problemen, die aus dem Neben-, Gegen- und Miteinander unterschiedlicher nationaler, ethnischer und kultureller Gruppierungen herrühren und die sich entweder auch im Erziehungs- und Bildungsbereich manifestieren oder mit Erziehungs- und Bildungsmaßnahmen ›bearbeitet‹ werden können, bilden den mit einer Kurzformel ›Internationale Erziehung‹ genannten Gegenstandsbereich der ›Internationalen Erziehungswissenschaft‹. Sie kann aus pragmatischen Gründen als Teildisziplin innerhalb der Vergleichenden Erziehungswissenschaft konstituiert werden, wenngleich zuzugeben ist, daß der Verweis auf ein spezifisches – wertbezogenes, problemlösungs- und handlungsorientiertes – Erkenntnisinteresse in einem Gegenstandsfeld noch keine zureichende wissenschaftstheoretische Begründung darstellt« (ebd., S. 210f.).

In Lenharts Definition fehlt eine Unterscheidung von ›Internationale Erziehungswissenschaft‹ und ›Internationale Pädagogik‹; und so trifft sein Verweis auf ein spezifisch handlungsbezogenes Erkenntnisinteresse der Internationalen Erziehungswissenschaft (wohl im Unterschied zur Vergleichenden Erziehungswissenschaft?) eigentlich auf die Internationale(n) Pädagogik(en) zu, nicht aber notwendigerweise auf die Internationale Erziehungswissenschaft. Wenn die ›Internationale Pädagogik‹, wie oben in Anlehnung an Röhrs vorgeschlagen, als Form der Reflexion und Modellbildung zu Praxen der ›Internationalen Erziehung‹ verstanden wird, dann sollte ›Internationale Erziehungswissenschaft‹ die wissenschaftliche Erforschung und Theoriediskussion zur ›Internationalen Erziehung‹ (als Praxis) und zur ›Internationalen Pädagogik‹ (als Ebene der Modellreflexion) bedeuten. Sie wäre damit das zweite (international ausgerichtete) Standbein neben der (komparativen) Vergleichenden Erziehungswissenschaft, so wie es ja auch die neue Bezeichnung der Kommission ›Vergleichende und Internationale Erziehungswissenschaft‹ nahe legt. Aus pragmatischen Gründen bleiben wir im Rahmen dieser Einführung jedoch bei der Überschrift ›Vergleichende Erziehungswissenschaft‹, die allerdings gemäß der hier vertretenen Sichtweise alle bisher genannten Gegenstände umfasst.

2 Die Gegenstandsstruktur der Vergleichenden Erziehungswissenschaft

Können wir uns eigentlich international über Bildung und Erziehung verständigen? Mit dieser Frage beginnt dieses Kapitel, wobei allerdings nur ein Blick auf englisch- im Vergleich zu deutschsprachigen terminologischen Problemen geworfen wird. Im weiteren Fortgang wird nach dem Gegenstand der Vergleichenden Erziehungswissenschaft gefragt. Die Antwort darauf ist, dass es mehrere Gegenstandsbereiche gibt, deren Verhältnis zueinander geklärt wird. Im Anschluss daran wird kurz eine Kontroverse angesprochen, die von Zeit zu Zeit immer wieder aufkommt und die auch schon im vorigen Kapitel implizit angesprochen wurde: Soll sich diese wissenschaftliche Disziplin mit dem Vergleichen begnügen? Oder ist es auch ihre Aufgabe, sich internationalen Dimensionen von Erziehung und Bildung zu widmen? Nach der Lektüre des vorangegangenen Kapitels dürfte klar sein, welcher Position in diesem Buch gefolgt wird. Die Entscheidung für eine Verknüpfung von komparativ und international wird indessen noch eingehender begründet. Es ergeben sich daraus folgende spezifische Gegenstände der Vergleichenden Erziehungswissenschaft, die im Folgenden näher erläutert werden:

- Erziehung und Bildung in – vom Betrachter aus gesehen – ›fremden‹ Ländern und Kulturen in komparativer Sicht,
- Internationale Erziehung (d.h. die Praxen interkultureller bzw. internationaler Erziehung und Bildung und die auf sie gerichteten Pädagogiken),
- Internationale Bildungspolitik (internationales Bildungsmonitoring, internationale Abkommen und Programme internationaler Organisationen).

›Internationale Erziehung‹ und ›Internationale Bildungspolitik‹ können dann wiederum vergleichend in den Blick genommen werden, wodurch sich eine Verschränkung der komparativen und der internationalen Perspektiven ergibt.

Erhebt man den Anspruch, die Gegenstandsstruktur eines Fachgebietes zu umreißen, dann stellt sich sogleich die Frage, wie denn ein solches Strukturmodell begründet werden kann. Hierzu muss in diesem Kapitel etwas weiter ausgeholt werden. Dies geschieht mit Blick darauf, wie entsprechende Diskussionen in der Allgemeinen Pädagogik bzw. Erziehungswissenschaft geführt wurden und werden. Es wird dabei auf unterschiedliche Reflexionsdimensionen, Theoriegrade und Wissensformen Bezug genommen, die bei der grundlegenden Trias ›Erziehung – Pädagogik – Erziehungswisssenschaft‹ ansetzen. Denn es geht im Folgenden darum, die heterogenen und teils in ihrer Zugehörigkeit zur Vergleichenden Erziehungswissenschaft umstrittenen Wissensbestände nicht bloss (additiv) zu benennen, sondern auch anhand bestimmter Kriterien zu differenzieren und zu ordnen. Die allgemeine Diskussion wird abschließend in ein für die Vergleichende Erziehungswissenschaft konzipiertes Strukturmodell überführt. Dieses bildet sodann die Basis für die folgenden Kapitel dieses Buches.

2.1 Erziehung und Bildung im internationalen Diskurs

Die Vergleichende Erziehungswissenschaft bezieht sich, wie alle Subdisziplinen der Erziehungswissenschaft, letztendlich auf das, was man als ›die Erziehungswirklichkeit‹ oder als ›die gesellschaftliche Praxis der Erziehung‹ bezeichnen kann. Es stellt sich bei einer solchen Antwort aber sogleich die Anschlussfrage, was denn ›Erziehung‹ ist, sowie – wegen des internationalen Vergleichs – die weitere Frage, ob und welche Entsprechungen es für diesen Begriff in anderen Sprachen gibt. Hierzu hat Peter Menck einmal folgenden Gedankengang vorgelegt: »Der Gegenstand der ›Erziehungswissenschaft‹ ist, wie der Name sagt, zunächst einmal ›Erziehung‹. Schön wäre es, wenn es dabei bleiben könnte und man einen Begriff für den Gegenstand hätte, so wie das die ›Politik‹ bei der Politikwissenschaft ist oder die ›belebte Natur‹ bei der Biologie. Die Erziehungswissenschaft hat zwei: ›Erziehung‹, versteht sich, und ›Bildung‹. Das sorgt für eine Sprachverwirrung, die ausreicht, daß ganze Aufsätze nicht mehr als Abgrenzungen der beiden Begriffe voneinander zum Inhalt haben. Leichter haben es die Englisch und Französisch sprechenden Menschen: ›education‹ steht da für beides. Wenn man mit Kollegen aus diesen Sprachräumen ins Gespräch kommen will, stellt man aber fest, daß dieser Vorzug seinen Preis hat: Fehlt der Begriff – hier also ›Bildung‹ – dann scheint es die Sache auch nicht zu geben?« (Menck 1998, S. 16).

Die ›Sache‹ könnte aber, wie Barbara Schneider (2004, S. 512) kritisch bemerkt, auch andersherum gesehen werden: »Es bleibt sprach- und diskurskritisch zu bedenken, ob der deutsche Begriff Bildung einen Überschuß an Gehalt und Sinn implizierte, dem in anderen Sprachen keine oder eine bloß umständlich zu beschreibende Entsprechung zukäme. Oder bezeichnet der eigentümliche Gehalt des Bildungsbegriffs eine Leerstelle des deutschen Erziehungsbegriffs?« Ist also nicht vielleicht der deutsche Begriff ›Erziehung‹ etwa im Vergleich zu ›education‹ unterkomplex?

Das Problem der Übersetzung von Fachbegriffen und die im obigen Zitat aufgeworfene Frage, ob es ohne einen entsprechenden Begriff auch die Sache nicht gäbe, tangiert im besonderen die Vergleichende Erziehungswissenschaft tagtäglich, da sie es stärker als andere erziehungswissenschaftliche Disziplinen immer mit Auseinandersetzungen in fremdsprachlichen Praxen und Diskursen zu tun hat. Das Problem spüren auch Studierende, die in den Veranstaltungen zur Vergleichenden Erziehungswissenschaft in der Regel häufiger mit fremdsprachlichen Texten konfrontiert werden als in Seminaren zu anderen Fachgebieten. Dabei reichen die in der Schule erworbenen Englischkenntnisse oft nicht aus, um einen englischsprachigen erziehungswissenschaftlichen Text richtig zu verstehen, weil dazu die Fachterminologie fehlt.

Trotz der Übersetzungsprobleme scheint es sinnvoll davon auszugehen, dass aus dem bloßen Nicht-Vorhandensein eines Begriffes in einer Sprache noch nicht darauf geschlossen werden kann, dass es die damit bezeichnete ›Sache‹ in der betreffenden Sprachgemeinschaft nicht gäbe. Denn, ebenso wie es zum deutschen ›Bildungs‹-Begriff unzählige Deutungen und Definitionen gibt, so wird es – so die Annahme – auch zum englischen Begriff ›education‹ unzählige Deutungen und Definitionen geben, darunter auch solche, die den deutschen Vorstellungen von ›Bildung‹ nahe kommen. So weist beispielsweise Mathew Zachariah (1985, S. 1) darauf hin, dass *education* zwei lateinische Wurzeln habe: »According to the Oxford English Dictionary, ›educate‹ is the past principle of educare – the act or process of bringing up a child or animal. The word ›education‹ is also related to educere (the past participle of which is educe), signifying the act or process of drawing or leading forth, bringing out or eliciting.« Während *educare* eher den Sozialisationsprozess meine, verweise *educere* auf die Herausbildung der menschlichen Persönlichkeit (»personhood«, »true human potential«, ebd.). ›Education‹ erscheint damit als das Sowohl-als-auch von Sozialisation und Persönlichkeitsbildung von Heranwachsenden und entspricht folglich durchaus dem, was Gegenstand der Erziehungswissenschaft ist: das Begriffspaar Erziehung und Bildung, das auch bei uns »oft synonym oder in der festen Verbindung 'Erziehung-und-Bildung' gleichsam wie ein Wort gebraucht« wird (Menck 1998, S. 16).

Menck selbst (ebd., S. 24) nimmt in seiner Unterscheidung des Erziehungs- vom Bildungsbegriff u.a. Bezug auf Siegfried Bernfeld (1925/1967, S. 51), der die Erziehungspraxis als die Summe der gesellschaftlichen Reaktionen auf die Tatsache der nachgeburtlichen Entwicklung von Heranwachsenden bestimmt hat, sofern diese Reaktionen, das ergänzt er, »auf die Mündigkeit der sich entwickelnden Menschen verpflichtet sind«. ›Bildung‹ dagegen sei »die Arbeit, in der Menschen sich ihr Menschsein in der Aneignung von und in der Auseinandersetzung mit der Kultur erarbeiten« (Menck 1998, S. 29). Die Ein-Wort-Verbindung ›Erziehung-und-Bildung‹ enthält damit zwei Blickrichtungen: Erziehung als das eher passive ›Sozialisiertwerden‹ Heranwachsender durch intentionale Einwirkungen von Erziehungspersonen bzw. erzieherischen Institutionen und Bildung als die eigentätige, subjektive Aneignung von Kultur. Der Begriff ›education‹, der sich, wie eben dargestellt, laut Zachariah aus den lateinischen Wurzeln educare und educere ergibt, wäre hiermit durchaus kompatibel.

Schon an diesem Beispiel wird deutlich, dass ein internationaler Diskurs über Erziehung und Bildung nicht nur fremdsprachliche, sondern auch fachwissenschaftliche Kenntnisse erfordert, die z.B. durch eine Beschäftigung mit der Vergleichenden Erziehungswissenschaft erworben werden können, wie folgende Beispiele aus den Lehrerfahrungen der Autorin illustrieren sollen: Nicht selten benutzen deutsche Studierende, wenn sie englische Texte in Seminar- und Examensarbeiten referieren, falsche deutsche Begriffe, z.B. für ›higher education‹ und für ›compulsory education‹: ›Higher education‹ wird meist als ›höhere Bildung‹ im Sinne eines Bildungserwerbs an ›höheren Schulen‹ wie Gymnasien verstanden, wohingegen mit dem englischen Terminus ›higher education‹ die tertiäre, d.h. die (post-sekundäre) Hochschulebene gemeint ist.

Und ›compulsory education‹ wird häufig mit ›verpflichtende Bildung‹ übersetzt, was im Deutschen eigentlich keinen rechten Sinn ergibt, weil erst der korrespondierende Fachbegriff ›Schulpflicht‹ deutlich machen würde, was gemeint ist. Verzwickt wird die Sache aber noch einmal dadurch, dass es in manchen Ländern keine ›Schulpflicht‹ im deutschen Sinne des Besuchs staatlicher oder staatlich anerkannter Schulen gibt, sondern dass ›compulsory education‹ auch durch Unterricht in der Familie oder durch Privatlehrer abgedeckt werden kann, so dass in solchen Fällen der Begriff mit ›Unterrichtspflicht‹ übersetzt werden müsste. Die Begriffsunterscheidung zwischen Schul- und Unterrichtspflicht würde sich beim Lesen eines ins Deutsche übersetzten Textes aber nur demjenigen erschließen, der – z.B. durch Studien in der Vergleichenden Erziehungswissenschaft – überhaupt davon weiß, dass es Länder gibt, die zwischen Schulpflicht und Unterrichtspflicht unterscheiden.

Eine Hilfestellung könnten fachsprachliche, in diesem Falle also erziehungwissenschaftliche Fremdsprachenlexika geben. Nach Kenntnis der Autorin gibt es jedoch bisher noch kein anerkanntes mehrsprachiges erziehungswissenschaftliches Lexikon. Immerhin haben internationale Organisationen die Herausforderung erkannt: So führt die UNESCO einen ständig überarbeiteten Thesaurus (d.h. Wortschatzsammlung), der ca. 7.000 Begriffe in englischer Sprache und 8.600 in Französisch und Spanisch enthält (*http://databases.unesco.org/thesaurus*). Und von der Europäischen Kommission und dem Europarat wird der »Europäische Thesaurus Bildungswesen« (European Education Thesaurus) herausgegeben. Es handelt sich hierbei um eine Dokumentationssprache in den Amtssprachen der Europäischen Union. Mittels dieses polyglotten gemeinsamen Vokabulars können zielgerichtet Informationen zum Bildungswesen in Europa aufgefunden werden (*www.eurydice.org*). Trotz dieser Vorarbeiten ist die Forderung von Van daele (1997, S. 179), dass sich eine internationale Kommission mehrsprachiger Spezialisten der Vergleichenden Erziehungswissenschaft an die Erstellung »d'un glossaire multilingue univoque et l'unification du vocabulaire des sciences de l'éducation« begeben solle, meines Erachtens auch heute noch aktuell.

Angesichts der Tatsache, dass alle menschlichen Gesellschaften irgendwie auf die universal gegebene kindliche Entwicklungstatsache mit einer gewissen gesellschaftlichen Erziehungspraxis reagieren (müssen), sind trotz der geschilderten Sprach- und Begriffsproblematik zwei Annahmen sinnvoll: Erstens, dass ›education‹ oder ›Erziehung-und-Bildung‹ als Gegenstand vergleichender erziehungswissenschaftlicher Reflexion bestimmt werden können, und dass zweitens die in diesem Praxiszusammenhang Handelnden und Forschenden auch über Ländergrenzen hinweg sinnvoll – Missverständnisse inbegriffen – darüber kommunizieren können, was auch implizit durch die de facto bereits seit langem stattfindende Praxis der internationalen Kommunikation belegt wird. Festzuhalten ist ferner, dass sich Studierende während ihres Studiums neben dem inhaltlichen auch fremdsprachliches fachterminologisches Wissen (mindestens im Englischen) aneignen sollten. Das Führen einer kleinen eigenen lexikalischen Kartei ist hierfür durchaus nützlich.

2.2 Die Gegenstände der Vergleichenden Erziehungswissenschaft

Den Bezug auf ›Erziehung-und-Bildung‹ hat die Vergleichende Erziehungswissenschaft mit allen Subdisziplinen der Erziehungswissenschaft gemeinsam. Was ist dann jedoch das Spezifische der Vergleichenden Erziehungswissenschaft, das sie von anderen Subdisziplinen, wie z.B. Schulpädagogik, Sozialpädagogik oder Historische Pädagogik, unterscheidet? Auf diese Frage gibt es mehrere Antworten:

In einer ersten Antwort kann die Vergleichende Erziehungswissenschaft dadurch gekennzeichnet werden, dass sie die Gesamtheit von Erziehung und Bildung mit einer bestimmten, für sie charakteristischen Perspektive – die des Vergleichs – in den Blick nimmt. So wie z.B. die Historische Pädagogik die Gesamtheit von ›Erziehung-und-Bildung‹ mit einer ›historischen Brille‹ in den Blick nimmt, so betrachtet die Vergleichende Erziehungswissenschaft Erziehung und Bildung mit einer ›vergleichenden Brille‹. Ein solcher implizit oder explizit vergleichender Blick auf ›fremde‹ Erziehungswirklichkeiten repräsentiert weitgehend die Tradition der Disziplin. Kennzeichnend hierfür ist, dass Erziehung und Bildung in verschiedenen, vom Standpunkt des Betrachters ›fremden‹ Kulturen und Gesellschaften, wahrgenommen, gedeutet und untersucht werden. Dabei kann im Prinzip alles zum Gegenstand von

Reflexion und Analyse werden: die Schulpraxis, die Lehrerausbildung, die Jugendpolitik, Lehrpläne und Schulbücher oder das Bildungssystem als Ganzes und vieles andere mehr, sofern – und hier liegt das Spezifikum – dies explizit (oder wenigstens implizit) durch die Brille des Vergleichs betrachtet wird. Dieser Gegenstand wird im Folgenden zusammengefasst als »*Erziehung und Bildung in verschiedenen Ländern und Kulturen im Vergleich*« bezeichnet.

In einer zweiten Antwort kann die Vergleichende Erziehungswissenschaft als diejenige Subdisziplin begriffen werden, die einen bestimmten Ausschnitt aus der Erziehungspraxis bearbeitet, der das Spezifische dieser Disziplin zum Ausdruck bringt, und zwar dadurch, dass ›*internationale und interkulturelle*‹ *Praxen von Erziehung und Bildung* in den Blick genommen werden. Die Vergleichende Erziehungswissenschaft hätte dann Ähnlichkeit mit Subdisziplinen wie Schulpädagogik, Sozialpädagogik oder Erwachsenenbildung, die sich ebenfalls nur bestimmten Bereichen bzw. Ausschnitten aus der Gesamtheit der Erziehungs- und Bildungswirklichkeit zuwenden. Schon Jullien de Paris (vgl. Kap. 1.1) intendierte eine solche Praxis: Die Vergleichende Erziehungswissenschaft sollte seiner Meinung nach im Geiste der Völkerverständigung betrieben werden. Zu seinen Lebzeiten fehlte hingegen eine ebensolche auch faktisch internationale oder interkulturelle Erziehungspraxis, in der sich eine solche ›Völkerverständigung‹ hätte verwirklichen können. Diese aber ist inzwischen aufgrund veränderter Lebensbedingungen der Menschen durch Migration und Globalisierung als Erziehungswirklichkeit zunehmend anzutreffen. Ein Bild davon vermittelt z.B. der Blick in deutsche Klassenzimmer, in denen sich neben deutschen auch Kinder ausländischer Herkunft befinden. Weitere Beispiele sind das Auslandsstudium, die vielfältigen Praxen des internationalen Schüler- und Jugendaustausches, die Familienerziehung von Kindern in binationalen Ehen und Partnerbeziehungen, der Bildungserwerb in internationalen Schulen und Hochschulen, Trainingsprogramme für interkulturelles Management in Betrieben und vieles andere mehr. Es gibt also internationale bzw. interkulturelle Erziehungs- und Bildungswirklichkeiten und ihr Umfang wird vermutlich in Zukunft noch zunehmen.

Begründet werden muss noch die Doppelbezeichnung internationale bzw. interkulturelle Praxen von Erziehung und Bildung: Mit dem Begriff ›international‹ sind erzieherische Praxisfelder gemeint, die sich auf Landesgrenzen überschreitende Maßnahmen richten, wie wir sie z.B. im internationalen Schüler- oder Jugendaustausch finden. Die überwiegende Verwendung des Begriffs ›interkulturell‹ bezeichnet demgegenüber erzieherische Handlungsfelder, die sich innerhalb eines Landes auf Beteiligte unterschiedlicher nationaler bzw. kultureller Herkunft richten, wie dies etwa in der interkulturellen Bildung und Erziehung in deutschen Regelschulen praktiziert wird. Auch diese Begriffsdifferenzierung hat ihre Probleme, was am Beispiel einer binationalen Familie verdeutlicht werden kann: Findet dort interkulturelle oder internationale Erziehung statt, oder beides zugleich, oder gar etwas ganz Anderes, nämlich transnationale oder transkulturelle Erziehung?

Während indessen ›international‹ noch ziemlich einfach im Sinne von zwischen- oder überstaatlichen Maßnahmen operationalisiert werden kann (vgl. Kap. 5.3), weil ›Staaten‹ als Entitäten territorial lokalisierbar und historisch relativ stabil sind, ist der Kulturbegriff diffus und komplex und sperrt sich deswegen einer einfachen Operationalisierung. Wurde ›Kultur‹ vor nicht allzu langer Zeit insbesondere mit Bezug auf verschiedene sozialstrukturelle Merkmale (Alter, Geschlecht, Schicht) diskutiert und erforscht, wovon Begriffe wie z.B. Jugendkultur, Arbeiterkultur oder Subkulturen zeugen, so enthält der Kulturbegriff heute überwiegend nationale, ethnische, sprachliche, religiöse und teils auch rassistische Konnotationen; d.h. er bezieht sich auf askriptive Herkunftsmerkmale von Menschen, die – weil zugeschrieben und nicht erworben – allzu leicht ›essentialisiert‹ werden können. Das ›Wesen‹ einer herkunftsmäßig, d.h. ›ethnisch‹ definierten Kultur erscheint im Alltagshandeln als festgeschrieben und weist angeblich eine quasi-natürliche Eigenheit auf. Ein solcher essentialistischer und ethnischer Kulturbegriff muss von der Wissenschaft ständig hinterfragt, oder anders gesagt: ›dekonstruiert‹ werden (vgl. Kap. 4.3 und 6.2). Einigkeit besteht inzwischen darin, ›Kultur‹ jedenfalls nicht in ahistorischer, hypostasierter Form zu benutzen, sondern als dynamisches und prozesshaftes Konstrukt (Auernheimer 1990, S. 32ff. u. 111ff.; Adick 1991, S. 191f.; Diehm/Radtke 1999, S. 59ff.). In späteren Kapiteln wird darauf noch ausführlicher eingegangen.

In ähnlicher Weise wie der Kulturbegriff wurden jedoch auch die Begriffe ›Nation‹ bzw. ›Nationalstaat‹ zunehmend hinterfragt und ›dekonstruiert‹, d.h. als historische Konstruktionen sichtbar gemacht. Benedict Anderson (1988) charakterisiert die Staatsnation als eine ›imagined community‹ und meint damit, dass die modernen Staaten von einer in ihrer Bevölkerung breit verankerten Idee getragen werden, einer Gemeinschaft mit annähernd gleichen Werten anzugehören, trotz der innerhalb dieser Staaten herrschenden Unterschiede etwa religiöser und kultureller Art. Diese Vorstellung indessen ist, wie nicht zuletzt Analysen zur Entstehung ›nationaler Bildungssysteme‹ ergeben haben, eine Erfindung, d.h. ein Produkt aktiv betriebener Maßnahmen der Inklusion und Exklusion und in diesem Sinne ›konstruiert‹. So trägt das ›nationale‹ Schulwesen eines Landes z.B. durch die ausschließliche Verwendung einer ›Nationalsprache‹ im Unterricht und durch ›nationale‹ curriculare Ausrichtungen, etwa im Geschichtsunterricht, zur innerstaatlichen, nationalen Homogenisierung in erhheblichem Umfang bei und grenzt autochthone (alteingesessene) wie allochthone (neu hinzu gekommene) sprachliche und kulturelle Minderheiten aus (Gogolin 1994; Wenning 1996). Auch die Vorstellung von kulturell homogenen und daher ›National‹staaten genannten ›Ländern‹, die in der Vergleichenden Erziehungswissenschaft die gängige Vergleichseinheit darstellen, ist also bei näherem Hinsehen problematisch. Dennoch haben diese ›Nationalstaaten‹ in Forschungen den Vorteil, dass sie, wie oben gesagt, in der Regel eindeutiger operationalisierbar sind als ›Kulturen‹, auch wenn sich die dahinter liegende Vorstellung einer kulturell homogenen ›Nation‹ als historische Konstruktion entpuppt.

Für die Vergleichende Erziehungswissenschaft stellt sich nun die Frage, ob man zur Bezeichnung dieses Gegenstandsbereiches mit nur einem Begriff auskommen könnte oder nicht. In gewisser Hinsicht mag der Begriff ›Interkulturelle Erziehung‹ dem der ›Internationalen Erziehung‹ übergeordnet sein, es sei denn, man geht davon aus, dass in internationalen Praxiszusammenhängen dennoch dieselbe ›Kultur‹ herrscht und insofern dann zwar internationale, aber keine interkulturelle Erziehung stattfände. ›Interkulturelle Erziehung‹ könnte dann den internationalen Schüleraustausch zwischen zwei oder mehr Ländern ebenso bezeichnen wie die interkulturelle Jugendarbeit innerhalb eines Landes. Als Gegenargument kann man mit Blick auf die Tradition der Vergleichenden Erziehungswissenschaft, auf die Konzeptionen wichtiger internationaler Organisationen wie der UNESCO und auf die Namensgebung von akademischen Vereinigungen (z.B. CIES) jedoch auch sagen, dass die ›international education‹ die interkulturelle Dimension mit umgreife, geht es doch z.B. um Völkerverständigung und die Reflexion eigener nationaler (kultureller) Voreingenommenheit. Danach könnte ›Internationale Erziehung‹ der übergeordnete Begriff sein. Wie auch immer: Der zweite Gegenstandsbereich der Vergleichenden Erziehungswissenschaft beschäftigt sich sowohl mit internationalen als auch mit interkulturellen Praxen von Erziehung und Bildung. Vielleicht sollte man dafür ein neues Wortungetüm kreieren wie ›inter-natio-kulturell‹, in dem Sinne wie oben schon die Ein-Wort-Verbindung ›Erziehung-und-Bildung‹ zur Bezeichnung des Gegenstandes der Erziehungswissenschaft ausgemacht wurde?

Ähnlichen Fragen ist auch Paul Mecheril nachgegangen, wobei er noch explizit eine ethnische Komponente hinzu genommen hat. In Bezug auf das Merkmal nationalstaatliche Zugehörigkeit kann ja eine Person z.B. den deutschen Pass besitzen und zugleich kulturell (Sprache, Habitus) ›deutsch‹ handeln, aber dennoch von der Mehrheitsgesellschaft wie durchaus auch von Lehrpersonen wegen ethnischer Merkmale (z.B. anderes Aussehen) als ›fremd‹ eingeordnet werden und sich infolgedessen vielleicht auch im ›eigenen Land‹ so fühlen. Mecheril prägte daher den Neologismus »natio-ethno-kulturell« zur Bezeichnung jener Differenzlinien, die in der Interkulturellen Pädagogik – oder, wie er tituliert, in der Migrationspädagogik – eine besondere Rolle spielen (Mecheril 2004). Diese beziehen sich auf soziale Inklusions- und Exklusionsmechanismen und auf Selbstidentifikationen in der Frage der Zugehörigkeit von Menschen zu sozialen Gruppen (Mecheril 2003). Dieses Dreiergespann *natio-ethno-kulturell* markiert in der Vergleichenden Erziehungswissenschaft genau die Art der ›Fremdheit‹, ›Andersheit‹ oder ›Alterität‹, mit der sich dieses Wissenschaftsgebiet beschäftigt, wenn als Oberbegriff von ›international education‹ die Rede ist. Andere Differenzlinien, z.B. nach Alter, Geschlecht, Schicht oder Lebensstandard, sind nicht konstitutiv für die Vergleichende Erziehungswissenschaft, wenngleich sie selbstverständlich in Forschungen berücksichtigt werden können. Pointiert gesagt, ist die Vergleichende Erziehungswissenschaft also nur an solchen ›Alteritäten‹ interessiert, die durch natio-ethno-kulturelle Differenzen markiert sind. Ferner spielt es zunächst einmal keine Rolle, ob diese Alteritäten durch gesellschaftliche Praxen oder Zuschreibungen ›konstruiert‹ sind oder ob sie ›real‹ vorhanden sind. Beispielsweise sind nationalstaatliche Grenzen – auch wenn ›Nation‹ wissenschaftlich als Konstrukt entlarvt werden kann – real vorhanden, wie man spätestens bei der grenzüberschreitenden Mobilität von Personen spüren wird. Aber auch kulturelle Grenzen sind ›real‹, wenn sie mit entsprechenden Alltagspraxen der Inklusion und Exklusion verbunden sind und damit zur Lebenswirklichkeit von Personen gehören. (Diese Fragen werden in Kap. 6 weiter vertieft.)

Die Frage nach den Gegenständen der Vergleichenden Erziehungswissenschaft ist damit aber noch nicht abschließend beantwortet. Denn es gibt ein weiteres international ausgerichtetes Gegenstandsfeld dieser Disziplin: die auf Erziehung und Bildung gerichtete internationale Praxis des Vergleichens, des Evaluierens, des Bildungsmonitoring und der Politikberatung, wie sie von und in zahlreichen internationalen Organisationen betrieben wird. Wie Jürgen Schriewer betont, ist ein solcher bildungspolitisch orientierter Zweig der internationalen Dokumentation, Berichterstattung und Analyse bereits als Begleiterscheinung des Auf- und Ausbaus nationaler Bildungssysteme im 19./20. Jahrhundert entstanden: »Angesiedelt im Überschneidungsbereich von Auslandspädagogik, Internationaler Pädagogik, Comparative Education, Bildungsforschung, Bildungsökonomie und Bildungsplanung, war und ist dieser Strang pädagogischer Literatur (nicht ausschließlich, aber vorzugsweise) auf die Entwicklung *policy*-orientierter Reformprogramme, Reformmodelle und Zielperspektiven bezogen« (Schriewer 2001, S. 311). Dennoch erscheint es plausibel, davon auszugehen, dass dieser Bereich in den letzten Jahren einen erheblichen Bedeutungsgewinn verzeichnet. Die dort praktizierte Art der anwendungsorientierten Forschung, Beratung, Reform- und Konzeptentwicklung in inter-, supra- und transnationalen Regierungs- und Nichtregierungsorganisationen entwickelt eine spezifische Eigendynamik.

An dieser Entwicklung wirken Vertreter der Vergleichenden Erziehungswissenschaft einerseits mit, sie machen sie sich aber andererseits auch zum Gegenstand ihrer Forschungen und Kritik. Beispiele hierfür sind die diversen Surveys und Berichte der Organisationen aus dem Bereich der Vereinten Nationen (UNESCO, UNICEF, ILO, World Bank): Die UNESCO hat z.B. zahlreiche Bildungsprogrammschriften erstellt, die international verbreitet werden. Als Beispiel sei hier der unter Jacques Delors erarbeitete Report »Lernfähigkeit: Unser verborgener Reichtum. UNESCO-Bericht zur Bildung für das 21. Jahrhundert« genannt (Deutsche UNESCO-Kommission [Hrsg.] 1997). Die Weltbank vergibt Kredite für Bildungsinvestitionen und führt selbst eigene Untersuchungen zur Bildungssituation, insbesondere in den sog. Entwicklungsländern, durch (Schulz/Naumann 1997). Neben den Organisationen des UN-Systems sind weitere inter- und supranationale Organisationen zu nennen, die den internationalen Diskurs über Bildung und Erziehung mit bestimmen und nationale Bildungspolitik zu beeinflussen suchen: Die OECD (Organisation for Economic Cooperation and Development), primär eine Wirtschaftsorganisation der Industrieländer, hat sich seit Jahrzehnten auch zu einem pädagogischen ›global player‹ entwickelt (Gruber 2002) und ist spätestens mit ihren internationalen Schulleistungstests, den PISA-Studien, die als Teil ihres inzwischen weit fortgeschrittenen internationalen indikatorisierten Bildungsmonitoring fungieren, auch in der breiteren Öffentlichkeit bekannt geworden (Radtke 2003). Die nichtstaatliche internationale Forschungsagentur IEA (International Association for the Evaluation of Educational Achievement) in Amsterdam, der Vertreter von Ministerien, Universitäten und Forschungseinrichtungen aus den beteiligten Ländern angehören, führt seit bald einem halben Jahrhundert internationale Schulleistungsvergleiche durch (zur IEA vgl. das Themenheft »Focus on the IEA« der Comparative Education Review, H. 1/1987). Die IEA wurde in Deutschland in den 1990er Jahren insbesondere durch das schlechte Abschneiden der deutschen Schüler in der Third International Mathematics and Science Study (TIMSS) öffentlich weithin bekannt (Baumert/Lehmann et al. 1997 und Baumert/Bos/Lehmann [Hrsg.] 2000). Inzwischen lässt eine andere internationale Schulleistungsstudie der IEA, die Internationale Grundschul-Lese-Untersuchung (IGLU), die international unter dem Namen ›Progress in International Reading Literacy Study‹ (PIRLS) firmiert, die Leistungsfähigkeit deutscher Schülerinnen und Schüler in einem besseren Licht erscheinen, da in den IGLU-Studien (der Jahre 2001 und 2006) die Ergebnisse Deutschlands im Ländervergleich höher liegen als bei den PISA-Studien (Bos et al. [Hrsg.] 2007).

Da die Frage der diversen internationalen ›large scale assessments‹, d.h. Schulleistungsvergleiche großen Ausmaßes, in der Erziehungswissenschaft und in Subdisziplinen wie der Schulpädagogik oder der Bildungsplanung allgemein breit diskutiert wird, soll ihr in diesem Buch kein eigenes Kapitel gewidmet werden. Dennoch sei ein Hinweis darauf gestattet, dass gerade unter global vergleichenden Gesichtspunkten eine gewisse Verengung der Diskussion auf ›westliche Bildungssysteme‹ festzustellen ist. Da die Länderauswahl von PISA, TIMMS und IGLU bislang nur wenige Schwellen- und Entwicklungsländer umfasst, können nur begrenzt Aussagen über die Leistungsfähigkeit von Bildungssystemen weltweit gemacht werden (Naumann 2004). Ferner wird nur selten problematisiert, welche Auswirkungen das durchgehend schlechte Abschneiden von Ländern des sog. ›Südens‹, d.h. in weniger entwickelten Weltregionen, auf die dortigen Bildungsentwicklungen hat. Auch werden die Anstrengungen in eben diesen Regionen, eigene situationsangemessene ›large scale assessments‹ zu konzipieren und durchzuführen, in der allgemeinen Diskussion um internationale Leistungsvergleiche in der Regel nicht zur Kenntnis genommen (Ouane/Singh 2004). Die spezifische Aufgabe der Vergleichenden Erziehungswissenschaft wäre in diesem Zusammenhang nicht nur die Beteiligung ihrer Fachvertreter an internationalen Leistungsvergleichsstudien, wie sie schon gegeben ist, sondern auch eine (selbst)reflexive Problematisierung der Voraussetzungen und Folgen des internationalen Bildungsmonitoring im globalen, d.h. insbesondere im Nord-Süd-Kontext.

Ein weiterer ›global player‹ in der politischen Diskussion über die zukünftige Entwicklung von Bildungssystemen weltweit ist die Welthandelsorganisation (WTO: World Trade Organisation). Die WTO begreift den Bildungssektor als Dienstleistung und schickt sich an, mittels des internationalen Handelsabkommens GATS (General Agreement on Trade in Services) alle Bereiche von Bildung und Erziehung, von der Vorschule über die allgemeinbildenden Schulen zur beruflichen Bildung bis hin zur Erwachsenen- und zur Hochschulbildung für den weltweiten Wettbewerb zu öffnen (Robertson/Bonal/Dale 2002; Hennes 2003). Dieser Entwicklung in Richtung auf weltweit handelbare, marktförmige Bildung und Erziehung hat die 33. Generalkonferenz der UNESCO im Oktober 2005 eine »Konvention zum Schutz der kulturellen Vielfalt« entgegen gestellt. Weltweit hatten bis Ende 2007 bereits mehr als 50 Staaten diese »Magna Charta der Kulturpolitik« ratifiziert, darunter auch Deutschland (deutsche Version unter *www. unesco.de/konvention_kulturelle_vielfalt.html*). Neben diesen und weiteren zwischenstaatlichen Organisationen beteiligen sich auch Internationale Nichtregierungsorganisationen am weltweiten Bildungstransfer, planen und finanzieren Bildungsprojekte und koordinieren globale Bildungskampagnen (vgl. Kap. 4.5). Als ein Beispiel sei hier die von OXFAM lancierte Bewegung ›Education Now‹ genannt. Diese versammelte verschiedene internationale Nichtregierungsorganisationen zur Lobbyarbeit für die Durchsetzung der Ziele der Weltbildungsdeklaration ›Bildung für alle‹, die 1990 in Jomtien festgelegt und im Jahre 2000 in Dakar noch einmal fortgeschrieben wurden (Mundy/Murphy 2001).

Gibt es für die genannten und für viele weitere Beispiele einen gemeinsamen Nenner? Es wird hier vorgeschlagen, diesen Gegenstand der Vergleichenden Erziehungswissenschaft mit dem Oberbegriff ›*Internationale Bildungspolitik*‹ zu etikettieren. Die Erforschung dieser internationalen Bildungspolitik wird im anglophonen Bereich als ›International Policy Research‹ bezeichnet und teils aus der Innensicht derjenigen betrieben, die in solchen internationalen Organisationen forschen und Programme entwickeln (vgl. z.B. Tom Schuller 2005, Leiter des Centre for Educational Research and Innovation CERI bei der OECD). Im Unterschied zu solchen Binnenperspektiven und neben anderen Wissenschaften sollte die internationale Bildungspolitik nach Meinung der Autorin dieses Buches auch aus der Außensicht erforscht werden, d.h. zu den Gegenstandsfeldern der Vergleichenden Erziehungswissenschaft gerechnet werden. Anders als in der Praxis der ›Internationalen Erziehung‹ wird in diesen Bereichen ein ›Reden über‹ Erziehung-und-Bildung praktiziert, und zwar auf der Ebene von internationalen Organisationen, die gleichwohl Auswirkungen auf die jeweiligen nationalstaatlichen Bildungsentwicklungen haben können und teils auch explizit haben sollen (vgl. McNeely 1995). In der internationalen Bildungspolitik wird weder unmittelbar erzieherisch gehandelt, noch wird ein genuin wissenschaftliches komparatives Interesse verfolgt, sondern es wird eine politisch motivierte vergleichende und internationale Forschungs-, Programm- und Entwicklungsarbeit geleistet, wobei das Interesse sich aus der ›Philosophie‹ der jeweiligen Organisation bestimmt: So versteht z.B. die OECD ihre ›Philosophie‹ im Bildungsbereich als ›relating education to the socio-economic development‹, als ›comparative policy analysis‹ und als ›educational decisionmaking‹ (Gruber 2002, S. 67f.). Dennoch stellen die im weitesten Sinne bildungspolitischen Aktivitäten solcher internationalen Organisationen in der Tat ein (politisches) Praxisfeld sui generis dar, dem sich auch die Vergleichende Erziehungswissenschaft widmen sollte. Begründet werden kann dies mit dem Hinweis darauf, dass Vertreterinnen und Vertreter dieser Disziplin in diesem Praxisfeld der internationalen Bildungspolitik seit langem mitarbeiten, und dass die Vergleichende Erziehungswissenschaft als akademische Disziplin auch einen Ausbildungsauftrag für (potenzielle) Berufsfelder in internationalen Regierungs- und Nichtregierungsorganisationen zu erfüllen hat, so dass es schon aus diesen Gründen angeraten ist, den Bereich der ›internationalen Bildungspolitik‹ auch als Gegenstand der Vergleichenden Erziehungswissenschaft zu begreifen.

Als erster Gegenstandsbereich der Vergleichenden Erziehungswissenschaft wurde die ›klassische‹ Domäne des Vergleichens benannt. An zweiter Stelle folgte die Beschäftigung mit den – abkürzend gesagt – Praxen der ›Internationalen Erziehung‹. Schließlich wurde die ›Internationale Bildungspolitik‹ als drittes Gegenstandsfeld (auch) der Vergleichenden Erziehungswissenschaft reklamiert. Seit einiger Zeit gibt es nun vermehrt Verknüpfungen zwischen komparativen und internationalen bzw. interkulturellen Interessen. So ist z.B. bei Mitgliedern der Kommission ›Interkulturelle Bildung‹ der Aspekt der komparativen Forschung in den letzten Jahren deutlich stärker hervorgetreten. Hiervon zeugen z.B. Publikationen zur interkulturellen Erziehung in verschiedenen europäischen Ländern, wie diese in der Reihe »Migrantenkinder in den Schulen Europas«, herausgegeben von Hans H. Reich und Ingrid Gogolin, vorzufinden sind. Auch Arbeiten wie die von Heike Niedrig (2000) zur Mehrsprachigkeitspolitik in der Bildungsreform in Südafrika, die die Perspektiven der Interkulturellen Pädagogik und der Bildungsforschung mit der Dritten Welt miteinander verbindet, zeigt komparative und internationale Intentionen. Andersherum richten sich auch komparative Arbeiten inzwischen auf Praxen internationaler Erziehung, wie dies z.B. die Untersuchung von Sabine Hornberg (1999) zur Umsetzung der europäischen und der interkulturellen Dimension im Bildungswesen Englands und Deutschlands bis hinunter zur Ebene einzelner Schulen in London und Frankfurt tut. In ähnlicher Integration komparativer und internationaler Perspektiven sind auch die Studien zur Bildungspolitik für und mit den Roma und Sinti in Europa angelegt (Hornberg [Hrsg.] 2000). Die Verschränkung beider Aspekte zeigt sich auch an den Veröffentlichungen von Wissenschaftlerinnen und Wissenschaftlern, die der Vergleichenden Erziehungswissenschaft zuzurechnen sind und die sowohl komparative Forschung als auch eine Hinwendung zur Praxis der Internationalen Erziehung betreiben (z.B. Bühler 1996; Scheunpflug/Schröck 2001; Adick 2002a; Lenhart 2003; Lohrenscheit 2004).

Ist die Verschränkung von ›komparativ‹ und ›international‹ nun ein neuer Gegenstandsbereich der Vergleichenden Erziehungswissenschaft? Nein, ein neuer Gegenstandsbereich nicht; denn die betreffenden Gegenstände (Internationale Erziehung und Internationale Bildungspolitik) wurden ja schon benannt. Aber es ist ein neuer – komparativer – Zugriff, der zusammenfassend als ›Vergleichende Untersuchung der Internationalen Erziehung und/oder der Internationalen Bildungspolitik‹ umschrieben werden kann.

Fragen wir also noch einmal abschließend nach dem Spezifikum der Vergleichenden Erziehungswissenschaft, so lässt sich dieses formelhaft und übergreifend als »Erziehung-und-Bildung unter dem Aspekt der Alterität« fassen (vgl. Abb. 2). In der Vergleichenden Erziehungswissenschaft wird ›Alterität‹ (›Andersheit‹, ›Fremdheit‹) im oben dargestellten Sinne auf die von Paul Mecheril so benannte ›natio-ethno-kulturelle‹ Alterität von Menschen und ihren Erziehungspraxen bezogen. Diese wird zum einen im Foschungsgegenstand unterstellt, wenn Erziehung in ›anderen‹ Ländern oder ›fremden‹ Kulturen untersucht und verglichen wird. Durch die wissenschaftliche Beschäftigung mit diesem Gegenstand wird ›Alterität‹ jedoch zugleich relativierbar und als Konstrukt problematisierbar. Natio-ethno-kulturelle Alterität wird zum anderen mit pädagogischen Mitteln bearbeitet, dort wo ›Internationale Erziehung‹ praktiziert wird und Konzepte hierfür vorgelegt werden. Sie kommt ferner bildungspolitisch in den Blick, wenn auf internationaler Ebene Programme entwickelt, kompetitiv motivierte Vergleichsuntersuchungen betrieben, Bildungstransfer organisiert und Empfehlungen gegeben werden. Schließlich können komparative und internationale Interessen verknüpft werden, wobei wiederum Erziehung und Bildung unter dem Aspekt der Alterität fokussiert werden.

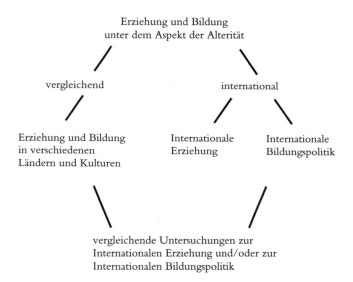

Abb. 2: Die Gegenstandsstruktur der Vergleichenden Erziehungswissenschaft (© C. Adick)

2.3 Komparatisten und Internationalisten in der Vergleichenden Erziehungswissenschaft

In den hier getroffenen Aussagen zur Gegenstandsstruktur der Vergleichenden Erziehungswissenschaft sind Entscheidungen enthalten, die in der *scientific community* nicht unumstritten sind. Sie tangieren eine Alternative, die gelegentlich als sog. Kontroverse zwischen Komparatisten und Internationalisten diskutiert wird. Damit ist Folgendes gemeint: Während die sog. ›Komparatisten‹ die vergleichende Erforschung von Erziehung und Bildung in unterschiedlichen Ländern und Kulturen im Blick haben, zielen die sog. ›Internationalisten‹ auf die pädagogische Bearbeitung internationaler und interkultureller Beziehungen. In der Einschätzung, ob beide Aspekte kategorial unterschiedliche Positionen markieren oder miteinander vereinbar sind, gehen die Meinungen allerdings auseinander:

Wolfgang Mitter hat mit Bezug auf diese Grundsatzfrage daran erinnert, dass der Streit um eine ›komparative‹ und/oder ›internationale‹ Ausrichtung der Vergleichenden Erziehungswissenschaft diese seit ihrer Erfindung begleitet habe: »Es ist Jullien de Paris selbst gewesen, der vergleichende Analyse einerseits und internationale Erziehung als Grundlage eines auf Religion und Sittlichkeit gegründeten Zusammenlebens der Völker, andererseits als konstitutive Komponenten der von ihm entworfenen ›éducation comparée‹ identifiziert hat.« (Mitter 1996a, S. 4). Dennoch votiert Mitter nachdrücklich für eine kategoriale Trennung von Vergleichender Erziehungswissenschaft und Internationaler Erziehung, und zwar – knapp umrissen – aus folgenden Gründen (ebd., S. 6–11): Den Komparatisten gehe es nicht unmittelbar um eine Verbesserung der Erziehungs- und Bildungsrealität, sondern primär um Erkenntnisgewinn; die Internationalisten hingegen zeichneten sich gerade durch ihre praxisbezogenen Aktivitäten aus, die nicht einmal unbedingt innerhalb der etablierten Vergleichenden Erziehungswissenschaft stattfinden müssten. Auch wenn beide Positionen oft von ein und derselben Person vertreten würden, sei dadurch die kategoriale Unterschiedlichkeit nicht aufgehoben. Diese dürfe auch nicht an einer angeblich wertneutralen Vergleichenden Erziehungswissenschaft und einer normativ ausgerichteten Internationalen Erziehung festgemacht werden oder gar zu einer organisatorischen Teilung der beiden führen. Vielmehr sollten »alle Bemühungen unterstützt werden, die auf eine dynamische Standort- und Selbstverständnis-Diskussion zielen und eine Zusammenführung von ›Komparatisten‹ und ›Internationalisten‹ im Denken und Handeln fördern« (ebd., S. 10).

Eine andere Position vertrat (der 2006 verstorbene ehemalige Präsident der CIES) David N. Wilson (1994): Ihm zufolge sind komparative und internationale Perspektiven – in starker metaphorischer Sprache ausgedrückt – verschwistert wie ein Zwillingspaar (»fraternal twins«), vielleicht sogar so eng, dass man sie nicht ohne Verlust trennen könne (»siamese twins«). ›Comparative education‹, die ›These‹, sei an Grundlagenforschung interessiert und »knowledge-driven«. ›International education‹ sei die an angewandter Forschung interessierte ›Anti-These‹ und »solution-driven«. ›Comparative and international education‹ schließlich sei die ›Synthese‹ aus der Vereinigung (»marriage«) beider Aspekte und habe die genannten Zwillinge hervorgebracht, die nun auch nicht mehr getrennt werden sollten (ebd., S. 450, 458). Wilson bezieht sich hier auf die CIES, die 1969 mit der Umwandlung von CES in CIES (wie in Kap. 1.2 dargestellt) genau diesen Prozess vollzogen hatte. Das Zwillingspaar habe insgesamt die melioristische Funktion der Vergleichenden Erziehungswissenschaft unterstrichen, d.h. das Interesse an der Verbesserung der Praxis, das aber Komparatisten wie Internationalisten gleichermaßen zukäme (zu dieser ›melioristischen‹ und weiteren Funktionen des Vergleichs vgl. Kap. 6.1). Das Zwillingspaar habe außerdem eine verstärkte Hinwendung auf die berufsqualifizierende Funktion der Lehre in der Vergleichenden Erziehungswissenschaft hervorgebracht. Denn neben der akademischen Ausrichtung müssten heutzutage die Studierenden auch so ausgebildet werden, dass sie in internationalen und interkulturellen Berufspraxen arbeiten könnten. Daraus resultiere ein neues Verständnis der Lehrenden, die sich nun als »academic-practitioner« begreifen sollten (ebd., S. 450 und passim); d.h. Lehrende sollten sowohl die Vermittlung der Vergleichenden Erziehungswissenschaft als akademische Disziplin betreiben als auch deren Verwendung in der internationalen und interkulturellen Praxis reflektieren; denn schließlich verkörperten viele Wissenschaftler diese Doppelaufgabe häufig in ihrer eigenen Person, z.B. durch ihre Mitarbeit in internationalen Organisationen oder als Consultings.

In Bezug auf die deutsche Diskussion, greifbar in den beiden Kommissionen, die in der SIIVE vereinigt sind, wäre nun ebenfalls zu fragen, wie diese ihre Arbeit verstehen. Zunächst (bis 2005) hatte es drei Kommissionen gegeben: Das Profil der Kommission ›Vergleichende Erziehungswissenschaft‹ wies die größte Nähe zu den klassischen ›Komparatisten‹ auf, während die Kommission ›Interkulturelle Bildung‹ die größte Affinität zu den ›Internationalisten‹ zeigte, wenngleich überwiegend in der Wendung auf hiesige ›interkulturelle‹ Bildungsentwicklungen. In der Kommission ›Bildungsforschung mit der Dritten Welt‹ wurde dagegen kontinuierlich ein ›Zwillingsdasein‹ gepflegt, das sich schon in der bewussten Namensgebung der Kommission zeigte, die nicht Bildungsforschung über die Dritte Welt, sondern mit dieser sein wollte, d.h. die Arbeit in dieser Kommission war im Forschen komparativ ausgerichtet, in ihrer Zielsetzung jedoch internationalistisch im Sinne eines starken advokatorischen Impetus zur pädagogischen Bewältigung der spezifischen Abhängigkeiten der Dritten Welt. Durch die Weiterentwicklung der Diskussion innerhalb der Kommissionen, durch internationale Kontakte und durch Mehrfachmitgliedschaften innerhalb der Sektion haben sich allerdings inzwischen auch vielfältige Überschneidungen in Themenstellung und Perspektiven ergeben, so dass die von Mitter geforderte Selbstverständnisdiskussion und Zusammenführung komparativer und internationaler Ausrichtungen zunehmend praktiziert wird.

Der hier vertretene Ansatz geht davon aus, dass ›komparatistische‹ und ›internationalistische‹ Perspektiven weder kategorial unterschiedliche Positionen markieren, noch dass sie in einer Zwillingsbeziehung zueinander stehen. Auch der Verweis auf Grundlagenforschung auf der einen und angewandte Forschung auf der anderen Seite führt in die Irre, da z.B. Praxen internationaler Erziehung genauso grundlagentheoretisch erforscht werden können wie Bildungssysteme im Ländervergleich, und da andersherum komparative Forschungen ebenso anwendungsorientiert sein können (Beispiel PISA mit dem Ziel der Steigerung der Wettbewerbsfähigkeit nationaler Bildungssysteme) wie solche, die sich auf die Verbesserung interkultureller Erziehung beziehen. Komparative und internationale Perspektiven lassen sich vielmehr – so die These – nach unterschiedlichen Arten pädagogischen Wissens, Handelns und Argumentierens anordnen. Aus diesem Grunde kann ein und dieselbe Person einmal ›komparatistisch‹, das andere Mal ›internationalistisch‹ argumentieren, ohne sich dadurch widersprechen zu müssen. Zugleich können so in den verschiedenartigsten ›Texten‹ internationale und komparative Argumentationsmuster identifiziert werden. Eine solche Sichtweise bietet die Möglichkeit, die identifizierten Gegenstandsbereiche in ein Gesamtbild der Vergleichenden Erziehungswissenschaft einzuordnen und das in dieser Disziplin verhandelte ›Wissen‹ entlang der im Folgenden (Kap. 2.4 und 2.5) dargestellten Dimensionen zu ordnen. Aussagen über Erziehung und Bildung unter dem Aspekt der Alterität (dieses war die Schnittmenge aller Gegenstandsfelder; vgl. Abb. 2) sollen diesem Ansatz zufolge nicht nach inhaltlichen Zugriffen, wie dies im Konzept der ›Kommissionen‹ vorliegt, und auch nicht nach Intentionalität, wie sie sich im Streit zwischen ›komparatistischer‹ und ›internationalistischer‹ Perspektive spiegelt, geordnet werden. Statt dessen bleibt als anderer, hier gewählter Weg, die Ordnung entlang der Frage, in welcher Art und Weise ›Wissen über Erziehung-und-Bildung unter dem Aspekt der Alteritäts erzeugt, gesammelt, aufbereitet, weitergegeben und erforscht wird. Um eine solche Ordnungslogik zu begründen, muss im Folgenden zunächst ein Gedankengang eingeschoben werden, in dem Kategorien vorgestellt und diskutiert werden, wie man ›Wissen‹ überhaupt ordnen kann. Hierzu greift die Autorin auf einige Ordnungsschemata aus der Allgemeinen Pädagogik bzw. Erziehungswissenschaft zurück und wendet diese dann am Ende des Kapitels auf die Vergleichende Erziehungswissenschaft an.

2.4 Reflexionsebenen und Wissensformen in der Erziehungswissenschaft

Erziehung – Pädagogik – Erziehungswissenschaft

Das erste hier anzusprechende Ordnungsschema bezieht sich auf eine systematische Unterscheidung von Erziehung, Pädagogik und Erziehungswissenschaft. Schon Siegfried Bernfeld, dem wir die weithin bekannte und universale, weil auf alle menschlichen Gesellschaften anwendbare, Definition von ›Erziehung‹ verdanken (Erziehung als »Summe der Reaktionen einer Gesellschaft auf die Entwicklungstatsache«, Bernfeld 1925/1967, S. 51), unterschied zwischen ›Erziehung‹, ›Pädagogik‹ und ›Erziehungswissenschaft‹. Im Unterschied zur *Erziehung*, die Bernfeld als Praxis begreift, wird *Pädagogik* von ihm »als System von Normen und Anweisungen« angesehen (ebd.). Pädagogik entstand ihm zufolge als »gelegentliche Reflexion und Formulierung – deskriptiv und normativ – über dies oder jenes Faktum der Erziehung« und entwickelte sich nach seiner Meinung erst langsam zu einer ›einigermaßen umfassenden Pädagogik‹ in der zweiten Hälfte des 18. Jahrhunderts (ebd., S. 15). Pädagogik werde – so Bernfelds damaliges Urteil – reichlich unwissenschaftlich von ›Pädagogikern‹ betrieben, deren Werke ›Kunstleistungen‹ glichen (ebd., S. 35). Während die Pädagogik für Bernfeld also (noch) keine »Tatsachenwissenschaft« (ebd., S. 46) ist, reklamiert er eine solche in Bezug auf die nun zu entwickelnde *Erziehungswissenschaft* (ebd., S. 52). Die weiteren Ausführungen zeigen, dass es ihm hierbei vor allem um eine vorbehaltlose und universale Sicht auf die ganze Bandbreite dessen, was er als ›Erziehung‹ definiert hatte, geht. Dennoch will er »keine Psychologie, keine Soziologie, keine Geschichte der Erziehung«

schreiben, sondern »eine Erziehungswissenschaft, die es noch nicht gibt, voraussetzend, die Grenzen aller und heutiger Erziehung abzustecken« (ebd., S. 85f.). Denn das Ziel der Erziehungswissenschaft sei die Formulierung einer ›kollektiven Prognose‹, »die auf der weitgehenden Ähnlichkeit der Geschichte des Menschen und der Ähnlichkeit ihres psychischen Verhaltens beruht« (ebd., S. 147f.) und die sich »auf die Reaktion der Gesellschaft auf die Entwicklungstatsache in ihrer Gesamtheit« (ebd., S. 150) bezieht, nicht aber die individuelle Prognose des Verhaltens eines einzelnen Kindes zum Ziel hätte.

Die von Bernfeld eingeführte Trias Erziehung – Pädagogik – Erziehungswissenschaft wird auch in heutigen Diskussionen verwendet: So vergleicht z.B. Dietrich Benner diese mit einer ähnlichen Trias Religion – Theologie – Religionswissenschaft. Er zeigt damit, dass die auf die Erziehung des Menschen als gesellschaftliche Praxis gerichtete differenzierte Art der Wissens- und Reflexionsproduktion keine Eigentümlichkeit nur der Pädagogik resp. Erziehungswissenschaft darstellt. Benner besteht ferner darauf, dass eine szientifische (d.h. eine spezifisch wissenschaftliche) Erziehungswissenschaft (wie auch die Religionswissenschaft) die handlungstheoretische Pädagogik (bzw. Theologie) nicht überflüssig gemacht habe oder ersetzen könne (Benner 2004, S. 12 ff.).

Wissensformen in der erziehungswissenschaftlichen Diskussion

In den letzten Jahren ist in der allgemeinen erziehungswissenschaftlichen Diskussion verstärkt über ›Wissensformen‹ debattiert worden. Die Unterscheidung verschiedener ›Wissensformen‹ hat einen schon älteren Entwurf von Erich Weniger (1929) abgelöst, in dem dieser verschiedene Theoriegrade unterschieden hatte, knüpft aber in gewisser Weise an diesen an. Weniger postuliert eine *Theorie ersten Grades*, die ›Theorie des Praktikers‹, die er als »Voreinstellung, mit der er [der Praktiker, C.A.] an das Tun, an den Vollzug des pädagogischen Aktes herangeht« (ebd., S. 33), als in Praxis ›einhüllte Rationalität‹ (ebd., S. 40) definiert. Er grenzt diese von der ›pädagogischen Theorie‹ als *Theorie zweiten Grades* ab. Diese sieht er »in Lehrsätzen, in Erfahrungssätzen, in Lebensregeln« enthalten, in dem Sinne, »daß also Pädagogisches zu gestalten und zu decken ist durch pädagogische Theorien« (ebd.). Die von ihm gekennzeichnete *Theorie dritten Grades* ist schließlich die ›Theorie des Theoretikers‹, für die er auch den Begriff ›Theorie der pädagogischen Wissenschaft‹ (nicht aber ›Erziehungswissenschaft‹) benutzt. Diese ist »auf dem Erkenntnisbedürfnis der Wissenschaft begründet und hat schon eine Berechtigung in der bloßen Analyse der Struktur der Praxis um der Erkenntnis willen. (…) Aber die Wissenschaftliche Theorie der Pädagogik hat nicht bloß diese objektive, bloß analytische Funktion der Aufklärung des Sachverhaltes, sondern sie hat auch einen Ort unmittelbar im Zusammenhang der Praxis selbst.« (ebd., S. 41f.).

In Fortführung des Weniger'schen Grundmodells hat Menck (1978) ein Analysemodell mit folgenden vier Ebenen vorgelegt:
- Aussagen zu und Wissen über die Erziehungspraxis treten als »alltägliches Handlungswissen« einer »interessiert wahrgenommenen Praxis von Erziehung« auf; in diesem Alltagswissen stehen der Struktur nach »Tatsachenaussagen und normative Elemente in einem unlösbaren Zusammenhang« (ebd., S. 179).
- Analytisch davon abgrenzen lässt sich die Ebene des »Regelwissens« bzw. der »Modelle«; hier erscheint das Wissen »in einen systematischen Zusammenhang gebracht (…), ausdrücklich nach bestimmten Aspekten geordnet, häufig unter Inanspruchnahme von Denkmodellen (…) und häufig mit Ergebnissen wissenschaftlicher Forschung angereichert« (ebd. 1978, S. 180).
- Die Aussageebene der wissenschaftlichen Bearbeitung ist gekennzeichnet durch »die methodisch kontrollierte Prüfung von Sätzen über Erziehung«; d.h. die Erziehungswissenschaft prüft Aussagen über die Erziehungswirklichkeit einerseits darauf, ob diese in einem empirischen Sinne zutreffen (empirische Prüfung an der beobachtbaren Praxis), andererseits, ob deren normative Implikationen angemessen sind (Normen- und Ideologiekritik), und entwirft daraus ihre Theorie bzw. Theorien (ebd., S. 182).
- Wissenschaftstheoretische Reflexionen zeichnen sich dadurch aus, dass die erziehungswissenschaftliche Theoriebildung ihrerseits als gesellschaftliche Praxis begriffen und einer kritischen Prüfung unterzogen wird. Sie hängen ferner mit anderen Ausschnitten aus der gesellschaftlichen Praxis und deren Wissensbeständen und Theorien zusammen. Mittels wissenschaftstheoretischer Reflexion muss schließlich auch der letztendliche

Bezug der Wissenschaft auf die Praxis geklärt werden (ebd., S. 183f.).

In neueren Diskussionen ist nun dezidiert die Rede von ›Wissensformen‹ statt von ›Theoriegraden‹ oder ›Ebenen‹, wobei die von Weniger postulierte unbedingte Verpflichtung der wissenschaftlichen Pädagogik auf Praxis in dieser Diskussion durch die Hervorhebung der Eigenlogik von Wissenschaft besonders kritisiert wird: Heinz-Elmar Tenorth bezieht ›Pädagogik‹ und ›Erziehungswissenschaft‹ auf unterschiedliche Wissens- und Handlungssysteme, die »auch von der Unterscheidung von differenten Referenzsystemen – der Forschung oder der Erziehung – begleitet und in ihr begründet« seien (Tenorth 1997, S. 178). »Für *Pädagogik* ist es typisch, dass sie ›Wissen in Praxis‹ präsentiert, sich in Handlungssystemen der Erziehung manifestiert, daß sie von den dort tätigen Professionen selbst erzeugt und auch dort reflektiert wird, daß sie den Anforderungen der pädagogischen Akteure folgt und der (sozialen und theoretischen) Logik wie den Schwierigkeiten und Problemen ihres Handelns. *Erziehungswissenschaft* dagegen folgt – wie jede Wissenschaft – den Imperativen des Wissenschaftssystems, sie ist als Forschung organisiert, beobachtet (d.h. analysiert, kritisiert, erforscht usf.) in den Standards, die für solche Beobachtungen im Wissenschaftssystem ausgebildet worden sind, mit eigenen Methoden, Theorien, Kriterien der Geltung und durch die Optimierung des Wissens usf.« (ebd., Hervorh. im Orig.).

Peter Vogel sieht dies in seinem »Modell erziehungswissenschaftlicher Wissensformen« (1998) ähnlich: »Forschung folgt dem wissenschaftsinternen Wahrheitskriterium und Beweisverfahren; sie kann nicht pädagogisch modelliert werden. (...) ›Pädagogische Verantwortung‹ hat (...) der Praktiker für sein Handeln; der Wissenschaftler trägt die Verantwortung für die Qualität seiner Forschung, gemessen an den Kriterien des Wissenschaftssystems« (ebd., S. 178). Wo aber liegt, abgesehen von der Frage der unmittelbaren Verpflichtung von Theorie auf Praxis, der Unterschied zwischen ›Theoriegraden‹ und der neueren Diskussion von ›Wissensformen‹? Für Vogel gibt es keinen grundsätzlichen; denn er schreibt diesbezüglich: »Der Begriff ›Wissensformen‹ wurde gewählt, weil er sich zur Beschreibung der verhandelten Problematik eingebürgert hat; eigentlich beschreibt er das Ergebnis von Theorieformen und dazugehörigen Begründungsmustern« (ebd., S. 179).

In seinem Modell aus dem Jahre 1998 unterscheidet Vogel vier verschiedene Wissensformen, deren Bezeichnungen ihm nach eigenem Bekunden weniger wichtig sind als ihre inhaltliche Zuordnung zu verschiedenen »Problemtypiken« (ebd., S. 179f.):
- *Theoretische Erziehungswissenschaft*: Diese hat »die kritische Reflexion der konstitutiven, Wissen generierenden Grundannahmen (...) der empirisch-erziehungswissenschaftlichen Forschung« sowie selbige der Allgemeinen Pädagogik und die »kritische Reflexion des Zusammenhangs und der Austauschregeln (...) von empirisch-erziehungswissenschaftlichem und allgemein-pädagogischem Wissen« zum Gegenstand;
- *Empirisch-erziehungswissenschaftliche Forschung* hat als Gegenstand die »Beschreibung und theoretische (...) Erklärung« der Erziehungswirklichkeit;
- *Allgemeine Pädagogik*, deren Gegenstand »die Begründung handlungsorientierender Maximen für die pädagogische Praxis« ist;
- *Professionsethiken*, die aus »handlungsfeldbezogenen/siutationsbezogenen (.) Beständen an empirischem Wissen, (.) Beurteilungsschemata, (.) Handlungsregeln, ausdifferenziert nach pädagogischen Berufen bzw. Handlungsfeldern« bestehen.

Vogel merkt an, dass die ›Theoretische Erziehungswissenschaft‹ in seinem Schema den anderen Theorieformen zwar übergeordnet sei, diese jedoch keine »Präsidialfunktion« jenen gegenüber habe; sie sei vielmehr gegenüber den empirischen Theorien wie der Allgemeinen Pädagogik eine Instanz, vor der »etwa konkurrierende architektonische Ideen verhandelt werden können, ohne dass am Ende ein Richterspruch steht«; die ›Theoretische Erziehungswissenschaft‹ sei auch »zuständig für die Kontrolle der Anschlussmöglichkeiten von empirischer Forschung und Allgemeiner Pädagogik«, und zwar als »nächsthöhere Ebene« in einer »insgesamt eher meta-theoretischen Aufgabenbeschreibung« (ebd., S. 181). In gewisser Weise, so lese ich diese Textpassagen, hat die Kennzeichnung der ›Theoretischen Erziehungswissenschaft‹ Ähnlichkeit mit Überlegungen, die ansonsten unter ›Wissenschaftstheorie‹ (wie z.B. bei Menck 1978, s.o.) firmieren. Ferner wird auch bei der Diskussion um Wissensformen in Gestalt von Theoriegraden oder Reflexionsebenen gedacht, ohne dass damit eine Hierarchie gemeint ist.

Andernorts unterscheidet Vogel (1999) zwischen drei »Formen pädagogischen Wissens« (im Folgenden Zitate aus Vogel 1999, S. 36–38):

– *Pädagogisches Alltagswissen* »dient zur Bewältigung alltäglicher pädagogischer Probleme (...), ist unsystematisch und oft zusammenhanglos (...), hat als Wahrheitskriterium seine Bewährung in der Praxis, nicht eine theoretisch gestützte ›objektive‹ Wahrheit (...), besteht aus einer Mischung von empirischen und normativen Anteilen (...)«.
– *Pädagogisches Professionswissen* »beschreibt das Wissen, das notwendig und hinreichend ist, um in einem Beruf kompetent zu arbeiten (...), enthält Bestände von Einzelwissen (...), Regelwissen (...), Urteilsfähigkeit (...), enthält sowohl kognitive wie normative Anteile, die durch ihre Lösungskapazität für berufliche Problemsituationen miteinander verbunden und entsprechend ›sortiert‹ sind (...)«.
– *Erziehungswissenschaftliches Wissen* »beruht auf der Beschäftigung mit Theorien, nicht auf praktischen Erfahrungen (...), ist auf interne Konsistenz und Widerspruchsfreiheit im Bereich einer Wissenschaftsdisziplin angewiesen (...), trennt penibel und rigide empirische und normative Anteile, die mit unterschiedlichen wissenschaftlichen Verfahren bearbeitet werden (...), folgt den wissenschaftsinternen Kriterien von ›Wahrheit‹ ungeachtet praktischer Verwertungsmöglichkeiten; hat als typisches Begründungsmuster die Berufung auf methodisch abgesicherte wissenschaftliche Strategien der Wissensproduktion (...)«.

Klaus-Peter Horn (1999, S. 216) kritisiert nun an Vogels letzterer Typologie, diese enthalte eigentlich nur zwei (statt drei) verschiedene Wissensformen, und zwar ›pädagogische‹ und ›erziehungswissenschaftliche‹. Denn die Unterschiede zwischen dem pädagogischen Alltagswissen und dem pädagogischen Professionswissen seien nur graduell. In einer anderen Veröffentlichung bezieht sich Horn ebenfalls auf die Trias Erziehung – Pädagogik – Erziehungswissenschaft und sieht ihr Verhältnis zueinander wie folgt: »Die Unterscheidung zwischen a) der Praxis der Erziehung, b) darauf bezogenen Pädagogiken (Erziehungslehren) und c) der wissenschaftlichen Beschäftigung mit Erziehungslehren und der Erziehungspraxis ist eine doppelte. Zum einen wird das erzieherische Handeln (inclusive Organisationen etc.) (a) unterschieden vom Nachdenken und Wissen über dieses Handeln (b und c). Zum anderen werden innerhalb des Nachdenkens und Wissens über das praktische Handeln zwei verschiedene Formen unterschieden« (Horn 2000, S. 190). Ihm zufolge gibt es also die Erziehungspraxis (ohne spezifische Wissensform) und zwei Wissensformen des Nachdenkens über Erziehung: die pädagogische und die erziehungswissenschaftliche. Wenn und sobald jemand – auch ein ›pädagogischer Laie‹ – über Praxis nachdenkt, argumentiert dieser laut Horn ebenso in Gestalt von ›Pädagogiken‹ oder ›Erziehungslehren‹ wie professionelle Pädagogen. Mag dies auch im Sinne von ›impliziten‹ Pädagogiken des Laien der Fall sein, so ist dies meines Erachtens jedoch kein zwingender Grund, nicht dennoch – wie z.B. Vogel (s.o.) – zwischen pädagogischem Alltagswissen und pädagogischem Professionswissen zu unterscheiden, da sich, wie Horn (1999, S. 217) selbst schreibt, bei ›Laien‹ und bei ›Professionellen‹ durchaus »Sedimente wissenschaftlichen Wissens aller Art in mehr oder weniger starker reflexiver Drurchdringung« finden und diese sich »in der Form und im Grad der Aneignung und Durcharbeitung des wissenschaftlichen Wissens« unterscheiden. Aus diesem Grund wird in dem hier verfolgten Aufbau des Buches auch an einer Unterscheidung zwischen pädagogischem Alltagswissen und einem pädagogischen Professionswissen im Sinne von Regeln und Modellen festgehalten.

Zentral für Horn ist hingegen – ähnlich wie in Tenorths Unterscheidung verschiedener ›Referenzssysteme‹ – der systematische (und nicht bloss graduelle) Unterschied zwischen ›pädagogischem Wissen‹ und ›erziehungswissenschaftlichem Wissen‹. Ersteres sei am ›Nutzen‹, d.h. am Erfolg in der Praxis orientiert; das zweite hingegen an ›Wahrheit‹ als Kriterium der Geltung. Ferner unterstreicht er, dass das erziehungswissenschaftliche Wissen an der rigiden Trennung zwischen empirischen und normativen Aussagen orientiert sei, »ohne sich um praktische Verwertungskontexte zu kümmern« (ebd., S. 218). Letzteres, d.h. der Bezug auf die Praxis, wird von Horn eindeutig einseitig gesehen; denn »die Praxis kann zwar Gegenstand der Theorie, der wissenschaftlichen Forschung sein, einen direkten Transfer von der Theorie in die Praxis gibt es jedoch nicht, Theorie fließt nur indirekt über die Pädagogik(en) in die Praxis/Praxen ein. Damit wird auch sichtbar, dass der ›Theorie-Praxis-Konflikt‹ eben in der Pädagogik seinen Ort hat. Hier findet die Vermittlung zwischen erziehungswissenschaftlicher Theorie und pädagogischer Praxis statt« (ebd., S. 219).

Ähnlich argumentiert auch Lothar Wigger (2000, S. 39) in Bezug auf Wenigers Sichtweise der Verpflichtung der Theorie auf Praxis. Auch er geht davon aus, dass eine Differenzierung nach

Wissensformen diese Identitätsannahme unwiederbringlich auflöse. In Bezug auf die möglichen Konsequenzen fragt er dann: »Folgt aus dem Dualismus von Wahrheit und Nützlichkeit, von wissenschaftlicher und pädagogischer Verantwortung aber nun eine wechselseitige Ignoranz der Forscher und der Praktiker sowie die jeweilige Irrelevanz von wissenschaftlichem Wissen und Handlungswissen? Oder läßt sich ein Zusammenhang der differenzierten Wissensformen identifizieren?« Seine Antwort auf diese Fragen ist, dass der Zusammenhang in der Lösung praktischer Probleme bestehe. Vogel sieht einen ähnlichen Zusammenhang: »Der Zusammenhang dieser heterogenen Wissensbestände wird gestiftet durch die Notwendigkeit, Probleme zu lösen; dadurch ist es möglich, empirische und normative Anteile ohne Rücksicht auf ihren unterschiedlichen epistemologischen Status zu verbinden« (Vogel 1998, S. 182).

2.5 Reflexionsebenen und Wissensformen in der Vergleichenden Erziehungswissenschaft

Die Anleihen bei der allgemeinen erziehungswissenschaftlichen Diskussion dienen im Folgenden als Vorlage für die Konstruktion eines eigenen Ordnungsschemas des Wissens, das in der Vergleichenden Erziehungswissenschaft in jeweils verschiedener Art und Weise zur Sprache gebracht wird (vgl. Tab. 3). Mit diesem Schema wird versucht, die heterogenen Wissensbestände zu den verschiedenen Gegenständen dieser Disziplin (vgl. Abb. 2) zu klassifizieren. In der Überschrift heißt es mit Bedacht, dass es hier um die Ordnung von Wissen »in« der Vergleichenden Erziehungswissenschaft geht; denn wie leicht einsichtig sein dürfte, ist z.B. routiniertes Handlungswissen kein wissenschaftliches Wissen, sondern die Wissenschaft macht sich dieses Wissen zum Gegenstand von Forschung und Theoriebildung, und damit ist es Wissen, das »in der« Wissenschaft eine Rolle spielt.

Das Schema (Tab. 2) setzt bei der Trias Erziehung – Pädagogik – Erziehungswissenschaft an, fügt dieser jedoch die Ebene ›Wissenschaftstheorie‹ hinzu, die annähernd das abdeckt, was in Mencks Modell (1978) bereits vorgezeichnet war und was in Vogels (1998) Vierer-Modell »Theoretische Erziehungswissenschaft« genannt wurde.

Tab. 2: Reflexionsebenen und Wissensformen in der Vergleichenden Erziehungswissenschaft

	Reflexions-ebene	Wissenstyp	Methode (Art der Erkenntnisgewinnung)	produzierte Textgattungen (Beispiele aus der Vergleichenden Erziehungswissenschaft)
Referenzsystem »Erziehung«, Orientierung an »Handeln« und »Nutzen«	Erziehung	Alltägliches Handlungswissen	interessiert wahrgenommene und gedeutete Praxis	Berichte, Protokolle, Tagebücher, Briefe, Dokumentarfilme, KMK-Empfehlungen etc. zum Umgang mit Alterität in Erziehungs- und Bildungsprozessen
	Pädagogik	Regelwissen und Modelle, Pädagogiken, Professionswissen	systematische Reflexion, nach bestimmten Aspekten geordnet und mit Forschungsergebnissen angereichert	Interkulturelle und Internationale Pädagogiken (zur Menschenrechtserziehung, zur antirassistischen Erziehung, zum globalen Lernen etc.); Programmschriften internationaler Organisationen (z.B. UNESCO); melioristisch ausgerichtete Länderstudien; Internationale Reformpädagogik
Referenzsystem »Wissenschaft«, Orientierung an »Erkennen« und an »Wahrheit«	Erziehungswissenschaft	Wissenschaftliches Wissen	methodisch kontrollierte Prüfung von Aussagen auf Richtigkeit (Tatsachen) und Legitimität (Normen)	an ausgewiesenen Kriterien (explizite Fragestellung, Theoriebezug, Methodenreflexion) ausgerichtete Forschungsliteratur zu den Gegenständen der Vergleichenden Erziehungswissenschaft: Internationale/Interkulturelle Erziehung; Internationale/Interkulturelle Pädagogik; Internationale Bildungspolitik
	Wissenschaftstheorie	meta-theoretisches und methodologisches Wissen	kritische Reflexion der Wissenschaftspraxis, ihrer erkenntnistheoretischen und gesellschaftlichen Voraussetzungen und Folgen	Abhandlungen zur Methodologie, Wissenschaftsgeschichte und Forschungspraxis der Vergleichenden Erziehungswissenschaft und ihres Verhältnisses zu anderen Wissenschaften und zur gesellschaftlichen Praxis, Theorienvergleiche, Paradigmenwechsel

Zwischen den Ebenen *Erziehung* und *Pädagogik* auf der einen und *Erziehungswissenschaft* und *Wissenschaftstheorie* auf der anderen Seite ist eine deutliche Trennlinie gezogen, die die Zugehörigkeiten zu den oben diskutierten unterschiedlichen Referenzhorizonten und Logiken markiert, auf die sich die jeweiligen Reflexionsebenen und das dort produzierte Wissen beziehen: Erstere beiden sind an der Erziehungspraxis ausgerichtet und orientieren sich an den Erfordernissen des Handelns und an Nutzenerwägungen; letztere beiden beziehen sich auf das Wissenschaftssystem und zielen auf Erkenntnisse und (wissenschaftliche) Wahrheit.

Alle Reflexionsebenen über Erziehung enthalten zugleich Bezüge auf Tatsachen und Normen, wenngleich jedoch auf jeder Ebene innerhalb einer je eigenen spezifischen Logik und Dignität argumentiert wird. ›Dignität‹ bedeutet, dass – wenn man in Ebenen denkt – diese in Gestalt von jeweils anders strukturiertem Wissen geordnet sind, nicht aber nach ihrer Wertigkeit. Dennoch kann man sagen, dass die Ebenen einen – vermittelten – Zusammenhang aufweisen: Dieser resultiert, wie oben mit Bezug auf Vogel und Wigger gesagt, aus dem ihnen letztlich gemeinsamen Anliegen, praktische Probleme zu lösen. Damit wird eine zumindest letztendliche Verpflichtung des jeweiligen Tuns auf die Bewältigung menschlicher Praxis reklamiert, die sich vom Alltagswissen über das Regelwissen zum Theoretisieren wissenschaftlicher Argumentation bis hin zur wissenschaftstheoretischen Reflexion durchzieht.

Auf unsere Anfangsüberlegungen angewendet bedeutet dies: ›Komparatisten‹ und ›Internationalisten‹ unterscheiden sich nicht dadurch, dass die einen an der normativen Deutung von Praxis arbeiten, die anderen hingegen an deren theoriegeleiteter Erforschung, sondern dass beide je anders auf verschiedenen Aussageebenen argumentieren und handeln. Die Wissensproduktion der Internationalisten entspricht – wenn sie als in Feldern der internationalen oder interkulturellen Erziehung und Bildung konkret Handelnde sprechen – der Logik des Alltagswissens. Wenn sie z.B. für Institutionen, wie z.B. für die UNESCO, internationale Erziehungsprogramme entwickeln oder pädagogische Modelle vorlegen, d.h. Internationale Pädagogik betreiben, entspricht ihr Handeln der Logik des Regelwissens und der Pädagogiken. Wenn sie dagegen Praxen der Internationalen Erziehung erforschen und/oder Modelle der Internationalen Pädagogik nach den Regeln wissenschaftlicher Kunst prüfen, kippt ihr Tun – bildlich gesprochen – um in die Logik wissenschaftlichen Wissens und sie werden zu ›Vergleichenden Erziehungswissenschaftlern‹, wie es den Vorstellungen der Komparatisten entspricht. Andersherum werden Komparatisten, wenn sie auf der Ebene des Alltagswissens oder der pädagogischen Modelle argumentieren und handeln, zu Internationalisten.

Welchen Nutzen hat das gewählte Ordnungsschema im Studium? Dieses Buch wendet sich vornehmlich an Studierende, denen die verschiedenen Reflexionsebenen in unterschiedlichem Ausmaß zugänglich sind bzw. in ihrem Studium zugänglich gemacht werden sollen: Während ihrer (Aus-)Bildung kommen Studierende eher selten mit der Erziehungspraxis in Berührung. Falls doch, so geschieht dies z.B. in Praktika oder in Form von Erwerbsarbeit, um ihren Lebensunterhalt zu sichern. Die Studienangebote offerieren in Gestalt entsprechender Seminartexte und je nach Studienstufe (Bachelor- bzw. Masterstudium) überwiegend Wissensbestände auf den Ebenen der ›Pädagogik‹ und der ›Erziehungswissenschaft‹. Nur gelegentlich (und wegen des zunehmenden Drucks auf verstärkte Praxisorientierung immer seltener) können wissenschaftstheoretische Fragen behandelt werden, die zudem nicht immer auf grosses Interesse bei Studierenden der Pädagogik stossen. Angesichts dieser Voraussetzungen soll in den folgenden Kapiteln dieser Einführung dennoch der Versuch gemacht werden, alle hier postulierten Reflexionsebenen anzusprechen und die Wissensbestände und Zugänge der Vergleichenden Erziehungswissenschaft entsprechend geordnet darzustellen.

3 Alltagswissen in der Vergleichenden Erziehungswissenschaft

Einführende Werke weisen gerne darauf hin, dass viele seit der Antike überlieferte ›Reiseberichte‹ als Vorläufer der Vergleichenden Erziehungswissenschaft gelten können. Solche Texte vermitteln eher das Staunen über ›andere Länder – andere Sitten‹ und ›fremde‹ Erziehungspraxen statt analytischer Herangehensweisen; sie enthalten meist implizite statt explizite Vergleiche, und sie sind in der Regel narrativ statt systematisch verfasst (Beispiele in: Allemann-Ghionda 2004, S. 18–20). Neben dem mehr oder weniger unvoreingenommenen oder auch naiven ›Staunen‹ dürfen aber auch andere Motive solcher Reiseberichte nicht vergessen werden, z.B. Abenteurertum, Eroberungswille, Dominanzstreben, Missionierungsabsichten, Flucht aus dem eigenen Erfahrungshorizont, Projektion eigener Ideen in eine ›fremde‹ Kultur, Funktionalisierung des ›Fremden‹ zur Kritik des ›Eigenen‹, Exotismus und andere Motive mehr.

Die Beschäftigung mit der Erziehungs- und Bildungswirklichkeit in – für den Beobachter – ›fremden‹ Ländern bzw. Kulturen produziert auch heute noch den Typus eines durch die Konfrontation mit Alterität gewonnenen ›alltäglichen Handlungswissens‹. Hierzu gehört die genannte Textgattung ›Reiseberichte‹ über die Inaugenscheinnahme von Bildung und Erziehung im Ausland anlässlich entsprechender Studienreisen oder Exkursionen. Gleichfalls gemeint sind schriftlich niedergelegte Erfahrungen aus Lehr- und Unterrichtstätigkeiten in interkulturellen oder internationalen Handlungsfeldern oder Erfahrungsberichte über ein Studium im Ausland. Auch Dokumentarfilme, z.B. über Erziehungspraktiken ›fremder‹ Kulturen oder über ein Schulmodell im Ausland, können als ›Texte‹ gelesen werden, die Alltagserfahrungen weitergeben. Ebenfalls dieser Ebene hinzugerechnet werden hier zahlreiche Dokumente empfehlenden Charakters, die von der Kultusministerkonferenz (KMK) für die Internationale bzw. Interkulturelle Erziehung verfasst wurden. Warum diese dem Alltagswissen (und nicht der Reflexionsebene Regelwissen und Modelle) zugeordnet werden, wird im Folgenden begründet.

Häufig werden solche Texte in Forschung und Lehre der Vergleichenden Erziehungswissenschaft entweder (nur) zur Illustration eines Gedankenganges verwendet, ohne dabei die Eigenheiten solcher Art Berichte oder Empfehlungen zu reflektieren. Oder sie werden gar nicht zur Kenntnis genommen, weil es sich nicht um wissenschaftliche Texte handelt. Dennoch bilden sie eine nicht zu vernachlässigende Quelle der Informationen für die Vergleichende Erziehungswissenschaft und ein Potential für Forschung und Lehre, wenn man sich ihrer Eigenart bewusst wird und methodenkritisch an sie herangeht.

3.1 Alltägliches im Unterschied zu wissenschaftlichem Wissen

Zur Sensibilisierung dafür, was das ›alltägliche Handlungswissen‹ auszeichnet, greife ich im Folgenden zunächst auf die tabellarische Gegenüberstellung von ›Alltag‹ und ›Wissenschaft‹ zurück (vgl. Tab. 3), die Helmwart Hierdeis und Theo Hug (1992, S. 56f.) als eine Art Synopse aus der Diskussion einer Vielzahl von Spezialliteratur zu diesem Thema (von Autoren wie Soeffner, Luckmann, Schütz u.a.) vorgelegt haben, auf die hier aber nicht weiter eingegangen werden soll. In dieser Zusammenschau stellen Hierdeis und Hug die im Alltag erfolgende Wissensproduktion dar, deren Eigentümlichkeit durch den Vergleich mit einer wissenschaftlichen Herangehensweise deutlich wird.

Im weiteren Fortgang ihrer Gegenüberstellung (S. 58ff.), das soll noch erwähnt werden, zeigen Hierdeis und Hug hingegen auch Berührungspunkte und Ähnlichkeiten zwischen Alltag und Wissenschaft auf. Diese bestehen ihrer Meinung nach z.B. im ›empirischen‹ Umgang mit der Realität, in der (impliziten) Formulierung und Prüfung von ›Hypothesen‹ anhand von (impliziten) ›Theorien‹. Auch ist das Alltagshandeln heute zunehmend von (populär)wissenschaftlichem Wissen durchsetzt, wie sich andersherum auch in wissenschaftlichen Abhandlungen als ›common sense‹ maskiertes Alltagswissen verbirgt. Alltagswissen und wissenschaftliches Wissen sind demnach nicht radikal unvereinbar, lassen

Tab. 3: Unterschiede zwischen Alltagswissen und Wissenschaft (Quelle: Hierdeis/Hug 1992, S. 56–57)

Alltag	Wissenschaft
nach subjektiven Bedeutsamkeiten geordnetes Wissen	nach paradigmatisch begründeten Kriterien geordnetes Wissen
nicht-systematisiertes Wissen	systematisiertes Wissen
routiniertes Handeln	reflektiert methodisches Handeln
nicht organisierte Erkenntnis	organisierte Erkenntnis
Wirklichkeit als unbezweifelbar gegebene »Realität«	Frage nach den Bedingungen des Wirklichkeitsverständnisses
Vermeidung des Zweifels	Systematisierung des Zweifels
Sicherung des Erkannten	Zweifel am Erkannten
Vermeidung von Alternativen	Aufdeckung von und Suche nach Alternativen
Konzentration auf eine Deutung	selbstverständliche Annahme von Mehrdeutigkeiten
Unmittelbarkeit der Alltagspraxis	systematische Distanz zur Alltagspraxis
ausschließliche Deutung und Bewältigung der unmittelbar gegebenen Realität	hypothetische Vorwegnahme potenzieller Problemsituationen
pragmatische Motivation	theoretische Motivation
erfahrungsnahe Sprache	erfahrungsferne, abstrakte Sprache
im subjektiven und/oder kollektiven Bewusstsein aufgehobene und v.a. mündlich kommunizierte Erkenntnis	vor allem in schriftlicher Form kommunizierte Erkenntnisse

sich aber in Bezug auf ihre jeweilige Argumentationslogik voneinander abgrenzen.

Studierende kommen mit dem alltäglichen Handlungswissen z.B. in ihren Praktika in Berührung und müssen dann ihre ›Erfahrungen‹ in der Regel in einem Praktikumsbericht auf dem Hintergrund des erworbenen (wissenschaftlichen) Wissens reflektieren. Praktikumsorte mit internationalen bzw. interkulturellen Praxen von Erziehung und Bildung sind z.B. die Mitarbeit in einem internationalen Ferienlager, ein Schulpraktikum, in dem Studierende ihre Aufmerksamkeit auf die kulturelle oder sprachliche

Heterogenität der Schülerschaft richten können, die Tätigkeit in einer Weiterbildungsmaßnahme, an der (auch) Jugendliche oder Erwachsene mit Migrationshintergrund teilnehmen, die Mitarbeit in einer internationalen Hilfsorganisation oder ein Praktikum in der außerschulischen Jugendarbeit mit multikultureller Klientel. Wenn nun mit dem Erkenntnisinteresse an ein solches Praktikum herangegangen wird, herauszufinden, ob und wie sich alltägliches Handlungswissen in der Praxis spiegelt, und dass sich dort Spuren bestimmter Wissensbestände rekonstruieren lassen, so mag das die Abfassung des Praktikumsberichts erleichtern. Praktikanten sollten sich dabei Folgendes vergegenwärtigen: Sie treffen auf Praktiker, die sich ihr Handeln mit einem Vorrat an pragmatischem, subjektiv gefärbtem Wissen erschließen, z.B. darüber, warum Menschen nach Deutschland migrieren und welcher Art ›Kulturkonflikte‹ sich daraus ergeben. Sie werden mit Handlungsroutinen der Praktikumsorte konfrontiert, in denen sich kollektive Erfahrungen manifestieren und in die ›Erkenntnisse‹ eingeschrieben sind, z.B. in ›bewährten Regelungen‹, in Hausordnungen oder in Ritualen. Im interkulturellen Bereich mögen solcher Art Handlungsroutinen z.B. im Feiern aller religiösen Feste der anwesenden Kinder einer multikulturellen Schulklasse zum Ausdruck kommen; im internationalen Bereich können sie sich z.B. in nationalspezifisch zusammengesetzten Mannschaften bei sportlichen Wettkämpfen in einer internationalen Jugendfreizeitmaßnahme zeigen. Ferner sind an den meisten Praktikumsorten auch irgend welche ›Texte‹ vorhanden, die analysiert werden können, z.B. Jahresberichte, Projektberichte, Protokolle, Schul- oder Vereinszeitungen, Jubiläumsschriften, Videos von Schulfeiern oder Ferienlagern und ähnliches. Diese bilden einen reichen Fundus an Material, das für einen Praktikumsbericht herangezogen werden kann. Als Orientierungshilfe kann hier noch einmal auf die Unterschiede zwischen ›Alltag‹ und ›Wissenschaft‹ (Tab. 4) verwiesen werden. Denn die in einem Praktikum geforderte Vermittlung von Theorie und Praxis bedeutet, bildlich gesprochen, dass die im Praktikum gemachten ›Erfahrungen‹ von der Bühne des alltäglichen Handlungswissens in den Horizont wissenschaftlichen Denkens transferiert werden müssen.

3.2 Der Typus ›Bericht‹ als Wissensform mit implizitem Vergleich

Aussagen über Erziehung und Bildung unter dem Aspekt der natio-ethno-kulturellen Alterität (›natio-ethno-kulturell‹ in Anlehnung an Mecheril in Kap. 2.2) waren als ›Schnittmenge‹ der verschiedenen Gegenstände der Vergleichenden Erziehungswissenschaft identifiziert worden. Diese tauchen unter anderem in vielfältiger Form in Texten auf, die man unter dem Sammelbegriff ›Berichte‹ fassen kann. Es handelt sich dabei, wie oben schon angesprochen, z.B. um Schilderungen in Briefen, um subjekte Erinnerungen an Erlebtes in Tagebüchern, um Reiseberichte Einzelner oder von Gruppen. Einige Beispiele sollen im Folgenden vorgestellt und in ihren Besonderheiten als alltägliches Wissen kenntlich gemacht werden.

Zunehmend mehr junge Menschen studieren einige Semester lang an einer Hochschule, die sich nicht in ihrem Herkunftsland befindet oder absolvieren ihr Studium sogar vollständig im Ausland. In Europa wird das Auslandsstudium insbesondere durch Programme wie ERASMUS gefördert. Dieses startete im Jahre 1987 und führte bisher insgesamt ca. 1,5 Mio. Studierende ins Ausland. Hervorzuheben ist, dass es in diesem Zusammenhang Sammlungen von *Erfahrungsberichten* von ERASMUS-Studierenden gibt. Teils werden diese an den Akademischen Auslandsämtern oder an speziell für das ERASMUS-Programm zuständigen Stellen gesammelt. Es gibt aber auch die Möglichkeit, sich über Internet solche Berichte anzusehen (vgl. *www.erasmus-berichte.de*).

Manchmal – wie bei ERASMUS –, aber nicht immer, werden Studierende auf ihr Studium im Ausland vorbereitet; in jedem Fall aber werden sie im Gastland mit neuen Situationen und Verhaltensweisen konfrontiert, die sie bewältigen müssen. Häufig tauschen sie sich auch untereinander aus und sprechen mit Landsleuten und mit anderen ausländischen Studierenden über das, was ihnen aufgrund ihrer Erfahrungen vertraut erscheint oder was sie als ›fremd‹ erleben. Vieles von dem geschieht in mündlicher und in informeller schriftlicher Kommunikation (Gespräche, Briefe). Nur einiges davon taucht in formalisierter Form auf und dringt an die Öffentlichkeit, wo dann solche Erfahrungen in Gestalt von Dokumenten von der Vergleichenden Erziehungswissenschaft zur

Kenntnis genommen und potenziell bearbeitet werden können, wie dies etwa mit Bezug auf die Sammlung von ERASMUS-Berichten möglich wäre.

Da auch ausländische Studierende in Deutschland studieren, sind auch deren ›fremde‹ Blicke auf die hiesigen Hochschulerfahrungen von Interesse. Vor einigen Jahren hat der Deutsche Akademische Austauschdienst (DAAD) unter dem Titel »Mein Deutschlandbild« eine Anthologie von ausländischen Preisträgern und Preisträgerinnen über ihre Erfahrungen im deutschen Hochschulsystem herausgegeben (DAAD 1998). In einem kurzen Text, überschrieben mit »Die Fremde ist wie ein Exil«, bezieht sich der Marokkaner Khalid El Beggar gleich zu Anfang seiner Ausführungen auf seine Herkunftskultur: »Man sagt bei uns, die ›ghourba‹ (die Fremde) ist wie ein Exil. Diesen Ausspruch kennt jeder. Aber was ›ghourba‹ bedeutet, wurde mir erst klar, als ich nach Deutschland kam. Da wurde mir erst bewußt, daß ich eigentlich gar keine genauen Vorstellungen vom Leben in einer fremden Kultur gehabt hatte. Bis dahin hatte ich erwartet, kontaktfreudige, hilfsbereite Menschen in diesem neuen Land anzutreffen. Hier nun erlebte ich das, was man allgemein als ›Kulturschock‹ bezeichnet. Damit meine ich, daß mir die Menschen vereinzelt erschienen, jeder nur mit seinen eigenen Problemen beschäftigt zu sein schien und Unzufriedenheit ausstrahlte.« Er beschreibt dann einen Lernprozess, der offenbar so oder ähnlich auch bei vielen anderen stattfindet, die im Ausland lernen, studieren oder arbeiten: Nach einer Phase der ›Desorientierung‹ halfen ihm seine ›Landsleute‹, seine Probleme zu bewältigen. Als er dann ›mehr Kontakte zu Deutschen‹ geknüpft, ›mehr Sicherheit im Umgang mit der fremden Kultur‹ entwickelt, seine Sprachkenntnisse verbessert und ›einen Einblick in die deutsche Mentalität‹ erhalten hatte, veränderten sich seine Einstellungen zu Deutschland ›ins Positive‹ (El Beggar 1998, S. 44f.).

Briefe aus dem Ausland, z.B. von Studierenden ›nach Hause‹, könnten auch eine Quelle darstellen, wie diese ihren Auslandsaufenthalt erleben. Da sie aber in der Regel nicht veröffentlicht sind und auch nicht archivalisch gesammelt werden, sind sie für die Vergleichende Erziehungswissenschaft nur selten greifbar, könnten aber von den Studierenden selbst retrospektiv genutzt werden z.B. zur Überprüfung eigenen interkulturellen Lernens im Ausland. Aus Briefen an die Verfasserin sollen hier – in anonymisierter

Form – einige Beispiele vorgestellt werden. So schrieb eine Studentin über ihre ersten Eindrücke ihrer ersten Reise in ein afrikanisches Land Folgendes: »Wir sind gestern gut in (.) angekommen. (...) Mit dem Visum gab es keine Probleme. (...) Wir wurden dort abgeholt und zu unserer Unterkunft gebracht. (...) Wir waren gestern noch in der Stadt – hier fahren alle paar Minuten abenteuerliche Busse in die Stadt. Wir wohnen in einem recht armen Viertel. Es ist ziemlich komisch, dort als Weisse durch zu laufen. Man wird von jedem angestarrt und kann überhaupt nicht einordnen, was die Menschen hier von den zwei Europäern denken. In dem Stadtteil sind wir fast die einzigen Weissen und manchmal hat man schon ein etwas mulmiges Gefühl, wenn man so viel beobachtet wird. (...) Meine Sprachkenntnisse sind ja nicht unbedingt sonderlich ausgebaut gewesen, aber selbst die paar Worte, die ich gelernt habe, kann ich bisher kaum anwenden. Ich verstehe so gut wie gar nichts und es fällt mir schwer, Situationen richtig einzuschätzen«.

Ähnlich lauten die ersten Eindrücke einer deutschen Dozentin kurz nach ihrem Eintreffen an ihrem Einsatzort in einem asiatischen Land, wo sie mit einer weiteren deutschen Lehrperson dortigen Studierenden Deutschunterricht erteilte und auf dem Campus wohnte. In einer ihrer ersten E-Mails heißt es: »Wir sind hier die einzigen Ausländer auf dem Campus. Sehr spaßig, da wir immer beguckt werden, vor allem ich als Blonde unter 3 Millionen Dunkelhaarigen. Fahrradfahrer wechseln die Straßenseite, Autos halten an, andere fotografieren mehr oder weniger heimlich mit ihrem Handy.« Außerdem wird in dieser E-Mail auf das »Glück« hingewiesen, dass die andere deutsche Lehrperson die Landessprache beherrsche; denn ohne diese käme man dort nicht weiter: »Wer spricht schon Englisch oder Deutsch hier?«

Beide Schilderungen enthalten den Hinweis der deutschen Autorinnen auf Reaktionen der ›Einheimischen‹ auf sie als ›fremde‹ Person, die sie in ihrer Wahrnehmung insbesondere auf ihre äußere Erscheinung (als ›Weiße‹, als ›blonde Frau‹) – sprich: auf ihre ethnische Alterität – reduzieren. Ferner werden in beiden Fällen die Sprachprobleme als besondere Belastung wahrgenommen. Der Auslandsaufenthalt macht in diesem Falle ›am eigenen Leibe‹ das deutlich, worüber hier viele ausländische Mitbürger oder Besucher klagen: die Fixierung auf äußere Unterschiede (Hautfarbe, Haare) und die sprachlich bedingten Kommunikationsprobleme.

Als weitere Erfahrung kommt dann meist die erste stereotype Frage der ›Einheimischen‹ an die ›Fremden‹: Woher kommst du? Solche eigenen Auslandserfahrungen mögen schließlich die Basis dafür bieten, nach der Rückkehr nach Deutschland eigene und gesellschaftlich weit verbreitete – stereotype – Wahrnehmungs- und Reaktionsmuster dem und den Fremden gegenüber kritisch zu hinterfragen. Wer seine Briefe aus dem Ausland oder sein evtl. geführtes Reisetagebuch retrospektiv betrachtet, kann dadurch auch eine selbstreflexive Motivationsbasis für eine weitere Beschäftigung mit der Vergleichenden Erziehungswissenschaft gewinnen.

Manchmal werden Briefe auch veröffentlicht, so z.B. eine Reihe von Briefen der deutschen Lehrerin Eva Meinerts über ihre Unterrichtserfahrungen im Kongo (damals Zaire) im Zeitraum von einem Jahr (1982/83), die in der Zeitschrift ›Neue Sammlung‹ publiziert wurden. In manchen Passagen vergleicht die Autorin ihre Erfahrungen an der Laborschule Bielefeld, an der sie vorher tätig war, mit denen an der Sekundarschule ›Institut Chrétien Zairois de Bolenge‹: »Für die Lehrer ist schlecht gesorgt, Schwamm und Kreide muß man schon selbst mitbringen; Lehrertische fehlen (...) – Es läutet auch hier ein bißchen per Zufall (...) – Oder: wenn's mir zu dreckig ist, muß ich selbst anregen, daß ein bißchen gefegt wird. Freilich ist der Schmutz hier nur Sand, vom Wind herein geblasen, und ein bißchen Papier. Eisbecher, Coladosen, Chipstüten können sich meine Schüler nicht im Traum vorstellen, sie sind froh, wenn sie genug Maniok-Brei bekommen« (Meinerts 1984, S. 132f.).

Die zu jener Zeit in Afrika tätige deutsche Lehrerin teilt in ihren veröffentlichten Briefen auch ihre Beobachtungen in Bezug auf die Ausstattung der Schule, das Verhalten der Schüler oder den Unterrichtsstil mit. Teils schwingen implizite Vergleiche zu ihren Erfahrungen in Deutschland mit, teils finden sich selbstreflexive Textpassagen, in denen sie ihre Rolle als deutsche Lehrerin in Afrika hinterfragt: Da die afrikanischen Lehrpersonen recht gering und zudem unregelmäßig entlohnt werden, »bleiben sie einfach zu Haus – wenn das Gehalt unpünktlich gezahlt wird, und auch sonst. Ich fühle mit ihnen, aber was die häufige Abwesenheit der Kollegen für die Disziplin, für den Unterricht bedeutet, könnt Ihr Euch vorstellen. Dann packt mich auch mal die Wut, und mir kommen auch Zweifel an meiner Rolle: Bin ich denn hier um die einstigen kolonialen Antreiber durch das Vorbild meines Pflichtbewusstseins zu ersetzen?« (ebd., S. 143). Angesichts der Tatsache, dass diese alltäglichen Erfahrungen publiziert sind, wäre es z.B. gewiss eine lohnende Aufgabe, in einem Seminar über Bildungsentwicklungen in Afrika neben Statistiken, historischen Abhandlungen und Länderstudien konstrastierend und ergänzend auch einmal diese Briefe zu diskutieren, z.B. unter der Frage möglicher Berufsperspektiven (Tätigkeit als Pädagoge/Pädagogin in der Entwicklungszusammenarbeit) oder der reflexiven Verarbeitung der Konfrontation mit ›Fremd- oder Andersheit‹.

Auch viele *historische Dokumente* sind der Textgattung ›Bericht‹ zuzurechnen. In einer Sammlung von Dokumenten aus verschiedenen Archiven zur Erziehungs- und Bildungspraxis der katholischen und evangelischen Missionen sowie der Kolonialverwaltungen in den damaligen deutschen Afrika-Kolonien (Adick/Mehnert 2001) finden sich Berichte verschiedenster Art, die einen Einblick in den damaligen missions- und kolonialpädagogischen Alltag gestatten: Der Bischof der Benediktiner von St. Ottilien legt im Jahre 1911 einen Inspektionsbericht seiner Visitationsreise nach Ostafrika vor, die immerhin fast ein Jahr dauerte. Es finden sich diverse Jahresberichte verschiedener Missionsgesellschaften oder einzelner Lehrpersonen über Erfolge oder Misserfolge der Schularbeit. Der erste Bericht des ersten deutschen Regierungsschullehrers, Theodor Christaller, über seine Schule in Bonamandone (Kamerun) aus dem Jahre 1887 ist abgedruckt. Ein Missionar schreibt 1907 dem Vorstand seiner Basler Mission einen Brief über einen Schülerstreik an einer Mittelschule in Kamerun. Ein Pater berichtet über die Ferienaktivitäten seiner Missionszöglinge. Eine Missionsschwester fasst ihre Erfahrungen mit der Mädchenbildung in Südwestafrika zusammen. Eine Lehrerin schreibt über die Gründung eines ›Jungfrauenvereins‹ in Kamerun. Der Vorsitzende des Kolonial-Wirtschaftlichen Komitees legt 1913 einen Bericht über die geplante Errichtung einer Maschinistenschule in Daressalam vor.

Diesen und weiteren historischen Dokumenten zur deutschen Missions- und Kolonialpädagogik (alle abgedruckt im oben genannten Quellenband) ist gemeinsam, dass sie den Umgang der seinerzeit dort tätigen deutschen Lehrer und Lehrerinnen, Missionare und Missionarinnen und des Kolonialpersonals mit der ›Fremde‹ sowie ihre Erfahrungen mit Erziehung und Bildung ›in der Fremde‹ spiegeln. Eine Kontrastierung mit den Erfahrungen und Sichtweisen ihrer afrikanischen Lehrerkollegen oder mit denen ihrer afrikanischen Schüler ist – leider – nur begrenzt möglich, weil aus der Feder dieser Personenkreise nur sehr wenige Archivdokumente vorhanden sind. Auch dieses Faktum der Unterrepräsentanz bestimmter Personenkreise und deren Perspektiven in einem Archivbestand ist ein Umstand, der schon für sich spricht und der in diesem Falle die asymmetrische Struktur der kolonialen Bildungsarbeit spiegelt. Es ist daher angeraten, bei der Auswertung von Archivbeständen immer kritisch mit zu reflektieren, welche Lebenswirklichkeiten dort durch wen repräsentiert sind und welche Perspektiven fehlen.

Weitere Beispiele für den Typus ›Bericht‹ als Informationsquelle über alltägliches Handlungswissen in der Konfrontation mit ›Fremdheit‹ finden sich in *Dokumentarfilmen* verschiedenster Art. Auch diese können für Forschung und Lehre in der Vergleichenden Erziehungswissenschaft herangezogen werden. Als herausragendes Beispiel sei hier das Filmwerk des (inzwischen verstorbenen) Gordian Troeller genannt (vgl. Adick/Stuke [Hrsg.] 1996). Troeller hat in mehreren Filmreihen fast hundert engagierte Dokumentarfilme zur Modernisierungskritik (Reihe: Im Namen des Fortschritts), zu Geschlechterfragen (Reihe: Frauen der Welt) und zur Situation von Kindern und Jugendlichen in vielen verschiedenen Ländern dieser Welt (Reihe: Kinder der Welt) vorgelegt, von denen etliche in öffentlichen Medienverleihstellen für Bildungszwecke ausleihbar sind. Diese Filme von Troeller sind auch für Lehrveranstaltungen zur Vergleichenden Erziehungswissenschaft hochschuldidaktisch bedeutsam, da sie grundlegende Fragen aufwerfen und Thesen liefern, die nicht so schnell veralten und die in vielen Fällen auch auf vergleichbare wissenschaftliche Diskussionen bezogen werden können (Adick 2000b).

Für die Vergleichende Erziehungswissenschaft, deren Gegenstand mit Erziehung und Bildung unter dem Aspekt der Alterität, d.h. der Konfrontation mit natio-ethno-kultureller Fremd- oder Andersheit, gekennzeichnet worden ist, sind auch solche *Reiseberichte* interessant, in denen in der umgekehrten Perspektive unsere Gesellschaft ›mit fremdem Blick‹ beschrieben wird. Ein historisches Beispiel dieser Art ist der Bericht der »Iwakura-Mission«. Bei dieser handelte es sich um eine große japanische Gesandtschaft, die fast zwei Jahre lang (von Dezember 1871 bis September 1873) Nordamerika und Europa bereiste, um sich für die angestrebte Modernisierung Japans ein Bild über den Entwicklungsstand der westlichen Welt zu machen. Die Delegation hielt sich auch in Deutschland auf und besuchte z.B. die Krupp-Werke in Essen, um sich einen Einblick in damals fortschrittliche industrielle Produktion zu verschaffen. Über die Eindrücke der Reise wurde ein Log-Buch verfasst, das nach der Rückkehr in Tokio veröffentlicht wurde (5 Bde.). Die Teile, die Deutschland, Österreich und die Schweiz betreffen, wurden vor einigen Jahren ins Deutsche übersetzt (Pantzer [Hrsg.] 2002).

Der ausführliche Reisebericht der Iwakura-Mission enthält neben Bemerkungen über Land und Leute, Politik und Wirtschaft an manchen Stellen auch Beobachtungen zum Bildungsbereich. Über das damalige Bildungswesen in Preußen schrieb der japanische Verfasser des Log-Buches, Kume Kunitake, das Folgende:

»Die Schulbildung hat das höchste Niveau europaweit erreicht. Auf die Erziehung legt die Regierung ganz besonders großen Wert, weshalb sie die Bevölkerung in allen Bezirken und Gemeinden mit Steuergeldern unterstützt und Volksschulen errichtet. Die Beamtenschaft ist nachdrücklich angewiesen, dem Unterhalt der Schulen verstärkte Aufmerksamkeit zu widmen. Für die Eltern besteht die Pflicht, ihre Kinder zur Schule zu schicken. Die Regierung wendet 2% der Haushaltsmittel auf, um bedürftigen Kindern mit öffentlichen Geldern den Schulbesuch und somit eine Bildung zu ermöglichen. Das Schulgeld in den Dorfschulen beträgt pro Woche einen Groschen, in den städtischen Schulen sind zehn Groschen aufzubringen (...)« (Pantzer [Hrsg.] 2002, S. 21).

Das Log-Buch enthält aber auch zahlreiche Beobachtungen zur Kultur, Religion, Verwaltung, Wissenschaft und nicht zuletzt zur Mentalität der Bevölkerung. So werden z.B. folgende – vergleichende – Beobachtungen zum Geschlechterverhältnis bei dem Volk der Preußen notiert: »Unter den zahlreichen Sitten und Gebräuchen, die sonst noch erheblich von denen Amerikas oder Englands abweichen, finden sich auch die sehr dürftigen Ehrerbietungen gegenüber Frauen. In Berlin halten die Frauen selbst die Schmeichelversuche der Amerikaner oder Engländer für eine seltsame Sitte und lachen über solches Gehabe. Grundsätzlich weichen auf dem [gesamten] europäischen Kontinent die Sitten und Gebräuche von jenen Amerikas und Englands ab, während sie der preußischen Lebensart eher ähnlich sind«(ebd., S. 24f.).

Bei all den genannten Textgattungen mit dem Charakter von Berichten finden sich Schilderungen im Ausland erlebter Erziehungs- und Bildungspraktiken mit ihren Problemen, ihren Vorzügen und Besonderheiten, wobei meist einige sporadische Vergleiche zum Herkunftsland der Autoren gezogen werden. Dabei handelt es sich ersichtlich nicht um wissenschaftliche Texte, wohl aber um solche, die durchaus die Basis für Fragestellungen der Vergleichenden Erziehungswissenschaft legen können. Berichte wie diese, so sie denn überhaupt publiziert werden, können z.B. auf ihre alltagsweltlichen Zuschreibungen ›nationaler‹ oder ›kultureller‹ Charakteristika und auf ihre impliziten Vergleichskriterien geprüft werden. Bei einem Vergleich zwischen mehreren Texten gleicher Art können auch Fragen gestellt werden, ob sich z.B. bestimmte Bearbeitungsmuster im Umgang mit der ›fremdkulturellen‹ neuen Gesellschaft finden, wie sie im oben exemplarisch genannten Text des marokkanischen Studenten z.B. im Heranziehen der eigenkulturellen Reflexionsfolie am Anfang des Aufenthaltes und im Wandel des Bildes des Gastlandes durch Faktoren wie Landsleute als unterstützende Bezugsgruppe, verstärkten Kontakt zu Deutschen, verbesserte Sprachkenntnisse usw. zum Ausdruck kommen. Es wird damit, so die These, ein alltägliches Handlungswissen rekonstruierbar, das die Betroffenen im Umgang mit den und dem ihnen zunächst ›Fremden‹ gewonnen haben.

3.3 Alltagswissen in der internationalen bzw. interkulturellen Erziehungspraxis

Auch in internationalen und interkulturellen Erziehungspraxen ist davon auszugehen, dass die dort tätigen Personen ständig Aussagen über ihre Tätigkeit, über damit verknüpfte Beobachtungen und Erfahrungen, über Zielvorstellungen und Handlungsalternativen machen, die sie unter der Perspektive eines Regelkreises ›aus der Praxis für die Praxis‹ produzieren. Viele, ja vielleicht sogar die meisten dieser Aussagen werden in mündlicher Kommunikation formuliert (z.B. in Pausengesprächen oder bei der Unterredung mit Eltern und Kollegen) und sind damit in der Regel für die Vergleichende Erziehungswissenschaft unerreichbar, es sei denn, man nimmt unmittelbar daran teil und macht sich hinterher entsprechende Aufzeichnungen oder ist als offiziell für alle sichtbarer Beobachter zugelassen und kann offen mitprotokollieren. Ferner kann man vielleicht die Betreffenden retrospektiv zu ihrem pädagogischen Tun befragen und überführt damit mündliche Kommunikation in schriftliche. Häufig bleibt es aber auch in diesen Handlungsfeldern dabei, dass man auf Texte mit Berichtscharakter unterschiedlicher Art (z.B. Protokolle oder Projektberichte) zurückgreifen muss.

Folgendes Beispiel aus dem Bereich der *Interkulturellen Erziehung* soll zeigen, welcher Art Aussagen Berichte in projektbegleitenden Zeitungen nicht bloß informativen, sondern zugleich auch empfehlenden Charakters produzieren und wie in ihnen Tatsachenaussagen und normative Erwägungen in einem handlungsleitenden Sinne vorgebracht werden und unlösbar zusammengehören:

Eines der frühesten Schulprojekte im interkulturellen Bereich wurde 1979 in Berliner Kindergärten und Grundschulen begonnen; es war auf fünf Jahr angelegt und wurde wissenschaftlich begleitet durch Ünal Akpinar und Jürgen Zimmer (vgl. Zimmer 1982). Im Rahmen dieses Projektes entstanden auch Publikationen, die dem alltäglichen Wissenstyp entsprechen: So wurde beispielsweise eine Zeitung unter dem Namen ›fonwokomstndu‹ herausgegeben, in der sich u.a. Berichte über Tagesabläufe, Ereignisse, Konflikte, Entscheidungsfindungsprozesse und Entwürfe didaktischer Einheiten finden. Einige Texte aus verschiedenen Nummern dieser Projektzeitung (abgedruckt in Adick 1983, S. 96–101) bilden die Grundlage für die folgenden Beobachtungen:

Die Zeitungsartikel enthalten Tatsachenaussagen und reflektieren Alltagserfahrungen vor dem Hintergrund normativer Erwägungen und mit dem Ziel verbesserter Praxis. In einem Bericht geht es z.B. um die alltagsweltliche Legitimierung einer Konfliktbewältigung folgender Art: Aufgrund der Tatsache, dass häufiger ausländische Kinder nicht zu einer Gruppenreise mitkommen dürfen, wird die Elternarbeit intensiviert; denn diese Erscheinung widerspricht offenbar der pädagogischen Idee der Veranstalter auf Gleichbehandlung der Kinder (»Man findet es schade, daß einige Kinder an diesem, für die Kindergruppe wichtigen, Erlebnis nicht teilhaben können...«). Die anschließende Darlegung, wie ein betreffender Fall mittels entsprechender Elternarbeit im Sinne der pädagogischen Norm gelöst werden konnte, soll weiteren Leserinnen und Lesern Mut machen, das im Beispiel gewählte Handlungsmodell einer offenen Diskussion selbst anzuwenden, zumal dies nicht nur zur Konfliktlösung beigetragen habe, sondern auch für alle Betroffenen neue Lernprozesse beinhalte, was offenbar wiederum der pädagogischen Maxime entspricht.

Es wird an diesem Beispiel sichtbar, dass die Wissensproduktion nach dem Muster ›aus der Praxis für die Praxis‹ betrieben wird. Es geht um als bewährt empfundene Handlungsroutinen im Praxisfeld der Interkulturellen Erziehung, die in diesem Falle mittels Projektzeitung an andere Praktiker weitergegeben werden sollen. Die Tatsache, dass es sich um eine Projektzeitung und nicht um ein öffentliches Massenmedium handelt, unterstreicht diese Selbstreferentialität. Interne Projekt- und Jahresberichte funktionieren in der Regel ebenfalls nach dieser Logik. Zugang zu solcherart ›Literatur‹ erhält man in der Regel nur durch Mitgliedschaft oder explizite Nachfrage bei der Projektleitung. Die Projektzeitung verkörpert demzufolge die spezifische Wissensproduktion in dem betreffenden Praxisprojekt. Immerhin enthalten die Beiträge der genannten Zeitung ›fonwokomstndu‹ am Ende der Artikel – in Klammern gesetzt – die Namen ihrer jeweiligen Autoren, d.h. die Texte stehen nicht ganz und gar anonymisiert als Repräsentanten des jeweiligen Projektzusammenhangs, wie dies bei der weiter unten noch zu besprechenden Textgattung der KMK-Empfehlungen der Fall ist, wo eine Institution – und nicht eine namentlich genannte Person – als Urheberin auftritt.

Ein neueres Beispiel kann aus dem Bereich der *Internationalen Erziehung* in der Schule angeführt werden: Im Schuljahr 1999/ 2000 wurde von der Fachstelle für entwicklungsbezogene Pädagogik des Comenius-Instituts in Münster und des Bildungsreferates von ›Brot für die Welt‹ ein Wettbewerb zum Thema »Entwicklungsräume gestalten – Wie trägt Globales Lernen zur Schulerneuerung bei?« durchgeführt (vgl. dazu Führing/Mané [Hrsg.] 2001): 64 Schulen fast aller Schulformen (die meisten, d.h. 45% Grundschulen; Hauptschulen waren nicht vertreten), beteiligten sich an diesem Wettbewerb mit der Darstellung von Aktivitäten, die an ihren Schulen zum Thema ›Globales Lernen‹ durchgeführt worden waren. Diese wurden »von einer Jury mit Mitgliedern aus Kirche, Schule, Universität, Kultusministerien, Lehrerfortbildung und Nord-Süd-Schulstellen geprüft, beurteilt und prämiert. Die Bewertung beinhaltete thematische, prozessorientierte und gestalterische Kategorien. Bei den inhaltlichen Aspekten wurden als Kriterien die Beachtung von globalen Dimensionen eines Themas oder des Schullebens, Fragen der Gleichwertigkeit und Gegenseitigkeit bei Begegnungen, ›Perspektivwechsel‹, Auseinandersetzung mit anderen Lebensweisen, Anti-Diskriminierung bzw. Anti-Rassismus angelegt« (ebd., S. 7).

In der genannten Publikation zu diesem Wettbewerb finden sich nun die Berichte der Schulen zu ihrer Gestaltung des ›Globalen Lernens‹, die eine Fülle von Themen und Projekten enhalten, z.B. Antirassismustrainings, Briefaustausch, Fairer Handel, Kinderrechte, Schulpartnerschaften. In diesen Berichten steht – ähnlich wie oben in Bezug auf die Projektzeitung ›fonwokomsntdu‹ angemerkt – nicht der Autor oder die Autorin des jeweiligen Berichts im Vordergrund, sondern die jeweilige Schule und ihre Aktivitäten. Dies ist daran abzulesen, dass der Autorenname auch hier jeweils am Ende des Berichts steht, im Inhaltsverzeichnis hingegen nicht auftaucht. Vor dem eigentlichen Bericht steht ferner jeweils ein im Layout abgesetzter Textteil aus der Urteilsbegründung der Jury, der die Besonderheit des jeweiligen Projekts vorstellt.

Im Bericht zur Annaschule in Mönchengladbach, einer Grundschule, in der »ein Briefaustausch mit Kindern in Neuseeland« vorgestellt wird, heißt es z.B.: »In diesem Projekt ist es gelungen, einen global erweiterten Blickwinkel im Unterricht herzustellen und damit eine große Relevanz für die SchülerInnen und ihren Lebensalltag zu erreichen. Durch den sehr persönlich gestalteten Austausch wurde den SchülerInnen die Auseinandersetzung mit anderen Lebensweisen und die Erfahrung der Gleichwertigkeit über kulturelle Grenzen hinweg ermöglicht« (ebd., S. 132). Die verantwortliche Lehrerin, Sabine Weissenborn, wird als Autorin des Berichts über diese Massnahme (erst) am Ende des Textes sichtbar (ebd. S. 143). Ersichtlich beansprucht der Bericht nicht, eine wissenschaftliche Veröffentlichung zu sein, abzulesen z.B. daran, dass ein systematischer Bezug auf wissenschaftliche Literatur fehlt. Er enthält vielmehr erfahrungsnahe Reflexionen über und subjektiv bedeutsame Begründungen für das eigene Tun, hier in der Form, dass expliziert wird, wie in diesem Projekt ›Globales Lernen‹ umgesetzt wurde und warum bestimmte Handlungsoptionen gewählt und andere verworfen wurden. Es findet eine Erläuterung der Konzeption statt mit Bezug auf Überlegungen zum globalen Lernen »nach Scheunpflug/Schröck« (ohne weitere bibliographische Angaben) in »sachlicher«, »sozialer« und »zeitlicher

Perspektive« (ebd., S. 134). Die Unterrichtskonzeption wird vorgestellt, und über die damit konkret gemachten Erfahrungen wird berichtet und anschließend reflektiert. Der Text endet mit einem Rückblick auf das Projekt und einigen Folgerungen: »Rückblickend kann ich feststellen, dass ein solcher Briefaustausch mit GrundschülerInnen durchaus das Globale Lernen fördert, da die SchülerInnen gerne Verantwortung übernehmen, offen und neugierig sind. (...) Daher muss das Globale Lernen sowohl in der Lehrerfortbildung als auch in der Elternarbeit thematisiert werden. (...)« (ebd., S. 143). Auch hier findet sich also die Verschränkung faktischer (»dass ein solcher Briefaustausch ... das Globale Lernen fördert«) und normativer Erwägungen (»daher muss ... thematisiert werden«).

3.4 Aus der Praxis für die Praxis: KMK-Empfehlungen für die ›Internationale Erziehung‹

Nach dem Muster ›aus der Praxis für die Praxis‹ verfasst und daher hier auch dem Typus des alltäglichen Handlungswissens zugeordnet erscheinen bestimmte amtliche Verlautbarungen bildungspolitischer oder schulpraktischer Art, die meist ›Empfehlungen‹ heißen. Für die Vergleichende Erziehungswissenschaft sind solche KMK-Empfehlungen bedeutsam, die sich als Manifestationen von ›Wissen über Erziehung und Bildung unter dem Aspekt der Alterität‹ lesen lassen. Für den in dieser Arbeit benannten Gegenstandsbereich der Vergleichenden Erziehungswissenschaft, der unter dem Sammelbegriff ›Internationale Erziehung‹ zusammengefasst wurde, sind besonders folgende KMK-Empfehlungen relevant:
- »Europa im Unterricht«; Beschluss der Kultusministerkonferenz vom 8.6.1978 i.d.F. vom 7.12.1990 (KMK 1978/1990),
- »Förderung der Menschenrechtserziehung in der Schule«; Beschluss der Kultusministerkonferenz vom 4. Dezember 1980 i.d.F. vom 14. Dezember 2000 (KMK 1980/2000),
- »Interkulturelle Bildung und Erziehung in der Schule«; Beschluss der Kultusministerkonferenz vom 25.10.1996 (KMK 1996),

– »›Eine Welt/Dritte Welt‹ in Unterricht und Schule«; Beschluss der Kultusministerkonferenz vom 28.02.1997 (KMK 1997).

Wie man sieht, sind einige dieser Empfehlungen schon lange im Umlauf und wurden nach Jahren praktisch unverändert wieder neu bekräftigt. ›Europa‹ und ›Menschenrechte‹ sind demnach solche Themen der Internationalen Erziehung, die schon seit Jahrzehnten – zumindest rhetorisch oder programmatisch – im deutschen Schulwesen praktiziert werden (sollen), nicht umsonst handelt es sich ja um Empfehlungen, über deren tatsächliche Umsetzung oder Wirksamkeit in der Schule nichts gesagt ist. Demgegenüber zählen ›Interkulturalität‹ und ›Eine Welt‹ zu den eher neueren thematischen Bausteinen der Internationalen Erziehung aus der Perspektive der deutschen Kultusministerkonferenz. Aus diesem Grunde sollen die beiden letztgenannten nun etwas genauer betrachtet werden.

Beide Empfehlungen berufen sich eingangs auf veränderte Wirklichkeiten, auf die mit pädagogischen Mitteln zu reagieren sei. In Bezug auf die ›Interkulturelle Bildung und Erziehung in der Schule‹ (KMK 1996, S. 1) heißt es z.B.: »In den vergangenen Jahren wurde im Bildungsbereich eine Fülle von Anregungen und Programmen entwickelt, wie auf die größer gewordene kulturelle Vielfalt in der Bundesrepublik Deutschland angemessen reagiert und die heranwachsende Generation auf die Anforderungen einer erhöhten beruflichen Mobilität, der europäischen Integration und des Lebens in Einer Welt vorbereitet werden kann.« In der Empfehlung zu »Eine Welt/Dritte Welt in Unterricht und Schule« wird eingangs konstatiert (KMK 1997, S. 3): »Seit dem Bericht der Kultusministerkonferenz von 1988 zur ›Situation des Unterrichts über die Dritte Welt‹ ist in verschiedenen Ländern der an der Eigenproblematik der Entwicklungsländer ausgerichtete Unterricht über die ›Dritte Welt‹ auf die globalen Herausforderungen der ›Einen Welt‹ ausgeweitet worden. Angesichts dieser Herausforderungen wird dringender Handlungsbedarf auch bei den Industrieländern gesehen. Die Empfehlung versucht, die Schnittmenge dieser Aspekte in einem gemeinsamen Rahmenkonzept zu integrieren.«

Es werden sodann Verknüpfungen zu anderen KMK-Beschlüssen oder denen anderer deutscher bildungspolitischer Akteure hergestellt sowie – dies ist speziell für die Vergleichende Erziehungswissenschaft bedeutsam – zu Empfehlungen internationaler

Organisationen, wie z.B. der UNESCO. Diese Verweise dienen vermutlich der Kenntlichmachung, dass sich die diversen Empfehlungen alle ›auf einer Linie‹ befinden, d.h. den gleichen normativen Vorstellungen folgen und sich nicht gegenseitig widersprechen. Ferner wird so dokumentiert, dass man sich mit der nationalen Bildungspolitik auch in einem international legitimierten Fahrwasser befindet. In der KMK-Empfehlung zum Bereich ›Eine Welt/Dritte Welt‹ wird beispielsweise auf KMK-Texte zur schulischen Umwelterziehung und zur interkulturellen Bildung und Erziehung in der Schule verwiesen; ferner wird die ›Erklärung zu Umwelt und Entwicklung‹ der Konferenz der Vereinten Nationen in Rio de Janeiro aus dem Jahre 1992 angeführt (KMK 1997, S. 4f.). Im weiteren Verlauf wird auf weitere Akteure verwiesen, mit denen man sich in Bezug auf diesen Lernbereich im Einklang sieht, z.B. auf die Goethe-Institute, auf deutsche Institutionen der Entwicklungszusammenarbeit, auf die UNESCO-Projektschulen, auf die Bundes- und Landeszentralen für politische Bildung und die Landes- und Kreisbildstellen (ebd., S. 12,16,18).

In der Empfehlung zur Interkulturellen Bildung und Erziehung (KMK 1996, S. 1) kommt diese selbstreferentielle Art der Legitimation besonders deutlich zum Ausdruck und soll deswegen hier exemplarisch ausführlich zitiert werden:

»Neben anderen internationalen Gremien haben sich insbesondere die Europäische Union und der Europarat wiederholt für pädagogische Initiativen gegen Intoleranz und Diskriminierungen wegen rassischer, religiöser, kultureller, sozialer oder nationaler Unterschiede ausgesprochen. Die Kultusministerkonferenz selbst hat erstmals 1964 mit einem Beschluß zum ›Unterricht für Kinder von Ausländern‹ auf den Mitte der 50er Jahre in den alten Ländern einsetzenden Zuzug sogenannter Gastarbeiterfamilien reagiert und für ausländische Kinder und Jugendliche neben der Schulpflichtregelung die Förderung der deutschen wie der jeweiligen Muttersprache in der Schule angeregt. 1971 (sowie in überarbeiteter Form 1976 und 1979) wurden Maßnahmen empfohlen, um den Kindern ausländischer Arbeitnehmerinnen und Arbeitnehmern die Möglichkeit zu geben, die deutsche Sprache zu erlernen, die hiesigen Schulabschlüsse zu erreichen sowie die Kenntnisse in der Muttersprache zu erhalten. Mit dem Ziel, ein gegenseitiges Verständnis für die jeweilige Lebenssituation von Zugewanderten und Einheimischen zu fördern, regte die Kultusministerkonferenz

1985 (›Kultur und ausländische Mitbürger‹) einen vorurteilsfreien Dialog über kulturelle Werte und Interessen an. Durch die Zunahme gewalttätiger Ausschreitungen gegen Ausländerinnen, Ausländer und Minderheiten sah sich die Kultusministerkonferenz 1992 veranlaßt, in einer ›Erklärung zu Toleranz und Solidarität‹ die Achtung vor anderen Kulturen und die Verantwortung für die Eine Welt einzufordern und für ein verständnisvolles Miteinander zu plädieren. Die Kultusministerkonferenz hält es nunmehr für geboten, die vielfältigen interkulturellen Ansätze zu bündeln und auf der Basis vorhandener Erfahrungen und Konzepte Möglichkeiten und Erfordernisse einer interkulturellen Bildung zu akzentuieren« (KMK 1996, S. 1).

In den KMK-Empfehlungen werden sodann recht summarisch Anwendungsbereiche, Zielvorstellungen, Inhalte und pädagogische Umsetzungsmöglichkeiten erläutert. Alles ist in einem programmatischen, alltagsweltlichen Ton gehalten. Auf wissenschaftliche Erkenntnisse, Theorien, Forschungsergebnisse wird nicht Bezug genommen, abzulesen daran, dass – anders als bei wissenschaftlichen Texten – keine Literaturangaben zu finden sind. Wenn die Wissenschaft überhaupt zur Sprache kommt, so geschieht dies in äußerst vagen Formulierungen. So heißt es zum Bereich ›Eine Welt/Dritte Welt‹ etwa: »Langjährige Erfahrungen sowie empirische Forschungen haben gezeigt, daß der Unterricht über die ›Eine Welt/Dritte Welt‹ so früh wie möglich beginnen sollte« (KMK 1997, S. 13).

Schaut man sich die Argumentationslogik dieser ›Empfehlungen‹ an, so fällt Folgendes auf: Die Texte sind nicht namentlich gekennzeichnet; d.h. wer immer sie geschrieben hat, taucht nicht als Autor auf. Der Urheber ist vielmehr eine Institution, die in diesem Falle politisch-administrativ legitimiert ist. Potentielle Rückfragen an einen leibhaftigen Autor oder eine Autorin sind dadurch nicht möglich, sie müssen stattdessen an die Institution, in diesem Falle an die Kultusministerkonferenz, gerichtet werden. Im Unterschied zu den zuvor genannten Erfahrungsberichten aus erster Hand, bei denen der einzelne Urheber einer Aussage noch namhaft gemacht werden kann, lassen sich die KMK-Empfehlungen daher zusammenfassend als eine hoch aggregierte Ansammlung von kollektiven Praxiserfahrungen zu den betreffenden schulischen Handlungsfeldern lesen, die durch politisch-administrative Instanzen gefiltert und für die Zwecke der Anleitung der Schulpraxis in programmatischer Form ausformuliert, legitimiert und an diese weitergegeben worden sind. Denn die KMK ist ein politisches Entscheidungsgremium (und kein pädagogisches oder wissenschaftliches) und fällt konsensuelle Entscheidungen auf der Basis der jeweiligen politischen Machtverhältnisse. Dieser Umstand bewirkt unter anderem, dass sich ihre ›Empfehlungen‹, wie auch Studierende in Seminaren immer wieder konstatieren, durch eine gewisse ›Schwammigkeit‹ auszeichnen, die – wären es wissenschaftliche Veröffentlichungen – schon allein dadurch zu massiver Kritik führen würde.

In den Empfehlungen finden sich Tatsachenaussagen und normative Elemente in unlösbarem Zusammenhang. Ihre Argumentationsstruktur entspricht dem Alltagstypus, wie er oben in der Gegenüberstellung zur Wissenschaft (Tab. 3, Kap. 3.1) zusammengefasst wurde. Damit haben diese Empfehlungen ersichtlich weder (bzw. noch nicht) den Status von Modellen oder Pädagogiken (vgl. Kap. 4), noch sind sie dem methodisch kontrollierten wissenschaftlichen Aussagetypus zuzurechnen (vgl. Kap. 5). Wer sie für wissenschaftliche Argumentationen nutzen will, muss daher, wie oben skizziert, ihre Spezifik, ihren Entstehungskontext und ihre Funktion mitreflektieren.

Es mag viele Leserinnen und Leser befremdlich anmuten, dass die genannten KMK-Empfehlungen der Kategorie des ›alltäglichen Handlungswissens‹ zugeordnet wurden. Dies geschah – wie eben dargelegt – auf der Basis inhaltlich begründeter und belegbarer Merkmale dieser Art Dokumente. Zum Ende dieses Abschnitts sei aber darauf aufmerksam gemacht, dass diese Einordnung nicht für alle Zeiten gültig bleiben muss. Denn jüngst ist für den Bereich, der hier zusammenfassend ›Internationale Erziehung‹ genannt wird, ein neuer Typus von Handlungsanleitung vorgelegt worden, der (fast) den Charakter eines Curriculums hat und der deswegen als eine Art pädagogisches Modell für die Internationale Erziehung angesehen werden kann. Es handelt sich um den am 14.06.2007 verabschiedeten »Orientierungsrahmen für den Lernbereich Globale Entwicklung im Rahmen einer Bildung für nachhaltige Entwicklung« (KMK/BMZ 2007), der zuvor schon in einer ersten Version kursierte (*www.kmk.org/akutell/070614-globale-entwicklung.pdf*). Da »Bildung für nachhaltige Entwicklung« im folgenden Kapitel (Kap. 4.3) inhaltlich den pädagogischen Konzeptionen des Globalen Lernens zugeordnet wird, soll an dieser Stelle nur auf die

Typik dieses und eines weiteren KMK-Dokumentes zu diesem Lernbereich eingegangen werden.

Der ›Orientierungsrahmen‹ hat eine deutlich andere Argumentationsstruktur als die oben genannten Empfehlungen; denn in ihm wird curricular argumentiert, d.h. es werden recht detailliert Inhalte benannt, Kompetenzen für verschiedene Schulstufen dargelegt und Aufgaben zu ihrer Überprüfung angeboten. Er entstand in einer Kooperation zwischen zwei staatlichen Instanzen: der KMK und dem BMZ (Bundesministerium für wirtschaftliche Zusammenarbeit), unter Mitarbeit von etwa 50 namentlich genannten Personen, darunter auch Wissenschaftler. Das Dokument ist mit ca. 200 Seiten wesentlich umfangreicher als die ›Empfehlungen‹ und enthält auch Literaturangaben. Schon diese wenigen recht äußerlichen Merkmale zeigen den Unterschied dieses ›Orientierungsrahmens‹ zu den ›Empfehlungen‹, die jedoch – das sei nebenbei gesagt – weiterhin gültig sind. Es bleibt daher abzuwarten, ob dies der Auftakt einer neuen Generation von KMK-Dokumenten ist, die nicht mehr nach dem Muster ›aus der Praxis für die Praxis‹ verfasst sind, sondern mit einem ›Umweg‹ über eine Auseinandersetzung mit Vertretern entsprechender ›Pädagogiken‹ zustande kommen (und die daher in das Kapitel 3 gehören müssten). Allerdings äußert eine erste fachwissenschaftliche Einschätzung dieses ›Orientierungsrahmens‹ ihr Erstaunen darüber, »dass man – sieht man einmal von Bernd Overwien ab – die Namen derjenigen, die in den vergangenen Jahren kontinuierlich an den erziehungswissenschaftlichen Diskursen um Globales Lernen und Bildung für nachhaltige Entwicklung beteiligt waren, vergeblich sucht. (…) Auch die Durchsicht der Literatur, auf die in diesem Papier Bezug genommen wird, verleitet eher zu der Annahme, dass die bekannten Diskurse (…) aus der Erziehungswissenschaft und aus der pädagogischen Praxis unberücksichtigt geblieben sind« (Asbrand/Lang-Wojtasik 2007, S. 33).

Gegenläufig zu der Vermutung, der neue ›Orientierungsrahmen‹ löse die Gattung der ›Empfehlungen‹ ab, ist allerdings die Tatsache, dass nur einen Tag später (am 15.06.2007) eine KMK-Empfehlung »Bildung für nachhaltige Entwicklung in der Schule« (KMK/DUK 2007), d.h. praktisch zum gleichen Thema wie der ›Orientierungsrahmen‹, heraus gegeben wurde. Denn diese Empfehlung passt wieder in das zuvor erläuterte Schema der anderen KMK-Empfehlungen. Das einzig Neue an ihr ist, dass sie in Zusammenarbeit mit der Deutschen UNESCO-Kommission (DUK) zustande gekommen ist, was das Titelblatt auch ausweist (*www.kmk.org/aktuell/KMK-DUK-Empfehlung.pdf*). Vom Aufbau und vom Argumentationsstil her entspricht sie den früheren Empfehlungen. Auch in diesem Falle sind die Aussagen wieder selbstreferentiell; d.h. sie verweisen auf national und international legitimierte Bildungsziele und belegen diese mit amtlichen Dokumenten und nicht mit wissenschaftlichen Quellen. Konzeptionell wird das Anliegen – Bildung für nachhaltige Entwicklung – wiederum als eine Querschnittsaufgabe begriffen, die in allen Schulstufen und in einer Vielzahl von Schulfächern zur Verwirklichung kommen soll. In dieser Perspektive wird in einem Kapitel (Kap. 3 der ›Empfehlung‹), das der Umsetzung in der Schule gewidmet ist, neben anderen Hinweisen auch der oben genannte ›Orientierungsrahmen‹ angeführt. Aus diesem Grunde liegt folgende Vermutung nahe: Die ›Empfehlung‹ ist dem ›Orientierungsrahmen‹ bildungspolitisch gesehen übergeordnet. Der ›Orientierungsrahmen‹ hat nicht den Status einer KMK-Empfehlung, sondern einen lehrwerkähnlichen Charakter. Dies kann darauf zurück geführt werden, dass für diesen fachübergreifenden und fächerverbindenden Themenbereich keine einschlägigen Schulbücher vorliegen und von der Logik her auch kaum vorgelegt werden können, weil Schulbücher sich an Lehrplänen orientieren, die wiederum auf Unterrichtsfächer zugeschnitten und nach Schulstufen gegliedert und in den verschiedenen Bundesländern unterschiedlich sind.

Aus den genannten Beobachtungen ist einstweilen zu schließen, dass die Textgattung ›KMK-Empfehlung‹ offenbar weiterhin nach dem oben analysierten Muster ›aus der Praxis für die Praxis‹ produziert wird. Neu ist, dass die KMK offiziell gemeinsam mit einer anderen Institution – in diesem Falle der Deutschen UNESCO-Kommission – etwas verlautbart hat, und dass der entsprechenden ›Empfehlung‹ – sozusagen als ›flankierende Maßnahme‹ – eine lehrplanähnliche Konzeption, der ›Orientierungsrahmen‹, an die Seite gestellt wird, der in diesem Falle in Kooperation zwischen der KMK und einem Ministerium (dem BMZ) enstanden ist.

3.5 Alltagswissen im Bereich der Internationalen Bildungspolitik

Wie legen sich Personen, die in Organisationen tätig sind, in denen das ›Reden über Erziehung unter dem Anspruch des Internationalen‹ praktiziert wird, ihre Erfahrungen zurecht? In ihrer professionellen Tätigkeit zeigen sich vermutlich auch Spuren einer bildungspolitischen Alltagslogik des Vergleichens, des Evaluierens und der Politikberatung, ohne dass jeweils jede Handlung und Entscheidung wissenschaftlich begründet wird oder überhaupt werden könnte. Welche Vergleichskriterien werden für wesentlich gehalten? Welche Ziele werden verfolgt? Wie wird vorgegangen? Welche Tatsachen werden gesammelt und warum? Diese und ähnliche Fragen werden in der Alltagsroutine nicht unbedingt immer explizit reflektiert, sondern stellen implizite Wissensbestände der dort Handelnden z.B. in Bezug auf gesellschaftliche Entwicklung, auf die Relevanz von Erziehung, auf Menschenbilder, auf internationale Entwicklungen und auf Vorstellungen von Demokratie und staatlichem Handeln dar. Dieser Art alltäglichem Handlungswissen in der Berufspraxis internationaler Organisationen beikommen zu wollen, ist allerdings gar nicht so einfach; denn normalerweise dringt dieses nicht an die Öffentlichkeit. Es gehört zum ›Insider‹-Wissen und wird nur selten publik gemacht.

So beschreibt beispielsweise Harold J. Noah (1991) seine persönlichen Erfahrungen aus der Praxis der sog. OECD-Länderexamina. In diesen von der OECD seit den 1960er Jahren erstellten Länderberichten werden nationale Bildungssysteme durch internationale Expertenteams untersucht. Das 1971 für die Bildungssituation in der BRD durchgeführte ›Länderexamen‹ enthielt ähnlich verheerende Diagnosen wie einige Jahrzehnte später die PISA-Studie; die deutsche Veröffentlichung hierzu stand entsprechend unter dem Titel: »Bildungswesen: Mangelhaft. BRD-Bildungspolitik im OECD-Länderexamen« (Hüfner [Hrsg.] 1973).

Noah erinnert sich an seine Tätigkeit als Mitglied eines entsprechenden internationalen Expertenteams und schreibt dazu: »Die Länderberichte zur Bildungspolitik sind immer eine heikle Angelegenheit, besonders für die Prüfer. Ich habe sie einmal als Personen bezeichnet, die immer Gefahr laufen, als etwas unberechenbare Gäste zum häuslichen Abendessen eingeladen zu werden. Der Abend verläuft zunächst in harmonischer Stimmung, verschlechtert sich aber bald, als der Gast Anstoß daran nimmt, daß sich Wasserflecken auf dem Tafelsilber befinden« (ebd., S. 31). Die wechselvolle Rolle zwischen Gast und Zensor, auch wohl der Versuch, den Prüfer für die Ziele des Gastgebers einzuspannen, scheint die Tätigkeit der Delegationen und ihre Berichterstattung zu durchziehen, ohne notwendigerweise in den später veröffentlichten Dokumenten aufzutauchen. Gleichwohl wäre es für die Vergleichende Erziehungswissenschaft relevant, gelegentlich über diese Rollenproblematik ›zwischen Gast und Zensor‹ in der Arbeit in internationalen Agenturen zu reflektieren oder sie weiter zu erforschen.

Noah zieht aus seinen Erfahrungen den Schluss, dass die größte Effektivität der OECD-Länderexamina nicht in ihren Auswirkungen auf die Bildungspolitik der untersuchten Länder bestanden hätte, sondern »darin, daß ein dauerhafter Dialog in der OECD in Paris und darüber hinaus zustande kam, der sich auf die Materialien der rund 30 Berichte stützt und auf die bildungspolitischen Probleme der Mitgliedsländer« (ebd., S. 34). Wie wir wissen, hat dieser Dialog inzwischen zu PISA geführt, das Teil eines umfangreicheren Indikatorenprogramms der OECD ist, über das die OECD in ihren jährlichen Berichten »Education at a Glance« informiert (abrufbar unter *www.oecd.org/topic/education*). Und PISA hat wiederum zu neuen Reisetätigkeiten und entsprechenden ›Berichten‹ geführt.

Alltagswissen in Bezug auf internationale Bildungspolitik findet sich auch in Presseartikeln und Medienberichten. PISA und die Tätigkeit der OECD im Bildungsbereich wurden in der deutschen Öffentlichkeit durch diese Art von Berichterstattungen weithin bekannt und teils sogar in Form von PISA-Shows im Fernsehen vermarktet. Das schlechte Abschneiden deutscher Schülerinnen und Schüler wurde dadurch skandalisiert und das deutsche Bildungswesen in seiner mangelnden internationalen Wettbewerbsfähigkeit kritisiert. Hiermit wurde in der breiten Öffentlichkeit – in der Regel, ohne dass die Leserschaft bzw. das Publikum die tatsächlichen Untersuchungsergebnisse überhaupt selbst gelesen hätte – implizit die Legitimität internationaler Schulleistungsvergleiche akzeptiert und die Rolle von Bildung im weltweiten ökonomischen Wettbewerb sanktioniert.

In der Presse wurde auch über die Reaktionen der deutschen Bildungspolitik berichtet. Denn um sich ein Bild von der Leistungsfähigkeit des Bildungswesens in solchen Ländern zu machen, die bei PISA besonders erfolgreich waren, allen voran Finnland, wurden in den letzten Jahren etliche Reisen von deutschen Bildungspolitikern und Wissenschaftlern in diese Länder unternommen, wohl in der Hoffnung, durch diese Inaugenscheinnahme Reformideen im eigenen Lande besser erstellen oder begründen zu können. Hier könnte eine Analyse der Presseverlautbarungen der KMK und diverser Länder-Ministerien sowie der Berichterstattung in den Massenmedien über die Intentionen und Schlussfolgerungen solcher Reisen Auskunft geben.

Zum Alltagsgeschäft der internationalen Bildungspolitik zählt inzwischen auch die Berichterstattung über die Bildungsentwicklungen in den einzelnen Ländern durch die Vereinten Nationen. Aufsehen erregte in diesem Zusammenhang der Bericht mit ›fremdem Blick‹ von außen auf unser deutsches Bildungssystem. Im Februar 2006 hatte der Sonderberichterstatter der Vereinten Nationen für das Recht auf Bildung, Vernor Muñoz-Villalobos, im Auftrag des Menschenrechtsausschusses (inzwischen: Rat für Menschenrechte) der Vereinten Nationen das deutsche Bildungswesen auf einer mehrtägigen Reise in Augenschein genommen und dazu einen offiziellen Bericht vorgelegt (englisches Original und deutsche Arbeitsübersetzung unter *http://forumaktuell.de/category/un-report.com*).

Die Aufgabe des Sonderberichterstatters Muñoz-Villalobos bestand darin, während seiner Inspektionsreise und in seinem Bericht die Bildungssituation in Deutschland speziell unter menschenrechtlichen Gesichtspunkten zu begutachten. In Bezug auf das deutsche Bildungswesen bemängelte er vor allem das Vorhandensein von Sonderschulen und das mehrgliedrige Sekundarschulsystem und interpretierte diese beiden Merkmale als solche, die den Verdacht der sozialen Diskriminierung von Schülerinnen und Schülern z.B. mit Behinderungen und solchen mit Migrationshintergrund nahe legten und somit dem Grundsatz von Bildung als Menschenrecht widersprächen.

Es ist ersichtlich, dass der Bericht keine wissenschaftliche Untersuchung ist; denn es fehlt eine methodisch kontrollierte Reflexion der herangezogenen Datenbasis und der Art, wie die Einschätzungen zustande gekommen sind. Es ist ein ›Bericht‹ (und so heißt er ja auch) im Praxisfeld der internationalen Bildungspolitik, der im Interesse und in der Perspektive der internationalen Menschenrechtsorganisation an der weltweiten Umsetzung von Bildung als Menschenrecht verfasst wurde, nicht mehr, aber auch nicht weniger. In den Reihen der deutschen Bildungspolitik und der Öffentlichkeit zeigten sich Irritationen über die Tatsache, dass Deutschland überhaupt in die Nähe von (potenziellen) Menschenrechtsverstößen geraten sei, und das bei einem Thema wie ›Bildung‹. Die Reaktion zeugt auch in diesem Fall, ähnlich wie Noah das in Bezug auf die OECD-Länderexamina in Erinnerung hat, von der ambivalenten Rolle solcher externer Berichterstatter zwischen ›Gast‹ und ›Zensor‹.

Lothar Krappmann, Professor für Soziologie der Erziehung an der FU Berlin und Mitglied des UN-Ausschusses für die Rechte des Kindes, macht darauf aufmerksam, dass die Reaktionen auf den Besuch von Muñoz-Villalobos in Deutschland »sehr abwehrend, wenn nicht herabsetzend« waren (Krappmann 2007, S. 10). In seinem einleitenden Beitrag zu einem Sammelband, der sich mit dem Besuch des genannten UN-Sonderberichterstatters beschäftigt (Overwien/Prengel [Hrsg.] 2007) skizziert Krappman die Aufgabe einer solchen Berichterstattung: Muñoz-Villalobos sei Professor für bürgerliches Recht in Costa Rica und habe Erfahrungen mit dem Thema Menschenrechte im Bildungswesen; er wurde im Jahre 2004 in sein Amt berufen. Er sei ferner nicht unangekündigt nach Deutschland gekommen, sondern seine Besuche und seine Interessen wurden mit der deutschen Regierung abgestimmt. Seine Feststellungen und Empfehlungen seien mit keinerlei Sanktionen gegenüber der deutschen Regierung verknüpft. Dennoch könne ein solcher Bericht der eigenen länderinternen Bildungsdiskussion dienen. Im Unterschied zu den internationalen Vergleichsstudien (wie z.B. PISA) sei es nicht um die Erhebung messbarer Daten zur Erstellung von Rangplätzen der Leistungsfähigkeit nationaler Schulsysteme gegangen, sondern um eine Menschenrechtsperspektive auf Bildung, wie sie in den UN-Konventionen, die (auch) Deutschland unterzeichnet habe, gefordert würden. Dies habe den Blick auf Benachteiligung von Kindern gelenkt, die aufgrund bestimmter Faktoren, etwa Armut, Migrationshintergrund oder Behinderung, »systematisch im Bildungswesen zu kurz kommen« (Krappmann 2007, S. 14).

Am Beispiel dieses Berichts kann illustriert werden, dass es gewisse Auswirkungen der ›internationalen Bildungspolitik‹ auf die nationale Ebene gibt. In diesem Falle lassen sich eine Reihe von

Irritationen aufzeigen, die sich neben der Presseberichterstattung auch in Statements nationaler Organisationen niedergeschlagen haben, die vonseiten der Kultusministerkonferenz, aber auch von nicht-staatlichen Organisationen wie dem Verband Bildung und Erziehung oder dem Bundeselternrat verfasst wurden (siehe Hinweise in Overwien/Prengel [Hrsg.] 2007, S. 8). Auch diese Statements sind alltagsweltlicher Art. Es wäre nun Aufgabe der Forschung, diese Reaktionen systematisch zu untersuchen, womit das Thema aber aus der Spähre der ›alltäglichen Wissensproduktion‹ in die des methodisch kontrollierten Wissens gelangen müsste.

Neben inter- oder supranationalen Großorganisationen wie UN, OECD, EU und anderen haben eine Vielzahl von kleineren oder größeren internationalen Nichtregierungsorganisationen (NROs), die auch in der deutschsprachigen Literatur inzwischen häufig abgekürzt »NGOs« genannt werden (nach dem Englischen: non-governmental organisations), mit Erziehung und Bildung weltweit zu tun. Diese internationalen oder transnationalen NROs sind Mitspieler auf dem Feld der internationalen Bildungspolitik, kooperieren untereinander, mit UN-Organisationen und mit nationalen Ministerien und beeinflussen unter anderem die öffentliche Meinungsbildung. Hierzu produzieren sie eine Fülle von Informationsmaterial, das größtenteils der Kategorie des Alltagswissens zuzuordnen ist. Hierzu zählen z.B. Flyer und Informationsbroschüren, die für die Öffentlichkeitsarbeit bestimmt sind und in denen auf bestimmte Projekte aufmerksam gemacht wird. Texte dieser Art verkörpern häufig eine Mischung von Information, Lobbyarbeit und Spendenwerbung. Sie sind einfach zu beschaffen, überwiegend kostenfrei und können z.B. auch im Rahmen von Seminaren vergleichend analysiert werden. Damit werden sie im günstigsten Fall Gegenstand eigenen forschenden Lernens, wie am folgenden Beispiel illustriert werden soll.

Die Autorin hat in Seminaren zum Thema ›Straßenkinder in Industrie- und Entwicklungsländern‹ (vgl. Adick [Hrsg.] 1997) – neben anderen Textgattungen – auch Informationsmaterial verschiedener NROs herangezogen und mit den Studierenden analysiert. In einem Fall entstand durch das besondere Interesse eines Seminarteilnehmers daraus eine recht elaborierte vergleichende Analyse, die publiziert wurde: Christian Herrmanny hatte 23 Organisationen angeschrieben und deren Material zum Thema ›Straßenkinder‹ bzw. zu sachverwandten Themen wie Kinderarbeit,

Obdachlosigkeit von Jugendlichen usw. gebeten. Als Rücklauf erhielt er über 80 verschiedene Druckwerke, darunter Flyer, Broschüren, Prospekte, Magazine, Mitgliederzeitschriftenhefte, Unterrichtsvorschläge, Materialsammlungen und dergleichen. Die angegebenen Auflagenhöhen bewegten sich von 750 bis hin zu 250.000 Exemplaren (Herrmanny 1997, S. 148).

In seiner vergleichenden Analyse bezog sich der Autor dann intensiver auf vier weithin bekannte Organisationen, die umfangreiches eigenes Material zum Thema ›Straßenkinder‹ erstellt hatten: auf terre des hommes, das Deutsche Komitee für UNICEF, Misereor und Brot für die Welt (vgl. ebd., S. 150–159). Neben dem Informationsmaterial allgemeiner Art haben die meisten dieser Organisationen zusätzlich noch audio-visuelle Medien im Angebot sowie didaktisch aufbereitete Materialien für die schulische und die außerschulische Bildungsarbeit, die vergleichsweise kostengünstig erworben bzw. ausgeliehen werden können. Damit sind solche Organisationen und ihre Wissens-›Produkte‹ auch für (potenzielle) Lehrpersonen besonders attraktiv.

Herrmanny kommt in seinem Resümee zu der Einschätzung, dass die analysierten Materialien »außerordentlich professionell gemacht« seien. Aus diesem Grunde könnten sie, das sei an dieser Stelle ergänzend angemerkt, auch unter der (im nächsten Kapitel 4 diskutierten) Perspektive eines ›Professionswissens‹ im Bereich der entwicklungspolitischen Bildung analysiert werden. Die Materialien zeichnen sich jedoch, so Herrmanny, durch eine große Selbstreferentialität aus, d.h. sie bezögen sich immer auf Aufgaben, Ziele und Projekte ihrer Organisation und ließen zumeist jegliche Selbstkritik vermissen. »Ebenfalls generell feststellbar ist neben dem appellativen der rechtfertigende Charakter der Texte: Es müssen beinahe zwingend positive Bilanzen gezogen werden« (ebd., S. 160). Das Ziel der Spendenwerbung für die eigene Organisation beeinträchtige auf diese Weise den Anspruch, entwicklungspolitische Bildung in der Öffentlichkeit zu betreiben. Dennoch benutzten Pädagogen häufig bei entsprechenden Themen das Material solcher Hilfsorganisationen, da dieses im Vergleich zu fachwissenschaftlicher Literatur und zu Schulbüchern nicht nur kostengünstiger oder sogar kostenlos, sondern auch wesentlich aktueller sei. Auch aus diesem Grunde ist eine Beschäftigung mit der Medienproduktion dieser und ähnlicher international agierender NROs durchaus ein angemessenes Forschungsthema.

Da die Mitarbeit bei solchen Organisationen ein potenzielles Berufsfeld auch für Absolventen pädagogischer Studiengänge darstellt, liegen hier Chancen, die in Seminaren der Vergleichenden Erziehungswissenschaft gewonnenen besonderen Qualifikationen, wie z.B. Sensibilität für nationale und kulturelle Stereotype und multiperspektivische Herangehensweisen an kulturelle Mehrdeutigkeiten, im späteren Berufsleben anzuwenden. Es gibt inzwischen unzählige solcher kirchlicher und anderer NROs, die sich teils wiederum in Dachorganisationen zusammen geschlossen haben. Ein für den Bereich der international ausgerichteten Bildungsarbeit relevanter Dachverband ist z.B. der Verband Entwicklungspolitik deutscher Nichtregierungsorganisationen (VENRO). Dieser führte unter seinen etwa 80 Mitgliedsorganisationen im Jahre 1998 eine Befragung über deren Ziele und Arbeitsweisen durch und kam dabei zu folgenden Ergebnissen: Zwar rangierte die Bildungsarbeit bei 46% der Organisationen (nur) unter ›Sonstiges‹; aber bei einem Drittel gab es eine gemeinsame Abteilung für die Bereiche ›Bildungs- und Öffentlichkeitsarbeit‹, und fast ein Viertel (24%) der Organisationen hatte eine eigene Abteilung für Bildungsarbeit mit entsprechendem eigens dafür eingestellten Personal. Der Anteil an hauptamtlichen Mitarbeitern für Bildungsarbeit lag bei 46%. Deren Arbeit richtete sich überwiegend an Multiplikatoren (83%), darunter insbesondere an Lehrerinnen und Lehrer (VENRO 1999, S. 32f.). Ob diese Zahlen inzwischen überholt sind, und ob sie in anderen Organisationen ähnlich liegen, könnte nur durch entsprechende Untersuchungen geklärt werden. Immerhin belegt die genannte Befragung, dass die Bildungsarbeit zu einem festen Bestandteil der Praxis entsprechender Organisationen zählt und damit ein potenzielles Arbeitsfeld auch für Studierende der Pädagogik darstellt.

4 Regelwissen und Modelle in der Vergleichenden Erziehungswissenschaft

Teils noch nahe an alltäglichen Verwendungskontexten, aber in der Argumentations- und Organisationsstruktur doch deutlich von diesen zu unterscheiden, lässt sich eine Fülle von Wissen produzierenden Arrangements identifizieren, die etwas mit vergleichenden und internationalen Dimensionen von Erziehung und Bildung zu tun haben. Diese ›Arrangements‹ liegen auf der Ebene von nationalen und internationalen Organisationen, die für die Bewältigung von Praxis bzw. zur Vorbereitung auf diese bestimmte typische Textgattungen hervorbringen, indem sie Regelwerke und Modelle entwickeln, Programmschriften vorlegen und diese teils mit theoretischen Argumenten und Forschungsergebnissen anreichern. Dieser Wissenstyp entspricht in anderer Terminologie auch dem, was von Harm Paschen mit dem Begriff ›Pädagogiken‹ belegt wurde: Das »Konstrukt einer Pädagogik« liegt laut Paschen dann vor, »wenn pädagogische Arrangements praktisch und theoretisch umfassend und tiefgreifend von einem spezifischen Fokus her und in der Interpretation eines bestimmten Skopus bestimmt sind bzw. wachsend gebildet werden« (1996, S. 30; ausführlicher S. 32f.). In seinem Buch spricht Paschen von Pädagogik im Plural als »Pädagogiken«, um damit anzuzeigen, dass es eine Vielfalt solcher pädagogischer Konzeptionen gibt, einerseits im geläufigen Sinne der Pädagogik eines bestimmten Pädagogen oder einer bestimmten Pädagogin (z.B. die Pädagogik von Pestalozzi oder von Montessori), andererseits aber auch im Sinne spezieller Pädagogiken (Schulpädagogik, Sozialpädagogik, Medienpädagogik, Friedenspädagogik u.a.) oder in Gestalt von noch weiteren von Paschen reklamierten Typen von Pädagogiken, die hier nicht weiter angesprochen werden sollen.

Diese Reflexionsebene spielt insbesondere in der Ausbildung von Studierenden eine wichtige Rolle, da das Studium auch dazu da ist, Professionswissen zu vermitteln. Zur Vermittlung eines solchen Professionswissens gehört (wie in Kap. 2.4. diskutiert) die Beschäftigung mit berufsfeldspezifischen ›Pädagogiken‹, die notwendig sind, um in einem bestimmten (pädagogischen) Beruf kompetent arbeiten zu können. Das Professionswissen enthält berufsfeldbezogene Handlungsregeln und Beurteilungsschemata und Anteile theoretischen und empirischen Wissens und dient der Schulung der Urteilsfähigkeit bei der Suche nach Lösungen für Problem- und Entscheidungssituationen eines bestimmten Handlungsfeldes. Das Studium der Vergleichenden Erziehungswissenschaft soll spezifisch komparatives und internationales Professionswissen vermitteln, indem es die Studierenden in die Lage versetzt, antizipativ bestimmte Herausforderungen internationaler bzw. interkultureller Erziehung und Bildung praktischer und bildungspolitischer Art wahrzunehmen und für diese Regeln der Bearbeitung, Kriterien der Beurteilung und Modelle der Bewältigung zu entwicklen.

Im Folgenden geht es – mit Blick auf die verschiedenen Gegenstandsbereiche der Vergleichenden Erziehungswissenschaft, die im zweiten Kapitel erläutert wurden (vgl. Abb. 2) – im komparativen Bereich um bestimmte Typen von Länder- und Kulturstudien, die in diesem Buch summarisch unter dem Etikett ›Vergleichende Pädagogik‹ (im Unterschied zu ›Vergleichende Erziehungswissenschaft‹) zusammengefasst werden. Ferner gehören im internationalen Bereich die Internationale Reformpädagogik und Interkulturelle und Internationale Pädagogiken dazu. Im Gegenstandsfeld der Internationalen Bildungspolitik kommen schließlich die Bildungsprogramme internationaler Organisationen einschließlich einer bestimmten Art von Bildungsforschung in den Blick.

4.1 Vergleichende Pädagogik

Nach Ansicht der Autorin gehören bestimmte Segmente aus dem komparativen Gegenstandsbereich in diese Reflexionsebene: Hierzu zählt der Typus der ›Auslandspädagogik‹, der im ersten Kapitel dieses Buches schon angesprochen wurde und der von der Vergleichenden Erziehungswissenschaft immer wieder widersprüchlich beurteilt wird in Bezug auf seine legitime Zurechnung zu dieser Fachdisziplin. ›Auslandspädagogik‹ stellt, wie der Begriff schon sagt, einem nicht einheimischen Publikum Informationen über ›die Pädagogik des Auslands‹ zur Verfügung. Ferner werden melioristische, d.h. mit mehr oder weniger explizitem Interesse an der Verbesserung der (eigenen) Praxis verfasste, Länderstudien ebenfalls zur Vergleichenden Pädagogik gerechnet. Damit ist eine Entscheidung getroffen worden, die damit begründet wird, dass solche Länderstudien in der Regel systematische Reflexion betreiben, geordnetes Wissen anbieten und mit Forschungsergebnissen angereichert sind, aber keine methodisch kontrollierten Vergleiche und keine eigenständigen Untersuchungen darstellen. Diese Entscheidung gilt analog auch für den Wissenstypus ›Kulturstudien‹: Statt mit ›Ländern‹ als Untersuchungseinheiten beschäftigt sich die ›Ethnopädagogik‹ mit ›Kulturen‹ als Bezugsgröße, wobei in der Regel – dies wurde ebenfalls im ersten Kapitel angesprochen – außereuropäische, ›traditionelle‹ Kulturen gemeint sind. Die solcherart produzierten ›Kulturstudien‹ (in Analogie zu ›Länderstudien‹) werden aus ähnlichen Gründen ebenfalls dieser Reflexionsebene zugerechnet. Hierbei ist jedoch das Motiv nur selten das Interesse an der Verbesserung der eigenen Praxis, sondern eher das Modellieren und (Stereo-)Typisieren der (fremden) ›traditionellen‹ Erziehung im Unterschied zu (unserer) ›modernen‹ Erziehung. Dies geschieht häufig im als advokatorisch proklamierten Interesse an der Erhaltung der indigenen Kultur oder in einer paternalistischen Einflussnahme auf deren Modernisierung, z.B. mittels Bildungsprojekten im Rahmen der Entwicklungszusammenarbeit. All diese komparativ ausgerichteten Varianten sollen unter dem – der Reflexionsebene ›Pädagogik‹ korrespondierenden – Begriff der ›Vergleichenden Pädagogik‹ gefasst werden. ›Vergleichende Pädagogik‹ beschäftigt sich mit Erziehung und Bildung in verschiedenen Ländern und Kulturen und liefert modellhafte und systematisierte Wissensbestände, die im Berufsleben (potenziell) genutzt werden können, z.B. wenn es darum geht, einen Schüleraustausch vorzubereiten und dafür Grundwissen über das Bildungswesen und kulturelle Eigenheiten des Gastlandes auf einem Elternabend bereitzustellen.

Es gibt so viele Beispiele für Länderstudien des Typs ›Auslandspädagogik‹ wie auch solche zur Erziehungspraxis in einer bestimmten Kultur (›Ethnopädagogik‹), dass auf sie nur exemplarisch eingegangen werden kann. Manchmal werden die betreffenden Erziehungs- bzw. Bildungssysteme als Ganze in den Blick genommen, teils werden nur bestimmte Teilbereiche oder Aspekte daraus thematisiert (z.B. das Hochschulsystem eines Landes). Diese Länder- bzw. Kulturstudien, seien es Monographien oder Aufsätze in Sammelbänden, in Enzyklopädien und vielfach auch in Zeitschriften, können meist dem Wissenstypus ›Regelwissen und Modelle‹ zugeordnet werden. Denn sie verfolgen normalerweise weder einen ausgewiesenen Vergleich noch dienen sie der Überprüfung einer wissenschaftlichen Theorie. Stattdessen bekunden sie ein einseitiges idiographisches Interesse. Idiographisch bedeutet, dass Erziehung und Bildung im Rekurs auf die Eigentümlichkeiten des betreffenden Landes bzw. der betreffenden Kultur verständlich gemacht werden. Zu einem solchen idiographischen Interpretationsmodus zählen z.B. die Verankerung von neueren Bildungsentwicklungen in der Geschichte des jeweiligen Landes, die Erklärung von spezifischen Erziehungsvorstellungen mit den Traditionen des Landes, die Erläuterung von bildungspolitischen Optionen durch Verweis auf die besondere politische Situation oder das Verständlichmachen von Erziehungspraxen durch Hinweise auf deren kulturelle Einbettungen. In dieser Art Verknüpfungen konstruieren solche Länderstudien dann das bestimmte idiosynkratische ›Modell‹ von Erziehung und Bildung in dem betreffenden Land bzw. in der betreffenden Kultur. Dabei ergibt sich die Gefahr der Überzeichnung oder Stereotypisierung des (angeblich) Typischen des jeweiligen Modells von Erziehung und Bildung bzw. eines Zirkelschlusses der Art, dass z.B. das Besondere des Bildungswesens in England darin besteht, dass es eben ›typisch englisch‹ ist, oder dass die Charakteristika der Erziehung bei dem Volke X auf dessen kulturellen Eigentümlichkeiten beruhen. Da explizite Vergleiche fehlen, die z.B. aufdecken würden, dass dieses oder jenes in anderen Ländern oder Kulturen ähnlich ist, kommen alternative Erklärungen, dass man solche Befunde wohl kaum (allein) auf nationale oder ethnische Spezifika zurückführen kann, sondern nach anderen Ursachen suchen muss, gar nicht in den Blick. Einschränkend sei hier jedoch angemerkt, dass nicht jede idiographiche Herangehensweise dem hier verwendeten Schema zufolge als ›Regelwissen und Modelle‹ gekennzeichnet werden muss. Sofern es sich bei entsprechenden Studien um theorieorientierte und methodisch kontrollierte – und nicht um narrativ-chronologische, landes- oder kulturkundliche – idiographische Rekonstruktionen im Zusammenhang mit ausgewiesenen Fragestellungen handelt, die an einem oder mehreren Beispielen (Ländern, Kulturen) überprüft werden, sind diese als ›wissenschaftliches Wissen‹ anzusehen, wie es im nächstfolgenden Kapitel (Kap. 5) vorgestellt wird.

In der Ausbildung zukünftiger Pädagoginnen und Pädagogen spiegelt sich länder- und kulturkundliches pädagogisches Regelwissen und wird dort reproduziert. Als Beispiele können hier Seminare zum Bildungswesen ›in Europa‹ oder ›in Afrika‹ oder vom Typus ›Erziehung im interkulturellen Vergleich‹ genannt werden. Schon aus Zeitgründen können in einem solchen Seminar kaum sämtliche Länder Europas oder Afrikas oder Erziehungspraxen in allen Kulturen weltweit besprochen geschweige denn miteinander verglichen werden. Folglich sucht die Seminarleitung einige (›typische‹?, ›wichtige‹? oder ›möglichst unterschiedliche‹?) Beispiele heraus. Da die Studierenden meist keine Vorkenntnisse besitzen, muss zunächst auf ›einführende‹ Literatur, die einen ›Überblick‹ verschaffen kann, zurückgegriffen werden. Diese Literatur findet sich praktischerweise – was die Seminararbeit erleichtert, da man hier eine gemeinsame Lektürebasis hat – in Sammelbänden, die ›typisierte‹ Länder- und Kulturstudien enthalten. Einschlägig zum Thema ›Bildung in Europa‹ sind z.B. Anweiler et al. 1996 und Döbert et al. (Hrsg.) 2002; zu ›Bildung in Afrika‹ Adick/Große-Oetringhaus/Nestvogel 1979/1982; zu Erziehung im Kulturvergleich Krebs 2001, Reagan 2000 oder Renner/Seidenfaden (Hrsg.) 1997. Die einzelnen Beiträge solcher Sammelbände werden zwar in der Regel nach einem gewissen gemeinsamen ›Strickmuster‹ verfasst, so dass in Ansätzen auch tatsächlich verglichen werden könnte, ihre wichtigste Aufgabe ist es jedoch, die Charakteristika und Spezifika der jeweiligen Länder bzw. Kulturen herauszuarbeiten.

Gegen die hier sehr plakativ verkürzt dargestellte, aber wahrscheinlich häufig anzutreffende Vorgehensweise in Lehrveranstaltungen zur Vergleichenden Erziehungswissenschaft ist nichts einzuwenden; denn wie könnten ›echte‹, d.h. kriterienbezogene und theorieorientierte Vergleiche (vgl. dazu Kap. 5) ohne Kenntnisse der Grundlagen der Bildungsentwicklungen in verschiedenen Ländern bzw. Kulturen überhaupt geleistet werden? Wissensformen des Typs ›Regelwissen und Modelle‹ im komparativen Bereich der ›Vergleichenden Pädagogik‹ dienen dazu, solche Grundlagen zu erarbeiten. Ländermonographien, Kompendien und Sammelwerke werden aus diesem Grunde auch in Zukunft in der Vergleichenden Erziehungswissenschaft ihre Berechtigung haben. Im späteren Berufsleben sind solche Wissensbestände hilfreich, wenn man z.B. eine Unterrichtsreihe zum Thema »Europa« plant und dazu auch ein gewisses Hintergrundwissen über verschiedene Bildungssysteme in Europa haben möchte, oder wenn man ein Partnerschaftsprojekt einer Schule oder einer Kirchengemeinde mit einer Partnerorganisation in einem afrikanischen Land betreut und es dazu auch nützlich wäre, über die sog. ›traditionellen‹ Erziehungsvorstellungen der dortigen Gemeinde Bescheid zu wissen. In diesen Fällen geht es nicht um Wissenschaft und Forschung, sondern um die (bessere) Bewältigung der betreffenden beruflichen Herausforderungen.

Im Anschluss an die Ergebnisse der (ersten) PISA-Studie des Jahres 2000 sind einige Länderstudien zu solchen westlichen Ländern vorgelegt worden, die in dieser Studie besser als Deutschland abgeschnitten haben, und zwar zu Kanada, England, Finnland, Frankreich, Niederlande, Schweden (Arbeitsgruppe Internationale Vergleichsstudie 2003). Diese Studien sind – nach eigenem Bekunden der Autoren – idiographisch ausgerichtet: »In erster Linie ging es darum, in den sechs Länderstudien den jeweils spezifischen Zusammenhang zwischen der Entwicklung des Schulsystems – in Abhängigkeit vom kulturellen Kontext – und der Entwicklung hoher schulischer Leistungen bei Gewährleistung gleicher Bildungschancen zu analysieren und damit unter dieser Perspektive das je Besondere der sechs Schulsysteme herauszuarbeiten, dabei aber zugleich nach universellen Problemlösungsstrategien zu fragen« (ebd., S. 29).

Der Hinweis auf das Motiv, nach Lösungsstrategien zu suchen, deutet ein melioristisches Interesse an, d.h. ein Interesse an der Verbesserung der eigenen Bildungspraxis. »Internationale Erfahrungen für die Entwicklung in Deutschland nutzbar machen!« lautet beispielsweise ein Aufsatz von Isabell Van Ackeren (2004). Ähnlich heißt es im Vorwort der eben genannten vom Bundesministerium für Bildung und Forschung (BMBF) eingesetzten und finanziell unterstützten Veröffentlichung (Arbeitsgruppe Internationale Vergleichsstudie 2003), das von der (damaligen) Bundesministerin Edelgard Bulmahn verfasst wurde: »Angesichts des schlechten Abschneidens deutscher Schüler und Schülerinnen bei der internationalen PISA-Vergleichsstudie stellt sich die Frage, welches die Erfolgsfaktoren der Länder sind, die bei PISA besonders gut abgeschnitten haben. Ich habe daher Anfang 2002 die

Arbeitsgruppe ›Internationale Vergleichsstudie‹ unter Leitung von Prof. Eckard Klieme mit der Erarbeitung der vorliegenden Studie beauftragt. Aus dem Vergleich der Schulsysteme der Länder Kanada, England, Finnland, Frankreich, Niederlande und Schweden lassen sich meines Erachtens einige maßgebliche Faktoren für das gute Abschneiden dieser Länder identifizieren« (ebd., S. 5f.). Die Auswahl der Länder und die Analysegesichtspunkte sind durch dieses Ziel vorgezeichnet. Im besagten Vorwort finden sich dann in komprimierter Form – in Gestalt von sechs ›Merksätzchen‹ – vorgetragene Folgerungen, die für die Bildungspolitik bedeutsam sind, etwa folgender Art: »1. In den untersuchten Ländern ist die Bedeutung von Bildung als zentrale gesellschaftliche Aufgabe und Voraussetzung für Zukunftsfähigkeit früh erkannt worden. Erfolgreiche Staaten zeichnen sich durch einen universalen Bildungsoptimismus als ›Produktivkraft‹ gesellschaftlichen Fortschritts aus« (ebd., S. 6).

Gemäß der in diesem Buch vertretenen Position sind solche Vergleiche legitim und sinnvoll; sie sind der ›Vergleichenden Pädagogik‹, orientiert am Nutzen für das Referenzsystem ›Erziehung‹, nicht aber der ›Vergleichenden Erziehungswissenschaft‹, die am Wissenschaftssystem ausgerichtet ist, zuzuordnen. Die Besonderheiten eines solchen Regel- und Modellwissens im Bereich der Komparatistik sollten also mit reflektiert werden, wenn man es rezipiert. Da internationale Leistungsvergleiche zur heutigen Realität im Bildungswesen gehören, muss es auch Aufgabe der universitären Ausbildung sein, angehende Pädagoginnen und Pädagogen mit den genannten und ähnlichen Vergleichsstudien im Sinne der Vermittlung von Professionswissen vertraut zu machen.

4.2 Internationale Reformpädagogik

Mit ›Reformpädagogik‹ kann zum einen eine bestimmte historische Epoche – etwa zwischen 1890 und 1930 – gemeint sein, zum anderen steht dieser Begriff aber auch für einen unabgeschlossenen Prozess der fortwährenden Reformierung von Bildung und Erziehung (Oelkers 1996, S. 13ff.). Von Vertretern der Vergleichenden Erziehungswissenschaft wird die These von der Internationalität der Reformpädagogik prominent vertreten (Röhrs/Lenhart [Hrsg.] 1994). Als Begründung dafür kann z.B. darauf hingewiesen werden, dass viele der Protagonisten einer sog. Neuen Erziehung auf der Suche nach alternativen Modellen von Erziehung und Bildung in der (westlichen) Welt umher reisten und sich gegenseitig beeinflussten. Ferner war mit der 1921 erfolgten Gründung des ›New Education Fellowship‹ ein internationales reformpädagogisches Kommunikationsforum entstanden. Auch Vertreter der ersten Generation sozialistischer Pädagogik nach der russischen Oktoberrevolution waren an diese internationale Kommunikation angeschlossen (Anweiler 1994). Die Internationalität des historischen reformpädagogischen Diskurses wurde von einem weiteren Vertreter der Vergleichenden Erziehungswissenschaft in einer historisch-vergleichenden Inhaltsanalyse von spanischen, russisch-sowjetischen und chinesischen pädagogischen Fachzeitschriften empirisch untermauert: Das Ausmaß der Internationalität im Themenspektrum wie auch die ähnlichen Präferenzen für bestimmte ›westliche‹ Modelle und Reformkonzepte, die sich in den Fachzeitschriften dieser recht unterschiedlichen Länder in der Zeit zwischen den beiden Weltkriegen spiegeln, gehört – so Schriewer (2001, S. 323) – »sicherlich zu den überraschendsten Ergebnissen« dieser Untersuchung.

Kritiker der deutschen Reformpädagogik weisen allerdings darauf hin, dass gerade die deutschen Vertreter nicht besonders international orientiert gewesen seien (Gonon 1998). Wohl auch aus diesem Grunde schreibt Hermann Röhrs in seinem an eine deutsche Leserschaft gerichteten Standardwerk, die internationalen Verflechtungen seien oft übersehen worden (Röhrs 1998, S. 21), – eine Bemerkung, die durch eine Beobachtung von Klaus Seitz (2002b, S. 273) unterstützt wird, der darauf aufmerksam macht, dass der Beitrag zur Reformpädagogik von Bruno Schonig in der einschlägigen »Enzyklopädie Erziehungswissenschaft« (1983–86 erschienen, 1995 nachgedruckt) sich ausschließlich auf die deutsche Reformpädagogik beziehe.

Ist die deutsche Diskussion zur Reformpädagogik daher möglicherweise generell nicht besonders sensibel für internationale Zusammenhänge, so ist das Internationale, wenn es denn überhaupt auftaucht, meistens auf Pädagoginnen und Pädagogen und deren Konzeptionen aus dem ›westlichen‹ Ausland (Europa, Nordamerika) konzentriert, wie dies auch die oben referierten Forschungsbefunde von Schriewer für andere Länder dokumentierte. Im Klartext bedeutet dies jedoch eine eingeschränkte Perspektive von Internationalität, d.h. das Internationale der Internationalen Reformpädagogik ist eurozentrisch verengt. Kaum ein außereuropäischer Pädagoge verirrt sich auf die Seiten der ›Klassiker‹ der Pädagogik. In einem diesbezüglichen zweibändigen Werk von Tenorth (2003) finden sich neben ›westlichen‹ Pädagogen wie Comenius, Rousseau, Pestalozzi, Dewey, Montessori usw. nur Tolstoj und Makarenko aus Russland bzw. der Sowjetunion sowie Freire aus Brasilien als einziger Pädagoge aus der sog. Dritten Welt.

Um diese eurozentrische Blickverengung aufzubrechen, ist vor einigen Jahren für deutschsprachige Leserkreise ein Sammelband zu ›vergessenen reformpädagogischen Ansätzen aus vier Kontinenten‹ (so der Untertitel) erschienen (Datta/Lang-Wojtasik [Hrsg.] 2002). Das Buch enthält Beiträge zu hierzulande wenig bekannten pädagogischen Reformern und Reformkonzeptionen. Neben Paulo Freire werden z.B. Ivan Illich, Julius Nyerere, Rabindranath Tagore, Mohandas Karamchand (›Mahatma‹) Gandhi in den Aufsätzen angesprochen. Das Buch enthält ferner auch kritische Texte und Thesen zur mangelnden Internationalität und zum Eurozentrismusvorwurf der reformpädagogischen Diskussion in Deutschland.

Welche ›Klassiker‹ der Pädagogik die Welt zu bieten hat, erfährt man indessen bei einem Blick in ein ›alternatives‹ Kompendium: Das schon mehrfach erwähnte Internationale Erziehungsbüro (IBE) in Genf schaltete in seiner Zeitschrift »prospects« in den Jahren 1993 und 1994 eine Serie von Biographien zu führenden pädagogischen Denkern der Welt. Später entstand daraus eine vierbändige Buchpublikation (Morsy/Tedesco [Hrsg.] 1997), die fast 100 Biographien namhafter »Thinkers on Education« (so der Titel des Werkes) enthält. Diese Biographien widmen sich antiken Philosophen wie Aristoteles und Plato, aber auch Geistesgrößen wie Comenius und Piaget. Einschlägig bekannte ›Reformpädagogen‹ wie John Dewey, Pavel P. Blonskij, Anton S. Makarenko, Alexander S. Neill, Ellen Key oder Georg Kerschensteiner kommen ebenfalls vor. Ansonsten hat man sich offenbar bemüht, auch im weitesten Sinne ›pädagogische Denker‹ aus nicht-westlichen Kulturkreisen zu berücksichtigen. Hiervon zeugen die Biographien zu Konfuzius, Mao Tsetung, Sun Yatsen, José Martí, Al-Ghazali, Julius Nyerere und anderen. Mag man auch der Auswahl im Einzelnen nicht folgen wollen, so spiegelt dieses Werk wenigstens den Versuch vonseiten der um internationale Verständigung, Ausgleich und kulturelle Vielfalt bemühten UNESCO, einer eurozentrischen Verkürzung der Beschäftigung mit verschiedenen (Reform-)Pädadagogiken entgegen zu wirken.

Die Vergleichende Erziehungswissenschaft teilt sich das Gebiet ›Reformpädagogik‹ mit anderen erziehungswissenschaftlichen Subdisziplinen, allen voran der Historischen und der Allgemeinen Pädagogik. Wie eingangs gesagt, kann ›Reformpädagogik‹ nicht nur als historische Epoche, sondern auch als ein unabgeschlossener Prozess begriffen werden. In einem sehr weiten Sinne könnten alle reformerischen Impulse im Bereich von Erziehung und Bildung als ›Reformpädagogik‹ etikettiert werden. Ein solcher ›catch all‹-Begriff verliert jedoch seine Trennschärfe. Wenn die ›Internationale Reformpädagogik‹ in diesem Buch in die Kategorie von Regelwissen und Modellen eingeordnet wird, so gibt dies vielleicht eine Möglichkeit, einer ausufernden Begriffsverwendung einen gewissen Einhalt zu gebieten. Reformerische Impulse müssen dementsprechend zumindest den Status von ›Modellen‹ haben; d.h. sie müssen als ›Pädagogiken‹ (im Sinne der von Paschen vorgelegten Definition) identifizierbar sein. Um sie in der Vergleichenden Erziehungswissenschaft zu behandeln, müssen solche ›Reformpädagogiken‹ ferner in einem internationalen Diskurs kommuniziert werden. Die spezifische Aufgabe der Vergleichenden Erziehungswissenschaft in puncto Reformpädagogik könnte – zusammenfassend betrachtet – darin bestehen, die Internationalität der Reformpädagogik aufzuzeigen und kritisch zu hinterfragen, die gegenwärtige internationale Kommunikation über Bildungsreformen zu beobachten und in Gang zu halten und vor allem einer unkritischen, häufig eklektizistischen Propagierung und Übernahme ausländischer Reformmodelle vorzubeugen

4.3 Interkulturelle und Internationale Pädagogiken

Interkulturelle Pädagogiken

Die Aussageebene des Regelwissens und der Modelle kann man als die ›klassische‹ Domäne dessen bezeichnen, was inzwischen unter der Überschrift ›Interkulturelle Pädagogik‹ bekannt ist. Aus den in Deutschland seit den 1970er Jahren praktizierten Anfängen der sog. ›Ausländerpädagogik‹ heraus und in kritischer Reflexion zu dieser entstand ein neues pädagogisches Arbeitsfeld: die Interkulturelle Pädagogik. Verkürzt und pointiert gesagt, kann man die Interkulturelle Pädagogik als Reaktion auf Migration bezeichnen. Denn die Genese dieses neuen Arbeitsgebietes verlief – disziplingeschichtlich betrachtet – von einer noch weitgehend unreflektierten und wenig formalisierten Erziehungspraxis im Sinne pädagogischer Reaktionen auf die Tatsache des zunehmenden Vorhandenseins ausländischer Kinder im deutschen Bildungswesen ab den 1960er Jahren, über mehrere Etappen bis hin zur Konstituierung eines neuen, auf (relative) Dauer gestellten wissenschaftlichen Teilgebietes (Auernheimer 2003, S. 49ff.).

In der Literatur werden für diesen historischen Prozess verschiedene Rekonstruktionsmodelle angeboten, die vielfach weiterentwickelt und diskutiert wurden. Von diesen hat sich – obgleich durchaus kritisiert – die Phaseneinteilung von Wolfgang Nieke am meisten etabliert, in dem Sinne, dass sie weithin bekannt ist und häufig auf sie Bezug genommen wird. Ferner wird sie vom Autor selbst ständig weiter entwickelt: Zunächst ging Nieke (1986) von drei Phasen aus, die aber infolge des Fortschreitens der Entwicklungen von ihm knapp ein Jahrzehnt später in vier Phasen fortgeschrieben wurden: »I. Gastarbeiterkinder an deutschen Schulen: ›Ausländerpädagogik als Nothilfe‹, II. Kritik an der ›Ausländerpädagogik‹, III. Konsequenzen aus der Kritik: Differenzierung von Förderpädagogik und Interkultureller Erziehung, IV. Erweiterung des Blicks auf die ethnischen Minderheiten« (Nieke 1995, S. 13, ausgeführt auf S. 14 ff.). In einer weiteren Auflage wurde dann eine fünfte Phase wie folgt ergänzt: »V. Interkulturelle Erziehung und Bildung als Bestandteil von Allgemeinbildung« (Nieke 2000, S. 13ff.). Dieser wurde (in einer erneut aktualisierten Auflage) inzwischen eine sechste Phase neu hinzugefügt, »weil sich« – wie Nieke schreibt – »der Diskurs in den letzten Jahren wesentlich geändert hat, so dass hier eine neue Grundorientierung erkennbar wird« (Nieke 2008, S. 13). Diese Phase lautet: »VI. Neo-Assimilationismus« (ebd., S. 14). In seiner inhaltlichen Erläuterung verweist der Autor auf den Terroranschlag in New York im September 2001, der zu (erneuten) Forderungen nach einer erhöhten Anpassungsbereitschaft vonseiten der Migranten geführt habe: »Die pädagogischen Bemühungen wenden sich zunehmend von der interkulturellen Erziehung und Bildung ab und hin zu einer Integrationsförderung mit Akkulturationsunterstützung« (ebd., S. 21).

Alternative historische Rekonstruktionen sollen an dieser Stelle nicht im Einzelnen vorgestellt werden, da sie in einschlägigen einführenden Werken hinreichend diskutiert werden (vgl. z.B. Auernheimer 1990, 2003; Niekrawitz 1990/2004; Krüger-Potratz 2005; Gogolin/Krüger-Potratz 2006). Es scheint, dass der deutlichste und am ehesten konsensuell zu datierende Umbruch der von der ›Ausländerpädagogik‹ zur ›Interkulturellen Pädagogik‹ ist. Letztere begann sich in den 1980er Jahren zunächst als Kritik an der ›Ausländerpädagogik‹ zu formieren. ›Interkulturelle Pädagogik‹ zielte auf ein neues ›interkulturelles‹ Bildungsverständnis für alle, hatte also nicht mehr nur die ›Ausländerkinder‹ im Blick, und fand ihren programmatischen Niederschlag in der (in Kap. 3.4) schon angesprochenen KMK-Empfehlung »Interkulturelle Bildung und Erziehung in der Schule« aus dem Jahre 1996, in der ›Interkulturelle Pädagogik‹ als Querschnittsaufgabe für alle Schulformen und -stufen ausgerufen wurde.

Den Phasenmodellen wird kritisch entgegen gehalten, sie ›verführten zu mehr oder weniger impliziten Wertungen‹ und erweckten den Anschein einer ›Fortschrittsgeschichte‹ (Krüger-Potratz 2005, S. 43). Folgt man der neuesten Entwicklung, die Nieke (s.o.) mit ›Neo-Assimilationismus‹ betitelt hat, dann scheint allerdings inzwischen das Paradigma ›Interkulturelle Pädagogik‹ zugunsten einer Rückkehr zu einer bestimmten Art von ›Ausländerpädagogik‹ offenbar unter Druck geraten zu sein, so dass von einer ›Fortschrittsgeschichte‹ wohl kaum noch die Rede sein kann.

Wenn die Entwicklungen allerdings – wie hier vorgeschlagen – disziplingeschichtlich rekapituliert werden, so lässt sich durchaus ein ›Fortschritt‹ im Hinblick auf eine auf Dauer gestellte Institutionalisierung dieser pädagogischen Fachrichtung konstatieren, da sich das besagte Feld von anfänglichen informellen Arbeitsgruppen bis hin zu akademischen Kommissionen, von gelegentlichen Veröffentlichungen und Tagungen bis hin zu thematisch einschlägigen Studiengängen und Lehrstuhlbezeichnungen etablieren konnte. Ob dies in der Zukunft weiter geführt wird, oder ob eines Tages die ›Interkulturelle Pädagogik‹ wieder von der Tagesordnung verschwindet oder in der Allgemeinen Pädagogik oder in der Schulpädagogik aufgehen wird, kann hier nicht weiter diskutiert werden. Denn wenn ›interkulturelle Erziehung und Bildung‹, wie in der KMK-Empfehlung geschehen (KMK 1996), als ›Bildungsprinzip‹, d.h. als konstitutiver Bestandteil der schulischen Bildung erscheinen, oder wenn sie als ›multiperspektivische Allgemeinbildung‹ konzipiert werden, dann ließen sie sich ohne große Begründungsakrobatik auch als Teilgebiete der Schulpädagogik und der Allgemeinen Pädagogik reklamieren. Möglicherweise entwickeln sich jedoch unter dem Etikett der ›Interkulturellen Pädagogik‹ auf absehbare Dauer zwei Varianten: eine auf alle Lernenden gerichtete Variante, die große Überschneidungen mit Anliegen der ›Internationalen Pädagogik‹ haben dürfte, und spezifische pädagogische Konzeptionen für die sog. Kinder und Jugendlichen ›mit Migrationshintergrund‹.

Kritikwürdig und disziplingeschichtlich bedeutsam ist hingegen, dass die genannten Phasenmodelle den Beginn der Ausländerpädagogik, aus der dann die Interkulturelle Pädagogik wurde, erst nach dem Zweiten Weltkrieg und als Reaktion auf die ›Gastarbeiter‹-Rekrutierung ansetzen. Auf diese Verkürzungen hat Marianne Krüger-Potratz in ihrer Einführung zur Interkulturellen Bildung (2005, Kap. 3) zu Recht aufmerksam gemacht. Sie setzt deswegen in ihren historischen Betrachtungen zur ›langen Vergangenheit‹ der Interkulturellen Pädagogik bei dem Umgang des sich im 19. Jahrhundert konstituierenden deutschen Bildungswesens mit vier Differenzlinien – nationale, ethnische, sprachliche, kulturelle – an und hebt Folgendes hervor: »Zur Legitimation von Ausgrenzungsentscheidungen wurde zwar vielfach nur ein Merkmal betont, aber die anderen spielten stets mit hinein: ›Fremde‹ Staatsangehörigkeit implizierte in der Regel, aber nicht zwingend, ›fremde‹ Sprache, unterstellt wurde jedoch auch ›fremde‹ Kultur, letztere meist gleichgesetzt mit ›fremder‹ Ethnizität (›fremdes Volkstum‹). Desgleichen wurde ›fremde‹ Sprache auf jeden Fall mit ›fremder‹ Ethnizität resp. Kultur gleichgesetzt, nicht aber zwingend mit ›fremder‹ Staatsangehörigkeit. Zu beachten ist insbesondere, dass vielfach das hervorgehobene differenzmarkierende Merkmal, z.B. Kultur oder Sprache, das tatsächlich entscheidende – insbesondere Sozialstatus – verdeckt(e)/verdecken soll(te)« (Krüger-Potratz 2005, S. 67).

Der gemeinsame Kern aller Interkulturellen Pädagogiken – welcher Epoche und welcher Titulierung auch immer – ist demzufolge der Umgang mit ›Fremdheit‹ oder anders gesagt, die pädagogische Bearbeitung von (vermeintlicher bzw. unterstellter) nationaler, ethnischer, sprachlicher, kultureller und oft auch religiöser Heterogenität, kurz gefasst, die Bearbeitung der von Mecheril (2003) so genannten Trias ›natio-ethno-kulturell‹. Der Umgang mit und die pädagogische Bearbeitung von ›Fremdheit‹ birgt hingegen Gefahren der Essentialisierung und der Ethnisierung. *Essentialismus* »ist eine Auffassung, die überdauernde Wesenseigenschaften unterstellt und z.B. das Wesen eines Volkes oder einer Kultur behauptet. Im Alltagsdenken äußert er sich in Redeweisen wie ›Wir Deutschen sind so und so‹. Bezeichnend sind Kennzeichnungen im Singular: ›Der Franzose liebt das oder dies‹, ›Der Russe ist so und so‹« (Auernheimer 2003, S. 120). *Ethnisierung* bedeutet, dass sich Individuen und Gruppen mit Bezug auf kulturelle Unterschiede in Sprache, Religion, Geschichte, Nationalität voneinander abgrenzen – im »Glauben daran, daß diese Merkmale bedeutsame Gemeinsamkeiten stiften« (Diehm/Radtke 1999, S. 59), und zwar solche, die ethnisch, d.h. aufgrund gleicher Herkunft, definiert werden. Isabell Diehm und Frank-Olaf Radtke weisen ferner darauf hin, dass solcherart essentialistische und ethnisierte Selbst- und Fremdzuschreibungen jedoch nicht nur von den Handelnden selbst benutzt werden, um z.B. ihr eigenes Verhalten oder das anderer Menschen zu erklären, sondern sie werden auch als wissenschaftliche Beobachtungskategorien eingesetzt, wobei ihre Relevanz oft unhinterfragt vorausgesetzt wird. Ist hingegen ›Kultur‹ »eine spezifische Beobachtungs- und Beschreibungsweise, mit der moderne Gesellschaften und ihre Mitglieder sich selbst und ihre Einheit beschreiben«, dann »müßte ›Kultur‹ als Konstruktion erkannt, in ihrer sozialen Wirksamkeit beschrieben und dekonstruiert werden können« (ebd., S. 61). Aufgabe der Interkulturellen Pädagogik ist es demnach, bei der Konzipierung von pädagogischen Modellen für die interkulturelle Erziehung und Bildung die ›Fallstricke‹ der Essentialisierung und Ethnisierung mit ein zu kalkulieren und entsprechende Vorsorge für deren Wahrnehmung und Bearbeitung zu betreiben.

Bei näherem Hinsehen gibt es jedoch nicht »die« Interkulturelle Pädagogik, sondern viele Interkulturelle Pädagogiken. Über die Vielzahl der inzwischen für den Bereich der interkulturellen Erziehung und Bildung vorliegenden pädagogischen Modelle vermag schon ein Blick in die erste ›Einführung in die interkulturelle Erziehung‹ von Georg Auernheimer (1990, S. 170ff.) aufzuklären:

Hier werden Entwürfe für eine interkulturelle Erziehung als Beitrag zum sozialen Lernen und als Teil einer zur politischen Bildung hinführenden multiperspektivischen Allgemeinbildung ebenso diskutiert wie Modelle antirassistischer Erziehung oder bilingualer bzw. bikultureller Bildung. In der Neukonzeption dieses Buches unter dem Titel »Einführung in die interkulturelle Pädagogik« (Auernheimer 2003, S. 124ff.) werden dann folgende ›Pädagogiken‹ diskutiert: Stufenmodelle des interkulturellen Lernens, Interkulturelles Lernen als soziales Lernen, als Umgang mit Differenz(en), als Befähigung zum interkulturellen Dialog, Multiperspektivische Bildung/Mehrsprachigkeit sowie Antirassistische Erziehung. Alfred Holzbrecher (2004, Kap. 3.3) unterscheidet dagegen folgende interkulturelle Pädagogiken: Antirassistische Erziehung; Ethnische Spurensuche in Geschichte und Gegenwart; Lernen für Europa; Sprachliche, kulturelle und kommunikationsbezogene Allgemeinbildung; Globales Lernen; Bilder vom Fremden und vom Eigenen wahrnehmen und gestalten. Es gibt also gewisse ›Schnittmengen‹ zwischen diesen didaktischen Konzepten zur interkulturellen Erziehung, aber keine einheitliche Interkulturelle Pädagogik.

Eine etwas andere Variante als die vorherigen stellt die in der didaktisch gewendeten Ethnopädagogik explizit favorisierte sog. »Dritt-Kultur-Perspektive« dar (vgl. z.B. Bertels et al. 2004, S. 65). Dieses Konzept bedeutet, dass im Unterricht interkulturelles Lernen in der Begegnung mit einer ›dritten‹ fremden Kultur stattfindet, zu der niemand in der Lerngruppe einen persönlichen Bezug hat. D.h. diese ›dritte‹ Kultur ist sowohl den ›einheimischen‹ als auch den ›ausländischen‹ Kindern bzw. Lernenden gleichermaßen fremd und daher – so die Idee hinter diesem Konzept – besonders dazu angetan, dass beide Gruppen mit Fremdheit konfrontiert werden und einen Perspektivenwechsel vollziehen müssen. Die Protagonisten dieses Ansatzes verstehen diese ›Dritt-Kultur-Perspektive‹ explizit als Beitrag zur Vermittlung interkultureller Kompetenz und diskutieren diesen im Rahmen einer Auseinandersetzung mit Positionen der Interkulturellen Pädagogik (ebd., S. 9ff.). Sie sind eigens in einem Verband »Ethnologie in Schule und Erwachsenenbildung (ESE) e.V.« organisiert.

Die genannten Konzeptionen sind bei weitem nicht erschöpfend. In diesem Buch soll jedoch keine Einführung speziell in die Interkulturelle Pädagogik vorgelegt werden, da es hierzu im deutschen Sprachraum hinreichend viele einführende Werke gibt (z.B. der oben genannten Autoren Auernheimer, Diehm/Radtke, Holzbrecher, Krüger-Potratz, Mecheril, Nieke, Niekrawitz, Nohl und weitere). Daher genügt hier der Hinweis darauf, dass es verschiedene Modelle und Konzeptionen der Interkulturellen Pädagogik gibt, die sich der Umsetzungsmöglichkeiten solcherart ›Pädagogiken‹ im schulischen Unterricht wie auch in außerschulischen Bildungsbereichen widmen. Dabei lassen sich vermutlich verschiedene Schnittmengen und Ähnlichkeiten in den Modellen identifizieren, aber auch Unterschiede. Ferner lässt sich feststellen, dass ›Interkulturelle Pädagogiken‹ inzwischen (bereits) die Ebene der Fachdidaktiken erreicht haben; d.h. die fachspezifischen didaktischen Konzeptionen werden um interkulturelle Dimensionen angereichert (Reich/Holzbrecher/Roth [Hrsg.] 2000).

Internationale Pädagogiken

Internationale Pädagogiken finden sich im Bereich der älteren Konzeptionen einer Erziehung zur Völkerverständigung, in der Friedenspädagogik, in der entwicklungspolitischen Bildung, in der Menschenrechtspädagogik, in neuerer Zeit auch in einer grenzüberschreitend fokussierten Umweltpädagogik, im Globalen Lernen und seit einigen Jahren im Konzept einer ›Bildung für nachhaltige Entwicklung‹. All diese und ggf. weitere ähnliche Pädagogiken sind inzwischen, durch die Ausdehnung der Perspektive auf internationale Vergleiche, auch in einer nicht nur am deutschen Diskurs orientierten Internationalen Pädagogik diskutierbar.

Einen wichtigen internationalen Impuls für das Anliegen, pädagogische Konzepte für Erziehung und Bildung zu entwickeln, die die nationalen und kulturellen Grenzen überwinden helfen sollen, stellt die schon einmal genannte Empfehlung der UNESCO zur internationalen Verständigung aus dem Jahre 1974 dar (vgl. Kap. 1.3). Diese kam nach langen Diskussionen zustande, an denen sich im Prinzip alle Länder, die zu jener Zeit Mitglieder der UNESCO waren, beteiligten. Die Einleitung dieses Textes fasst die lange Vorgeschichte des Dokumentes zusammen, die bis ins Jahr 1947 zurück reicht; das Besondere der Empfehlung sei, dass mit ihr nicht nur auf schulisches, sondern auf lebenslanges Lernen abgezielt werde (Deutsche UNESCO-Kommission 1979, S. 82).

Man kann diese Empfehlung auch heute noch für Konzeptionen der Internationalen Pädagogik heranziehen, geht es doch um die ›großen Menschheitsprobleme‹ internationale Verständigung und Zusammenarbeit, Frieden, Menschenrechte und Grundfreiheiten, die durch ›Globales Lernen‹, wie man heute sagen würde (vgl. dazu weiter unten), bearbeitet werden sollen. Traugott Schöfthaler (2000) weist aus diesem Grunde darauf hin, dass die UNESCO-Empfehlung von 1974 bis heute ihre Gültigkeit nicht verloren habe und dass es womöglich aus diesem Grunde nicht gelungen sei, aber vielleicht auch gar nicht vonnöten wäre, sie durch eine neue zu ersetzen. *Friedenspädagogik* (peace education) und *Menschenrechtspädagogik* (human rights education) sind demnach unbestritten zu den internationalen Pädagogiken zu zählen.

Auf Weltebene haben die Vereinten Nationen Spezialprogramme zu ihrer weltweiten Verbreitung ausgerufen und durch bestimmte Aktivitäten (z.B. Konferenzen) gefördert, so z.B. die von der UNESCO koordinierte ›Dekade der Menschenrechtserziehung‹ (1995–2004), ›das Jahr des Friedens‹ (2000) und andere Spezialprogramme. Auch in Deutschland haben beide einige Verbreitung in der Schule, aber auch in der außerschulischen Bildung gefunden: Menschenrechtserziehung wurde von der KMK schon 1980 als allgemeines Ziel schulischen Unterrichts ausgerufen und dann später als integrale Aufgabe der interkulturellen wie der entwicklungspolitischen Bildung bestimmt (KMK 1980, 1996 u. 1997). Im Unterschied dazu wurde die Friedenspädagogik jedoch durch die KMK nicht mit einer entsprechenden Empfehlung unterstützt. Inbesondere im Zuge der von den Vereinten Nationen ausgerufenen Dekade der Menschenrechtserziehung (1995–2004) wurden von der UNESCO für den internationalen Gebrauch, aber auch in etlichen Ländern, so auch in Deutschland, pädagogische Konzepte entworfen (vgl. Lenhart 1998). Neuere Konzeptionen zur Erziehung und Bildung im Bereich der Menschenrechte enthalten in der Regel auch friedenspädagogische Anteile. Dies zeigt sich z.B. in einem didaktischen Werk zur Menschenrechtsarbeit namens »Kompass« (2005), dessen Existenz selbst schon ein bedeutsames internationales bildungspolitisches Faktum ist. Denn »Kompass. Handbuch zur Menschenrechtsbildung für die schulische und außerschulische Bildungsarbeit« (so der komplette deutsche Titel) kann als erreichter Standard der internationalen Verständigung über Menschenrechtsbildung in Europa gelesen werden. Das Werk wurde im englischen Original im Jahre 2002 vom Europarat herausgegeben und »soll in alle Sprachen der 46 Mitgliedsstaaten des Europarats und darüber hinaus übersetzt und verbreitet werden« (Kompass 2005, S. 9). Für die deutsche Version zeichnet das Deutsche Institut für Menschenrechte in Berlin in Kooperation mit der Bundeszentrale für politische Bildung in Bonn und dem Europäischen Jugendzentrum des Europarats in Budapest verantwortlich für die Herausgeberschaft.

Entwicklungspolitische Bildung (development education) kann als eine weitere Internationale Pädagogik identifiziert werden. Für diese existieren eine Reihe anderer Begriffe, die hier aber nicht präferiert werden, weil sie missverständlicher sind als ›entwicklungspolitische Bildung‹. Diese Alternativbegriffe sind: Entwicklungspädagogik, Dritte-Welt-Pädagogik und entwicklungsbezogene Bildung. ›Entwicklungspädagogik‹ und ›entwicklungsbezogene Bildung‹ können wegen der Uneindeutigkeit des Entwicklungsbegriffs gerade in pädagogischen Diskussionen leicht missverstanden werden als Pädagogiken, deren besonderes Anliegen die (psycho-soziale) Entwicklung des Kindes oder allgemeiner des Menschen ist, wohingegen das Adjektiv ›entwicklungspolitisch‹ eindeutig(er) einen auf gesellschaftliche Entwicklungen bezogenen Entwicklungsbegriff anzeigt. Und ›Dritte-Welt-Pädagogik‹ bedeutet auch: die Bildungsentwicklungen in der Dritten Welt und die darauf gerichteten besonderen Massnahmen im Rahmen der Entwicklungszusammenarbeit (wie diese etwa Gegenstand der langjährigen Aktivitäten der gesonderten Kommission ›Bildungsforschung mit der Dritten Welt‹ waren, vgl. Kap. 1.2). Der englische Begriff ›development education‹ transportierte auch zunächst die Beschäftigung mit Bildung in der Dritten Welt, wurde später dann aber im Sinne der ›entwicklungspolitischen Bildung‹ als Lernen in den Industrieländern über die Situation der Entwicklungsländer verwendet (zur Begriffsgeschichte vgl. Seitz 2002a, S. 349ff.).

Über die historische Entwicklung der entwicklungspolitischen Bildung in Deutschland seit den 1950er Jahren existiert eine recht umfangreiche Forschungsliteratur, auf die an dieser Stelle hingewiesen werden soll: In dieser wurden sowohl die entwicklungspolitischen als auch die pädagogischen Theoriediskussionen über die Jahrzehnte verfolgt. Ferner wurden epochale Veränderungen in den Lehrplänen, Schulbüchern und Unterrichtsmaterialien festgehalten. Zusätzlich wurden Schule und Lehrerbildung, wie auch Erwachsenenbildung und Jugendbildung, in Bezug auf Angebote zur entwicklungspolitischen Bildung analysiert. Dieses mehrbändige Werk mit dem prägnanten Untertitel »Zur pädagogischen Konstruktion der ›Dritten Welt‹« (Scheunpflug/Seitz 1995) geht über den Typus des Regel- und Modellwissens hinaus, weil die in ihm enthaltenen Aussagen sich auf die Erforschung der historischen Entwicklung entsprechender pädagogischer Konzeptionen beziehen und diese kritisch reflektieren, nicht aber selbst eine Konzeption im Sinne einer ›Internationalen Pädagogik‹ präsentieren. Es wird jedoch aus inhaltlichen Gründen an dieser Stelle des Buches aufgeführt, da im Folgenden nicht mehr weiter auf die entwicklungspolitische Bildung Bezug genommen wird. Angemerkt sei noch, dass weitere Veröffentlichungen in diesem Zusammenhang vorliegen (Treml 1996, Scheunpflug/Toepfer [Hrsg.] 1996; Scheunpflug/Treml [Hrsg.] 1993), so dass man festhalten kann, dass die Geschichte der entwicklungspolitischen Bildung in Deutschland zumindest bis zu den 1990er Jahren recht gut erforscht und dokumentiert ist. Die Bilanzierung endet praktisch genau zu dem Zeitpunkt, als in der entwicklungspolitischen Bildung durch den verstärkten ›Eine Welt‹ (statt ›Dritte Welt‹) Gedanken eine Neuausrichtung dieser Internationalen Pädagogik in Richtung ›Globales Lernen‹ stattfand (vgl. dazu Seitz 1993). Eine erste pädagogische Konzeption dieses Wandels hin zum Globalen Lernen legte Bühler (1996) vor. Dieser Perspektivenwechsel von der ›Dritten Welt‹ zur ›Einen Welt‹ auf konzeptioneller Ebene ist nicht zu verwechseln mit dessen tatsächlicher Verwirklichung in der Praxis auch Internationaler Erziehung und Bildung. Die Ambivalenz und Unentschiedenheit zeigt sich auch recht augenfällig im Titel der entsprechenden KMK-Empfehlung für die Schulpraxis ›Eine Welt/Dritte Welt‹ aus dem Jahre 1997 (die in Kap. 3 vorgestellt wurde).

In der historischen Rückschau kann man sagen, dass seit den 1990er Jahren, etwa zeitgleich mit dem Aufschwung der Rede von ›Globalisierung‹, in pädagogischen Kreisen auch verstärkt die Rede vom ›Globalen Lernen‹ aufgekommen ist. *Globales Lernen* (global education) wird daher hier ebenfalls in die Reihe der ›Internationalen Pädagogiken‹ aufgenommen. Es entstand nicht nur in Deutschland, sondern auch in anderen Ländern. In einer Vergleichsstudie stellt zum Beispiel Hiroko Fujikane (2003) die Entwicklung von ›global education‹ aus Vorläufern wie ›education for international understanding‹, ›peace education‹, ›development education‹ und ›multicultural education‹ seit der Zeit nach dem Zweiten Weltkrieg in Großbritannien, USA und Japan dar. Obwohl z.B. in den USA schon Ende der 1970er Jahre von ›global education‹ die Rede war (ebd., S. 139ff.), hat sich das Konzept erst seit den 1990er Jahren in allen drei betrachteten Ländern als neue Variante einer Internationalen Pädagogik durchgesetzt.

Für das Globale Lernen gibt es inzwischen – neben dem schon genannten Konzept von Bühler (1996) – einige Pädagogiken in Gestalt didaktischer Modelle für die Bildungsarbeit, insbesondere in der Schule (Scheunpflug/Schröck 2001; Adick 2002a; Selby/Rathenow 2003). Diese Modelle haben einige Gemeinsamkeiten: Sie regen an, Unterrichtsgegenstände immer in einer Verknüpfung von globalen bis hin zu lokalen und individuellen Kontexten zu verorten, und lehnen einen abgeschlossenen Themenkatalog für das Globale Lernen ab. Das Adjektiv ›global‹ im ›Globalen Lernen‹ wird in diesen didaktischen Modellen nicht nur in einem Grenzen überschreitenden Sinne gebraucht, sondern auch in dem Sinne, dass die betreffenden Unterrichtsgegenstände ganzheitlich, multiperspektivisch und umfassend in den Blick genommen werden sollen und nicht in einer auf einzelne Unterrichtsfächer oder Disziplinen reduzierten Weise. Es gibt aber auch etliche Unterschiede. So ist das Modell von David Selby und Hanns-Fred Rathenow, das im Übrigen eine Kooperation zwischen angelsächsischen und deutschen Pädagogen darstellt, ›transformatorisch‹, ›holistisch‹ und ›biozentrisch‹. Diese Sichtweise impliziert, dass das Lernen zu einem veränderten Bewusstsein und Handeln der Schülerinnen und Schüler führen muss, dass in der Welt alles mit allem verknüpft ist, und dass der Mensch »aus dem Zentrum der Betrachtung rückt« (2003, S. 10). Demgegenüber stellt für Annette Scheunpflug und Nikolaus Schröck die ›globale Gerechtigkeit‹ die gemeinsame Perspektive dar, in der die unterschiedlichen Themen aus den Bereichen Entwicklung, Umwelt, Interkulturalität und Frieden miteinander verknüpft sind und auf die hin fachliche, methodische, kommunikative und personale Kompetenzen in globaler Perspektive entwickelt werden sollen (2001, S. 15ff). Die Autorin dieses Buches sieht hingegen die weit offener und unspezifischer formulierte Perspektive der ›Weitergabe der menschheitlichen Kultur‹ als inhaltlich-intentional leitend für den Umgang mit den Herausforderungen der Globalisierung an. In ihrem Modell ist diese Dimension mit prozessorientierten (historische Dimension) und mit kontextualisierenden Überlegungen (Dimension von global bis individuell) vermittelt. Diese didaktischen Reflexionen sollen Unterrichtsprozesse anregen, die zu ›Antworten‹ (d.h. nicht bloßen ›Reaktionen‹) auf ›Globalisierung‹ bei den Lernenden führen, die in ihrer Art letztlich auch pädagogisch nicht determinierbar sind, weil es sich um subjektive Aneignungsleistungen im Sinne kritischer Auseinandersetzung und produktiver Bearbeitung handelt (Adick 2002a, S. 401 u. 410ff.).

Es ist teils die Frage aufgeworfen worden, in welchem Verhältnis die ›Interkulturelle Erziehung‹ und das ›Globale Lernen‹ und damit die auf sie hin entworfenen Pädagogiken zueinander stehen. Alfred Holzbrecher (2004, S. 108) sieht es als »erklärungsbedürftig [an], ein so komplexes Lernfeld wie das des ›Globalen Lernens‹ als Teilbereich des Interkulturellen Lernens aufzuführen«. Er entscheidet sich aber für eben diese Zuordnung, obwohl er konstatiert, dass man »aus einem anderen Blickwinkel« [welcher das wäre, sagt er nicht, C.A.] auch »Interkulturelles als Teil des Globalen Lernens konzipieren« könnte (ebd., S. 109). Renate Nestvogel (2002, S. 39) wirft die Frage auf, »ob die Konfrontation mit immer neuen Begriffen, die in der Bildungsarbeit umgesetzt werden sollen – oft bevor eingeführte Begriffe in ihrer ganzen inhaltlichen Tragweite incl. neueren Entwicklungen verarbeitet werden konnten –, nicht die Gefahr birgt, zur Verbreitung von Halbwissen beizutragen.« Der Begriff ›Globales Lernen‹ garantiere nicht, dass in ihm wichtige Dimensionen enthalten seien, die im ›Interkulturellen Lernen‹ angesprochen werden, wie z.B. die Beschäftigung mit Alltagskulturen oder mit Beziehungen zwischen Menschen oder Nationen, auf die das ›inter‹ im interkulturellen Lernen hinweise (ebd., S. 40). Allerdings vertritt Nestvogel nach meiner Einschätzung im Unterschied zu anderen Autorinnen und Autoren insgesamt seit langem eine sehr weit ausgelegte ›Interkulturelle Pädagogik‹, die Anteile ›Internationaler Pädagogiken‹ (z.B. entwicklungspolitische Bildung) mit umfasst (vgl. ebd., S. 35ff. und Nestvogel [Hrsg.] 1991).

In diesem Buch wird (einstweilen noch) zwischen Interkulturellen und Internationalen Pädagogiken unterschieden, insbesondere wegen der oben angesprochenen unterschiedlichen historischen Entwicklungskontexte der beiden Gruppen von Pädagogiken. Pointiert zusammengefasst, geht es auf der einen Seite um Migration und die dadurch enstandene Herausforderung der Bewältigung von natio-ethno-kultureller Heterogenität innerhalb von auf Landesebene organisierten Bildungssystemen, auf der anderen Seite um territoriale Grenzen überschreitende internationale Verständigung bzw. neuerlich um Globalisierung und die dadurch entstandenen Herausforderungen der Bewältigung von grenzüberschreitenden gesamtmenschheitlichen Lebenszusammenhängen. Modelle und Konzepte des Globalen Lernens werden dabei als Varianten einer ›Internationalen Pädagogik‹ gefasst, deren andere ›Varianten‹ (Friedenspädagogik usw.), die in vielfacher Hinsicht inzwischen eher den Charakter von Vorläufern oder Bausteinen denn als Alternativen haben, oben dargestellt wurden. Hierbei soll es einstweilen offen bleiben (und auch im Rahmen dieser Einführung nicht entschieden werden), ob die ›Interkulturelle Pädagogik‹ sich möglicherweise in Zukunft letztlich auch als Variante der solcherart gefassten ›Internationalen Pädagogik‹ begreifen wird oder nicht.

Nach Ansicht der Autorin dieses Buches kann jedoch eine derzeit aktuelle pädagogische Konzeption so gelesen werden, dass Internationale und Interkulturelle Pädagogiken auf die Dauer tatsächlich stärker integriert werden könnten und vielleicht auch sollten. Gemeint ist hier ›*Bildung für nachhaltige Entwicklung*‹ (education for sustainable development). Auch Nestvogel (2002b, S. 41) spricht dieser Konzeption neues Potential zu, das in den bisherigen Begriffen fehle: die Fokussierung auf Zukunft und die ökologische Dimension. Die von ihr vertretene Interkulturelle Pädagogik könne zu diesem neuen Konzept Wesentliches beitragen, insbesondere in Bezug auf soziale Gerechtigkeit und ökonomische und ökologische Zusammenhänge im Weltsystem (ebd., S. 42).

Überwiegend konsensuell ist, dass ›Bildung für nachhaltige Entwicklung‹ (BNE) als die derzeitig aktuelle inhaltliche Akzentuierung des ›Globalen Lernens‹ angesehen werden kann, aktuell deswegen, weil wir uns derzeit weltweit in der gleichnamigen UN-Dekade (2005–2014) befinden und in vielen Ländern dieser Welt daher entsprechende Bildungsprogramme aufgelegt werden. In Deutschland wurde in diesem Zusammenhang die zentrale Internetadresse »*www.dekade.org*« eingerichtet, die inzwischen in ein Internetportal überführt worden ist (*www.bne-portal.de*). Über diese

Adresse finden sich praktisch alle einschlägigen Hintergrundinformationen, Grundlagendokumente, wichtige Programme und Diskussionsbeiträge sowie Adressen zentraler Organisationen und Ansprechpartner, so dass für den folgenden Überblick über BNE auf detaillierte Literaturangaben verzichtet wird. Erinnert sei auch an die entsprechende KMK/DUK-Empfehlung und den KMK/BMZ-Orientierungsrahmen aus dem Jahre 2007 zu BNE, die bereits im vorherigen Kapitel (Kap. 3.4) erläutert wurden.

Die allseits gebräuchliche Definition von »Nachhaltigkeit« geht auf den Brundtland-Bericht von 1987 zurück und besagt, die heutige Generation solle ihre Bedürfnisse (nur) in einer solchen Art befriedigen, dass den nachfolgenden Generationen nicht die Möglichkeit genommen wird, ihrerseits ihre Bedürfnisse zu befriedigen. In der weiteren Debatte ist diese Definition sozusagen ›operationalisiert‹ worden im sog. ›magischen‹ Dreieck der Nachhaltigkeit, bestehend aus *Ökonomie* (*ökonomische Sicherheit*: Schutz der Rohstoffquellen für ein Wohlergehen des Menschen), *Ökologie* (*ökologisches Gleichgewicht*: Leben mit Rücksicht auf die Natur) und *Soziales* (*soziale Gerechtigkeit*: gerechte Verteilung von Gütern und Rechten zwischen den Generationen, aber auch innergesellschaftlich und global unter Beachtung der Armutsproblematik).

BNE wurde in der Agenda 21, die auf der Konferenz der Vereinten Nationen über Umwelt und Entwicklung in Rio de Janeiro im Jahre 1992 verabschiedet wurde, in Kapitel 36 grundgelegt. Dieses Kapitel ist allen Varianten von Bildung und Erziehung gewidmet; d.h. es enthält einen weit gefassten Begriff von ›Bildung‹, der sowohl die formale Schulbildung und die berufliche Ausbildung meint, als auch nonformale Bildung, z.B. in Form von Aufklärungs- und Öffentlichkeitsarbeit. Zehn Jahre nach Rio, 2002, fand in Johannesburg eine Folgekonferenz statt, auf der verschiedene Aktionspläne zur Umsetzung bestimmter Leitziele in definierten Zeiträumen verabschiedet wurden. In diesem Zusammenhang kam es auch zum Entschluss der UN-Dekade BNE.

Seither ist es weltweit zu vielfältigen Aktivitäten gekommen. Beispielsweise stellt die UNESCO ein multimediales Lernprogramm für BNE zur Verfügung: Teaching and learning for a sustainable future. Das Programm ist für die Lehrer(aus-/fort-/weiter-)bildung gedacht und kann (auch) per Selbststudium genutzt werden. Es soll ca. 100 Arbeitsstunden in Anspruch nehmen und kann auch für universitäre Lehrveranstaltungen genutzt werden (zu entsprechenden Erfahrungen vgl. Adick/Hornberg 2005). In Deutschland gab es von der Bund-Länder-Kommission ein Modellschulprogramm, das BLK21-Programm, mit wissenschaftlicher Begleitung durch einen Erziehungswissenschaftler (Gerhard de Haan, FU Berlin) zur Umsetzung von BNE, das nach Ablauf im Jahre 2004 als »Transfer 21« weiter geführt wird. Im Rahmen dieses Programms wurden viele Materialien erarbeitet, die ebenfalls kostenlos im Netz eingesehen werden können. Wer sich also dieser Variante einer »Internationalen Pädagogik« widmen will, hat genügend Möglichkeit, sich zu informieren, Unterrichtsmodelle abzurufen und Erfahrungen mit BNE in der schulischen und außerschulischen Bildungsarbeit kennen zu lernen.

4.4 Internationale Pädagogik in internationalen Schulen

Wenig Aufmerksamkeit in Kreisen der (deutschsprachigen) Vergleichenden Erziehungswissenschaft haben bislang – von einzelnen Aufsätzen abgesehen – internationale Schulen mit ihrem eigenständigen internationalen Curriculum erfahren. Eine Ausnahme stellt das fast zeitgleich zu diesem Buch erscheinende Werk von Sabine Hornberg (2008) dar, in dem internationale Schulen ausführlich dargestellt und mit anderen internationalen Schulmodellen, namentlich Europaschulen, Europäischen Schulen und UNESCO-Projektschulen, verglichen werden.

Je nachdem, wie diese definiert werden, können unter dem Titel ›Internationale Schule‹ in einem weiten Sinne solche Schulen verstanden werden, die sich nicht nur am Curriculum eines Landes orientieren, die eine internationale Schüler- und Lehrerschaft verzeichnen, die mehr als eine Unterrichtssprache benutzen und die (auch) andere Schulabschlüsse verleihen als die des Landes, auf dessen Territorium sie agieren. In einem engeren Sinne sind internationale Schulen dagegen nur solche, die den Kriterien der International Schools Association (ISA) mit konsultativem Status zur UNESCO entsprechen und die einen neue, nicht-nationale Hochschulzugangsberechtigung, das ›Internationale Bakkalaureat‹ (IB), vergeben (vgl. Fox 1991; Kohl 1991; Hayden/Wong 1997; Hill 2002).

Einigen Veröffentlichungen zu Folge soll eine 1866 in Spring Grove (London) gegründete Schule die erste internationale Schule sein, die diesen Namen verdient, weil sie sich explizit an Schüler verschiedener Nationen und Religionen richtete, zum Abbau nationaler Vorurteile und zur internationalen Gesinnung beitragen wollte und ein Interesse an Fremdsprachen vermitteln sollte. Die ersten Schüler dieser Schule im Alter von 10 bis 14 Jahren stammten aus verschiedenen europäischen Ländern, aber auch aus Nord- und Südamerika und aus Indien. Ihre Entstehung verdankte die Schule einem Essaywettbewerb über die Vorteile einer Schule mit Schülern unterschiedlicher Nationalität, der entweder zur Pariser Weltausstellung 1855 oder zur Londoner Weltausstellung 1862 stattgefunden hatte (Sylvester 2002, S. 2002, S. 6).

In den meisten Veröffentlichungen wird jedoch die 1924 in Genf für die Kinder der beim Völkerbund Beschäftigten gegründete Ecole Internationale de Genève (abgekürzt Ecolint, in englischsprachigen Veröffentlichungen: International School of Geneva) als die erste internationale Schule genannt (Fox 1991, Kohl 1991). 1951 erfolgte die Gründung der International Schools Association (ISA) bei der UNESCO in Paris zur Koordination der Arbeit von inzwischen drei Schulen in Genf sowie der 1947 gegründeten United Nations International School (UNIS) in New York, die für die Kinder der bei den Vereinten Nationen Beschäftigten ins Leben gerufen worden war. Diese ersten Schulen waren allesamt Privatschulen.

1963 gab es dann bereits 20 internationale Schulen in der ISA. Es entstanden verschiedene Vorarbeiten mit dem Ziel, einen neuartigen Sekundarschulabschluss zu entwickeln, der international als Hochschulzulassung anerkannt würde, um so den Interessen und der spezifischen Lebenssituation der international hochmobilen Klientel dieser Schulen entgegen zu kommen. Aus diesen Ideen entstand dann 1966 das »International Baccalaureate Office« (IBO), das den Abschluss eines neuen, international anerkannten ›Abiturs‹, das Internationale Bakkalaureat (IB), sowie das dazu gehörige Schulcurriculum entwickelte (Fox 1991). Ferner hat in den letzten Jahrzehnten eine eigenständige Curriculumentwicklung für diese internationalen Schulen stattgefunden. Diese begann Mitte der 1960er Jahre mit der Konzeption von Curricula für das zunächst ausgearbeitete IB Diploma Programm (für die Oberstufe) zur Vorbereitung auf das Internationale Bakkalaureat. Das Oberstufencurriculum wurde 1994 durch das Middle Years Programm für Schüler im Alter von 11 bis 16 Jahren ergänzt und 1997 durch das Primary Years Programm für Kinder von 3 bis 11 Jahren ausgeweitet. Dies bedeutet, dass die Schüler vieler solcher Schulen inzwischen im Prinzip ihre komplette Schullaufbahn von der Vorschule bis zum Erreichen der Hochschulberechtigung auf der Basis internationaler Curricula und mit einer internationalen Abschlussprüfung durchlaufen können, wodurch auch der (ggf. mehrmalige) grenzüberschreitende Wechsel von einer Schule zur anderen erheblich erleichtert wird (vgl. Hornberg 2008).

Zu den Schulen, die den IB-Abschluss anbieten, gehören auch die derzeit zwölf auf verschiedenen Kontinenten angesiedelten United World Colleges (vgl. *www.uwc.org*). Diese bestehen aus einer zweijährigen oberen Sekundarstufe, in der das IB-Diploma Programm absolviert wird. Die Unterrichtssprache ist in all diesen Colleges Englisch; weitere Sprachangebote gehören überall zum festen Bestandteil des Unterrichts. Das erste dieser Colleges, das Atlantic College in Wales, wurde 1962 unter maßgeblicher Mitarbeit des deutschen Reformpädagogen Kurt Hahn, Vertreter der Landerziehungsheim-Idee und Begründer der Schule Schloss Salem, ins Leben gerufen (Fischer 1991). Die Deutsche Stiftung United World Colleges vergibt jährlich etwa 20 Plätze für deutsche Schüler an einem der Colleges (vgl. *www.uwc.de*). Weltweit besuchen derzeit insgesamt ca. 3.000 Schüler diese Schulen.

In Deutschland gibt es nur wenige internationale Schulen; deshalb hat man ihnen vermutlich auch bislang kein Forschungsinteresse entgegen gebracht. Über die Anzahl dieser Schulen liegen unterschiedliche Angaben vor, je nachdem, bei welcher Dachorganisation man danach sucht (im Folgenden Rechercheergebnisse aus Oktober 2007): Es gibt eine deutsche Dachorganisation, die Association of German International Schools e.V. (AGIS) mit Sitz in Stuttgart, bei der 19 Schulen mit vollem Mitgliedschaftsstatus und zwei in Anwartschaft zu verzeichnen sind (*www.agisschools.org*). Diese müssen den Statuten von AGIS zufolge volle Mitgliedschaft bei dem European Council of International Schools (ECIS) oder einer ähnlichen Akkreditierungsorganisation vorweisen können, um auch bei AGIS Mitglied zu werden. Beim ECIS werden hingegen für Deutschland einige mehr, nämlich 23 Internationale Schulen genannt (*www.ecis.org*). Schaut man sich die Liste der Schulen beider Organisationen an, so stellt man fest, dass fast alle der bei AGIS aufgeführten Schulen auch in der ECIS organisiert sind und dass sie alle die Bezeichnung ›International School‹ in ihrem Namen führen. Die Liste bei ECIS liest sich in alphabetischer Reihenfolge wie folgt: Bavarian International School, Berlin Brandenburg International School, Berlin International School, Dresden International School usw. bis Thuringia International School Weimar.

Bei der International Baccalaureate Organisation (IBO) sind hingegen 30 Schulen in Deutschland verzeichnet, die eins oder mehrere der IB-Programme anbieten (*www.ibo.org*). Fast alle (29 der 30) dieser Schulen vermitteln das Diploma Programm, das zum internationalen Abitur führt. Wie lassen sich die Differenzen in Bezug auf die Zahlen erklären? Der wichtigste Grund hierfür ist wohl, dass beim IBO auch staatliche Schulen, die das IB Diploma Programm anbieten, akkreditiert werden müssen, ohne dass sich diese Schulen damit notwendigerweise durchgängig als ›International Schools‹ verstehen müssen. Aus diesem Grunde treten sie wahrscheinlich auch nicht unbedingt dem ECIS und der AGIS bei. Zu den staatlichen Schulen, die in ihrer Oberstufe neben dem deutschen Abitur auch das IB Diploma Programm anbieten, zählen z.B. das Helene-Lange-Gymnasium in Hamburg, das Goethe-Gymnasium in Frankfurt und seit kurzem auch die Goethe-Schule in Essen. Dass nun möglicherweise vermehrt auch staatliche Schulen in Deutschland das internationale Abitur anbieten (einige der Beitrittsdaten zur IBO aus jüngerer Zeit legen das nahe), hat wiederum seinen Grund darin, dass in Deutschland erst im Jahre 2000 dieses internationale Abitur als Zugangsberechtigung für deutsche Abiturienten an deutschen Hochschulen anerkannt wurde, wobei allerdings gewisse Bedingungen in Bezug auf die Fächerkombination eingehalten werden müssen. Vorher wurde der IB-Abschluss nur für ausländische Schüler anerkannt. Durch die vor einigen Jahren geschaffene Anerkennung des IB als Äquivalent für das deutsche Abitur wurde es daher attraktiver, entsprechende Oberstufen an deutschen Schulen einzurichten.

Weltweit betrachtet ist die Zahl der Schulen, an denen das IB erworben werden kann, stark angestiegen und wird vermutlich in Zukunft noch weiter steigen. Das jedenfalls belegen die Zahlen der IBO, die in den letzten fünf Jahren von 1.419 (2002) auf nun 2.123 (2007) Schulen angewachsen sind. In Schülerzahlen bedeutet dies, dass inzwischen mehr als eine halbe Million Schüler in 25

Ländern dieser Welt ›IB-students‹ sind (*www.ibo.org/facts/fastfacts*; Okt. 2007). Einige Regierungen unterstützen aktiv die Gründung von internationalen Schulen und befürchten offenbar auch nicht deren Konkurrenz für das eigene, nationalstaatlich ausgerichtete Bildungswesen. So gab es z.B. in Hongkong im Schuljahr 2000/2001 bereits 47 internationale Schulen verschiedenster Art; d.h. ca. 4 % aller Schulen des allgemein bildenden Primar- und Sekundarbereichs waren international (Yamoto/Bray 2003, S. 53). Allerdings folgten nur sieben dem Programm des Internationalen Bakkalaureats »or comparable objectives« (ebd., S. 54) und waren damit internationale Schulen im engeren Sinne. Andere waren vom Typ her Auslandsschulen, d.h. solche, die einem ausländischen Schulsystem folgten, wie z.B. die Japanese School oder die Singapore International School in Hongkong. Wieder andere orientierten sich an zwei Systemen, wie z.B. die German-Swiss International School, die eine große deutschsprachige Sektion und daneben eine solche anbot, die am nationalen Lehrplan von England ausgerichtet war (ebd., S. 61). Definiert sind laut der Hongkonger Bildungsbehörde internationale Schulen wie folgt: »schools which follow a non-local curriculum and whose students do not sit for local examinations (e.g. Hong Kong Certificte of Education Examination). They are operated with curricula designed for the needs of a particular cultural, racial or linguistic group or for students wishing to pursue their studies overseas« (zit. in ebd., S. 54).

Im Unterschied zu den in den vorherigen Abschnitten dargestellten Internationalen und Interkulturellen Pädagogiken, die in die Lernziele und Inhalte der bestehenden nationalen schulischen Curricula integriert werden oder für die sich spezielle Angebote im außerschulischen Bereich finden lassen, stellt das Konzept der internationalen Schulen eine Internationale Pädagogik eigener Art dar. Denn das Neue und Besondere daran ist, dass hier eine ganze Schulform inklusive aller Curricula und eines eigenen Abschlusszertifikats internationalisiert ist. Zwar werden wohl nur wenige Studierende ihre spätere Berufslaufbahn an einer solchen internationalen Schule einschlagen; aber dennoch ist es auch im Sinne eines Professionswissens wichtig zu wissen, dass es diese Schulen gibt und wie sie funktionieren. Denn auch in Deutschland mag bald die Zeit anbrechen, in der vermehrt staatliche Schulen zusätzlich zum nationalen Abitur das Internationale Bakkalaureat anbieten, wodurch sich die Chance erhöht, in solchen Schulen ein Praktikum, das Referendariat oder die Berufslaufbahn zu verwirklichen.

4.5 Forschungsmodelle und Bildungsprogramme in der Internationalen Bildungspolitik

Auch für die internationale Praxis des Vergleichens, des Evaluierens und der Politikberatung gibt es inzwischen offenbar etliches an Regelwissen und Modellen, wenngleich dieses in der universitären Forschung und Lehre nicht annähernd so breit thematisiert wird wie die Modelle der Interkulturellen und der Internationalen Pädagogik. Es stellt sich also die Frage, ob es bestimmte ›Strickmuster‹ gibt, nach denen im Rahmen internationaler Bildungspolitik Wissenschaft rezipiert, geforscht und gehandelt wird.

Ein Beispiel für anwendungsorientierte Forschung zum Zwecke der Politikberatung ist das »Raster zur Analyse von Rahmenbedingungen für den Aufbau deutscher Studienangebote im Ausland« (abgedruckt im Anhang von Hahn/Lanzendorf [Hrsg.] 2005, S. 339–342): Bevor inhaltliche Erläuterungen zu dem dahinter stehenden Programm des Deutschen Akademischen Austauschdienstes (DAAD) gegeben werden, soll der einleitende Text zum Sinn und Zweck dieses Rasters zitiert werden, da dieser als gute Illustration dessen betrachtet werden kann, was hier mit ›Regelwissen und Modelle‹ bezeichnet wird – in diesem Falle bezogen auf den Gegenstandsbereich der Internationalen Bildungspolitik:

»Als systematische Grundlage für die Länderanalysen wurde in Zusammenarbeit mit dem DAAD das folgende Raster entwickelt, das dauerhaft als Checkliste für die Analyse von Rahmenbedingungen potenzieller Zielländer von Studienexporten dienen und eine Stärken-Schwächen-Einschätzung einzelner Länder in Bezug auf den Aufbau unternehmerisch geplanter deutscher Studienangebote ermöglichen soll. Hiermit werden systematisch vor allem diejenigen Aspekte erfasst, die im Hinblick auf ein Angebot deutscher Studiengebote im Ausland relevant sein können.«

Welches Szenario steckt hinter diesem Typus von Bildungsforschung? (vgl. zum Folgenden Hahn/Lanzendorf [Hrsg.] 2005, S. 7ff.; Lanzendorf 2006). Der DAAD kann als eine im Bereich der internationalen Bildungspolitik agierende Organisation identifiziert werden. Diese hat im Jahre 2001 ein spezifisches Programm »Export deutscher Studienangebote« auf den Weg gebracht, das sich als Aktivität im Gegenstandsbereich der Internationalen Bildungspolitik lokalisieren lässt (und damit auch für die Vergleichende Erziehungswissenschaft relevant ist). Denn es handelt sich um ein Programm, das Anträge von deutschen Hochschulen auswählt und ausgewählte Projekte eine Zeit lang finanziell fördert, die unternehmerisch ausgerichtete akademische Bildungsangebote im Ausland anbieten. Ziel dabei ist, dass deutsche Hochschulen mittels dieses Programms verstärkt auf dem internationalen Bildungsmarkt tätig werden. Eine Reihe von Länderstudien, die der DAAD begleitend in Auftrag gibt, soll die Wettbewerbssituation oder, anders gesagt, das unternehmerische Risiko in diesem internationalen Bildungsmarkt abschätzen helfen. Die dazu in Auftrag gegebene Bildungsforschung in Form der o.g. Länderstudien dient also als eine Art ›flankierende Maßnahme‹ zum beschriebenen Förderprogramm. Das Analyseraster (in Hahn/Lanzendorf [Hrsg.] 2005, S. 339–342) spiegelt diesen Verwendungszusammenhang: Die dort aufgelisteten Analysekategorien zu politischen, ökonomischen u.a. Rahmenbedingungen sehen so aus wie in vielen anderen Länderstudien; dies gilt ebenso für allgemeine Strukturdaten zum jeweiligen Hochschulsystem. Eine Reihe von Fragestellungen sind jedoch sehr spezifisch und würden in anderen Länderstudien wohl kaum auftauchen: Z.B. sollen die allgemeinen Beziehungen des betreffenden Landes zu Deutschland besonders berücksichtigt werden, oder es sollen die Aktivitäten anderer ausländischer Studienanbieter in dem betreffenden Land, d.h. potenzieller Konkurrenten, erhoben werden.

Studien dieser Art sind eindeutig auf den Nutzen für die Praxis ausgerichtet (und nicht auf das Referenzsystem Wissenschaft; vgl. Kap. 2.5). In diesem Falle sollen sie Entscheidungsgrundlagen für Hochschulen und für eventuelle Fördermaßnahmen von staatlicher Seite legen, ob und ggf. wohin Bildungsexporte mit Aussicht auf Erfolg getätigt werden können. Damit stellen sie ›Regelwissen‹ (Entscheidungsregeln) bzw. ›Professionswissen‹ für solche Adressaten dar, die entsprechende Entscheidungen zu treffen haben. Mit dieser Klassifizierung ist nun aber nicht gesagt, dass derlei Wissensbestände nicht für die Vergleichende Erziehungswissenschaft von Belang seien. Es ist damit nur ausgesagt, dass ihr Entstehungs- und Verwertungszusammenhang ein anderer ist als der einer spezifisch wissenschaftlichen, methodisch kontrollierten Wissensproduktion.

Eine Mischung aus Vergleichen, Evaluieren und Politikberatung im internationalen Kontext wird auch am Beispiel einer Fachtagung mit und für bildungspolitische Entscheidungsträger in Europa deutlich, die unter dem Titel »Wissen für Handeln – Forschungsstragegien für eine evidenzbasierte Bildungspolitik« im März 2007 in Frankfurt am Main stattfand (*www.bmbf.de/de/ 7227.php*). Diese internationale Fachkonferenz wurde vom Deutschen Institut für Internationale Pädagogische Forschung (DIPF) im Auftrag des Bundesministeriums für Bildung und Forschung (BMBF) in Kooperation mit der Europäischen Kommission anlässlich der deutschen EU-Ratspräsidentschaft durchgeführt. Die Adressaten waren eine begrenzte Anzahl von Experten aus Wissenschaft, Bildungspolitik und Bildungsadministration in Europa, wobei ›Europa‹ in der Ausschreibung der Tagung als Mitgliedsländer der EU und des Europarats einschließlich solcher Länder, die einen Beobachterstatus beim Europarat haben, operationalisiert war und von vier Experten pro Land gesprochen wurde.

An der Konferenz nahmen schließlich etwa 200 Vertreter aus Bildungsforschung, Bildungspolitik und Verwaltung aus Europa teil. Das Programm enthielt neben Vorträgen gesonderte Sektionen, die sich mit der Bildung von Wissen (z.B. Indikatoren und Benchmarking), der Dissemination von Wissen (Wissensmanagement und -transfer) und der Anwendung von Wissen (in der Bildungspolitik und in anderen Politikbereichen) beschäftigten (Texte und Berichte unter *www.bmbf.de/de/7245.php*). Das ganze Unterfangen diente auch der sog. ›Lissabon-Strategie‹, derzufolge die EU bis 2010 zum erfolgreichsten wissensbasierten Wirtschaftsraum der Welt insbesondere in Konkurrenz zu den USA und Japan gemacht werden soll; diese ›Lissabon-Strategie‹ steht ebenfalls im Zusammenhang mit der Diskussion um ›Nachhaltigkeit‹, da sie eine dauerhafte wirtschaftliche, soziale und ökologische Erneuerung in der EU beabsichtigt (*www.europarl.europa.eu/summit*).

Hervorzuheben ist an der Konferenz die ausdrückliche Orientierung der Forschung am Nutzen für die Praxis, die im Titel durch die Formulierung »Wissen für Handeln« und »evidenzbasierte Bildungspolitik« deutlich wird. Es geht hier um anwendungsorientierte Forschung in der Perspektive der europäischen Bildungspolitik (und nicht um Wissenschaft). Es stellt sich dabei auch die kritische Frage, ob Wissensproduktion und Bildungspolitik nicht instrumentalisiert werden für die Ziele der ökonomischen Konkurrenz auf Weltebene, wie sie in der Lissabon-Strategie vorgegeben ist.

Dem Typus des Regelwissens und der Modelle sind auch die diversen Programmschriften zur regionalen oder weltweiten Bildungsentwicklung der auf dem Gebiet von Erziehung und Bildung agierenden inter- und supranationalen Organisationen anzusiedeln. Als Beispiele seien hier die mit regionaler Perspektive betriebene Weltbank-Empfehlung zur Bildungsentwicklung in Afrika (World Bank 1988) und der mit globaler Perspektive entworfene UNESCO-Bericht zur Bildungsentwicklung im 21. Jahrhundert genannt (Deutsche UNESCO-Kommission 1997). Beide Veröffentlichungen entsprechen den hier herangezogenen Kriterien zur Einordnung auf der Ebene »Regelwissen und Modelle« in nahezu idealer Weise: Die Reflexion pädagogischer Handlungsbereiche ist systematisch nach bestimmten Aspekten geordnet; Forschungsergebnisse werden sporadisch eingestreut, um die jeweiligen Aussagen zu untermauern oder die Empfehlungen zu legitimieren. Im Unterschied zu Texten der Gattung ›Berichte‹ und zu den KMK-Empfehlungen (vgl. Kap 3) ist der Umgang mit der Praxis von Erziehung und Bildung distanzierter, generalisierter und systematischer; denn Einzelpraxen (z.B. Erfahrungen eines Landes, eines Programms) gehen hier in abstrahierter Form, z.B. als ›Beispiele‹ oder ›Belege‹ für ein allgemeineres Modell, in die Betrachtungen ein.

Beide Schriften wurden von Fachvertretern der deutschen Vergleichenden Erziehungswissenschaft rezipiert und kritisch kommentiert. An ihnen lässt sich somit verdeutlichen, dass und wie internationale programmatische Aussagen in der Wissenschaft aufgenommen und nicht nur in dafür zuständigen amtlichen Stellen oder in Nichtregierungsorganisationen diskutiert werden: Die Weltbankstudie zu Afrika wurde damals im Kreise der zu jener Zeit noch existierenden Kommission Bildungsforschung mit der Dritten Welt intensiv zur Kenntnis genommen. Aus dieser Diskussion ging eine kritische Stellungnahme von Hans Bühler, (dem inzwischen verstorbenen) Wolfgang Karcher und Renate Nestvogel (1989) hervor. Der genannte UNESCO-Bericht wurde auf einer eigens dazu ausgerichteten Fachtagung unter maßgeblicher Beteiligung von Marianne Krüger-Potratz, Wolfgang Küper und

Christoph Wulf aus den Reihen aller damaligen Kommissionen der Sektion International und Interkulturell Vergleichende Erziehungswissenschaft einer kritischen Würdigung unterzogen (Deutsche UNESCO-Kommission 1998).

Seit Jahren und in Zukunft noch über Jahre bedeutsam für Bildungspolitik und Forschung ist das Programm »Education for All« (EFA), das von einem Konsortium internationaler Organisationen 1990 in Jomtien/Thailand ins Leben gerufen wurde. Die Konferenz von Jomtien stand unter der Schirmherrschaft der Organisationen UNESCO, UNICEF, Weltbank und UNDP (United Nations Development Programme) und führte zu einer ›Weltbildungscharta‹, in der das allgemeine Menschenrecht auf Bildung, das bereits im Kern in der UN-Menschenrechtserklärung des Jahres 1948 enthalten war, noch einmal eigens bekräftigt und inhaltlich präzisiert wurde. Die Zielformulierungen bis zum Jahre 2000 richteten sich auf die flächendeckende Einschulung aller Kinder, die Reduzierung der Zahl der Analphabeten und den gleichen Zugang beider Geschlechter zu Bildung. Auf dem im Jahre 2000 von den genannten internationalen Organisationen einberufenen Weltbildungsforum ›Education for All‹ (EFA) in Dakar/Senegal zeigte sich jedoch, dass diese Ziele weit verfehlt wurden. Zwar waren hier und da Verbesserungen eingetreten, aber die ernüchternde Bestandsaufnahme resultierte in einer Neuformulierung der Ziele bis zum Jahre 2015 (vgl. Müller/Hinzen [Hrsg.] 2001).

Die sechs angestrebten Ziele beziehen sich auf (1) die Verbesserung der frühkindlichen Erziehung und Bildung, (2) die flächendeckende Verwirklichung eines kostenlosen und verpflichtenden Primarschulbesuchs für alle Kinder bis zum Jahre 2015, (3) die Sicherung des Zugangs Jugendlicher zu Bildungsprogrammen, (4) eine Halbierung der Analphabetenquote Erwachsener bis 2015, (5) gleiche Bildungsbeteiligung für beide Geschlechter im Primar- und Sekundarschulwesen bis 2005, im gesamten Bildungswesen bis 2015, (6) eine durchgängige Verbesserung der Bildungsqualität. Ferner wurde eine kontinuierliche Begleitforschung zum EFA-Prozess in Gestalt von »Global Monitoring Reports« unter der Schirmherrschaft der UNESCO in Paris in Gang gesetzt, um die Verwirklichung des Programms zu unterstützen. Die daraus bislang hervorgegangenen Bildungsberichte (»EFA Global Monitoring Reports«) sind auch für die Vergleichende Erziehungswissenschaft von Interesse, weil dadurch jeweils zu verschiedenen

Themen gebündelte Daten zu unzähligen Ländern, teils ausgewertet nach Ländergruppen, zur Verfügung gestellt werden. Die Berichte beschäftigen sich z.b. mit der Geschlechtergleichheit (EFA Global Monitoring Report 2003/04), mit der Bildungsqualität (Report 2005) oder der frühkindlichen Erziehung (Report 2007). Da die UNESCO die Rolle der globalen Koordinationsstelle des EFA-Programms erhielt, sind alle EFA-Dokumente und Berichte über die UNESCO-Webseite leicht zu finden (*www.unesco.org/education*), so dass auf detailliertere Quellenangaben an dieser Stelle verzichtet werden kann.

Einige Schlaglichter aus dem EFA Global Monitoring Report 2008 lauten wie folgt: Die Zahl der Primarschüler erhöhte sich weltweit von 647 Mio. (1999) auf 688 Mio (2005). Die Einschulungsquoten stiegen von 83% auf 87%. Insbesondere war eine Zunahme im subsaharischen Afrika und in Süd- und Westasien zu verzeichnen. Dennoch werden wohl an die 60 Länder das Ziel eines flächendeckenden Primarschulbesuchs bis 2015 verfehlen. Im Primarschulbereich tendiert die Entwicklung hin zu Geschlechtergleichheit (Gender Parity); d.h. drei Viertel aller Länder haben diese in der Primarschule (annähernd) erreicht. Im Sekundarschulbereich haben jedoch erst knapp die Hälfte (47%) der Länder gleichen Zugang für Mädchen und Jungen verwirklicht. 23 Länder, in denen vorher noch keine Schulpflicht herrschte, haben diese inzwischen offiziell eingeführt; d.h. in 95% der ca. 200 bei der UNESCO organisierten Länder und Territorien herrscht Schulpflicht.

Die entsprechenden Befunde sind aber nicht nur summarisch in den Berichten nachzulesen, sondern auch über die entsprechenden Internetseiten der UNESCO und des UNESCO Instituts für Statistik weltweit problemlos einzusehen. Die einzelnen Länder wurden angehalten, EFA-Bildungsplanung zu betreiben und sollen sich an ihren Zielen messen lassen. Ferner wurden mehrere Indizes eingeführt, durch die die Länderresultate vergleichbar werden, so z.B. der GPI (Gender Parity Index) zur Messung der Geschlechter(un)gleichheit, oder der EDI (Education Development Index), in dem verschiedene Bildungsdaten (diverse Alphabetisierungs- und Schulbesuchsraten) gebündelt sind. Mit all diesen und weiteren Maßnahmen ist eine menschheitsgeschichtlich bisher wohl einmalige globale Bildungsberichterstattung in Gang gesetzt worden, die geradezu als ein Musterbeispiel für das Feld ›Internationale Bildungspolitik‹ gelten kann. Denn im EFA-Prozess sind internationales Bildungsmonitoring, evidenzbasierte Bildungsforschung, nationale Bildungsplanungen und internationale Bildungskooperationen eng miteinander verzahnt. Auch wenn etliche Länderdaten weiterhin lückenhaft sind, und auch wenn diese nicht immer zuverlässig, weil vielleicht ›geschönt‹ sind, um in den Augen der Weltöffentlichkeit Fortschritte zu signalisieren, so ist doch nicht von der Hand zu weisen, dass der EFA-Prozess dank seiner Daten gestützten Herangehensweise die ihm gebührende Aufmerksamkeit auch in der Vergleichenden Erziehungswissenschaft beanspruchen kann.

5 Wissenschaftliches Wissen in der Vergleichenden Erziehungswissenschaft

Im nun zu besprechenden Wissenstypus des methodisch kontrollierten wissenschaftlichen Wissens wird ein grundlegender Perspektivenwechsel vollzogen: Diese Art von Wissensproduktion beruht auf der Beschäftigung mit Theorien, vollzieht sich durch Forschung und reflektiert die Anschlussfähigkeit an die Wissenschaft. Das Referenzsystem ist mithin nicht das der ›Erziehung‹ (einschließlich Bildungpolitik), und die Aussagen sind nicht an den Erfordernissen des Handelns und am Nutzen für die Praxis orientiert, sondern am Referenzsystem ›Wissenschaft‹ und an (wissenschaftlicher) Wahrheit. Als soziales System ist die Wissenschaft auf die Produktion von ›objektiven‹ Erkenntnissen – nicht von (besserer) Praxis – spezialisiert. ›Objektive‹ Erkenntnisse werden dadurch gewonnen, dass in methodisch kontrollierter Art und Weise argumentiert wird, d.h. Wissenschaftlerinnen und Wissenschaftler geben sich und anderen ständig Rechenschaft darüber ab, auf welchem Wege ihre Aussagen zustande gekommen sind und machen diesen methodischen Weg transparent und intersubjektiv überprüfbar. Zwischen faktischen und normativen Anteilen wird deutlich unterschieden: Tatsachenaussagen werden auf ihre Richtigkeit, Normen auf ihre Legitimität hin überprüft. Dies geschieht durch die verschiedensten Arten von ›Forschung‹ mittels verschiedener in der Wissenschaft etablierter ›Methoden‹, über die es durchaus auch Kontroversen gibt wie z.B. die zwischen quantifizierenden und qualitativen Forschungsmethoden. Dies ist jedoch kein lästiger Nachteil, sondern zeigt das Typische dieser Reflexionsebene. Denn Wissenschaft kultiviert den Zweifel, stellt ›bewährte‹ Theorien in Frage, sucht nach alternativen Erklärungen, entwirft neue Forschungsmethoden und ist daher grundsätzlich immer als revidierbar konzipiert.

Für Studierende wird der Typus des wissenschaftlichen Wissens (im Unterschied zu den in den vorherigen Kapiteln charakterisierten Typen von Berichten und Modellen bzw. Programmen) vor allem in der sog. wissenschaftlichen Belegpflicht augenfällig: Wissenschaftliche Texte zeichnen sich durch penible Nachweise, meist in Gestalt von Literaturangaben, aus. Für Studierende ist eine solche minutiöse Belegarbeit häufig zunächst gewöhnungsbedürftig, wenngleich unerlässlich. Denn in ihr versinnbildlicht sich das Gebot der intersubjektiven Überprüfbarkeit. ›Objektiv‹ bedeutet hier zunächst einmal ganz praktisch, dass ein wissenschaftlicher Argumentationsgang auch tatsächlich nachvollziehbar wird, indem im Einzelfall dieselben Quellen (Bücher, Zeitschriftenartikel, Archivdokumente usw.), auf deren Basis Aussagen gemacht wurden, erneut studiert werden könnten. Dazu müssen diese Quellen aber auffindbar sein, wozu präzise Angaben unerlässlich sind. Ferner handelt es sich um den Schutz von Urheberrechten, im Klartext um den Schutz des geistigen Eigentums vor Diebstahl. Es gehört damit zur wissenschaftlichen Redlichkeit, immer auch anzugeben, woher man Informationen, Definitionen, Daten, Interpretationen usw. bezogen hat, und das nicht nur bei wörtlichen Zitaten. Inzwischen sind viele Texte und Informationen im Internet verfügbar; auch in diesen Fällen kann jedoch auf das Gebot der Belegarbeit nicht verzichtet werden. Das inzwischen häufiger auftauchende Problem, dass sich Seminar- und Examensarbeiten als Plagiate entpuppen, d.h. dass sie in mehr oder weniger ausgiebiger Form abgeschrieben oder sinngemäß entlehnt sind, ohne dies durch Literaturbelege abzusichern, möchte ich hier nur benennen, nicht aber vertiefen (zu den allgemeinen Standards wissenschaftlichen Arbeitens vgl. Bohl 2005 und Rost 2004).

Im Folgenden wird nicht versucht, eine Bilanz zu ziehen über die Ergebnisse der Vergleichenden Erziehungswissenschaft zu ihren verschiedenen komparativen und internationalen Gegenstandsbereichen nach der Art, wie diese in den vorherigen Kapiteln aufgerollt wurden. Denn ein solches Unterfangen würde schon vom Umfang her – um einigermaßen solide zu sein – den Rahmen einer Einführung sprengen. Zudem müssten dazu die angesprochenen Themen (Internationale bzw. Interkulturelle Erziehung/Pädagogik, Internationale Bildungspolitik usw.) nochmals wieder aufgegriffen werden. Dabei käme es zu vielen Redundanzen. Statt dessen werden im Folgenden einige Grundprobleme in der Produktion wissenschaftlichen Wissens angesprochen. Im komparativen Bereich betrifft dies die Fragen, was denn ein Vergleich überhaupt ist und welche Vergleichsdesigns es gibt. Diese grundsätzlichen Fragen werden an einigen wenigen Beispielen illustriert. Der internationale Bereich wird ebenfalls grundsätzlich betrachtet, indem eine Differenzierung ›des Internationalen‹ vorgenommen wird und neue Herausforderungen einer Verschränkung von international vergleichenden und interkulturellen Perspektiven exemplarisch abgehandelt werden. Schließlich kommt die Frage nach der Theorie zur Sprache. Welche Theorie(n) hat die Vergleichende Erziehungswissenschaft? Nach Klärung dieser grundsätzlichen Frage wird abschließend ein neueres Theoriekonzept vorgestellt, das in der Vergleichenden Erziehungswissenschaft zwar an Boden gewinnt, das aber dennoch umstritten ist, da es von weltweit ähnlichen Bildungsentwicklungen ausgeht und damit die Berechtigung vieler Annahmen über nationale und kulturelle Eigentümlichkeiten in Erziehung und Bildung in Frage stellt.

5.1 Der Vergleich

Über Sinn und Zweck und die methodische Vorgehensweise von Vergleichen ist in der Vergleichenden Erziehungswissenschaft viel diskutiert worden. Im Folgenden wird zunächst eine klassische Vergleichsmethodik, und zwar das Ablaufmodell von Hilker, vorgestellt und kritisch kommentiert. Anschließend wird anhand einer eigenen kleinen Forschungsarbeit der Autorin illustriert, wie ein Forschungsinteresse entstehen kann, wie es in mehreren Schritten umgesetzt wird und wie aus ihm schließlich neue Forschungsfragen hervorgehen.

Das Ablaufschema des Vergleichens nach Hilker

An dieser Stelle wird auf eine ›klassische‹ Abhandlung eines frühen Vertreters der Vergleichenden Erziehungswissenschaft in Deutschland, Franz Hilker, zurückgegriffen, die bis heute als Referenz angeführt wird (vgl. z.B. Arbeitsgruppe Internationale Vergleichsstudie 2003, S. 28). Vergleichen sei, so Hilker eingangs, als geistige Operation weder auf die vergleichenden Wissenschaften beschränkt noch eine Theorie oder ein Gegenstandsbereich. »Deskriptiv gesehen, ist Vergleichen eine Verbindung anschauender, analysierender und ordnender Tätigkeiten« (Hilker 1962, S. 99). Um überhaupt vergleichen zu können, brauche man in jedem Fall einen übergeordneten Gesichtspunkt, ein Vergleichskriterium, das sog. Tertium Comparationis, d.h. das Dritte, das den zwei Vergleichsobjekten übergeordnete Kriterium. »Funktional betrachtet, ist Vergleichen ein *Beziehungsdenken*. Zwischen zwei oder mehreren Erscheinungen derselben Art wird ein Bezugsverhältnis hergestellt mit dem Ergebnis der Gleichheit (Kongruenz), Ähnlichkeit (Affinität) oder Verschiedenartigkeit (Diskrepanz)« (ebd., S. 100).

Den Ablauf des Vergleichens gliedert Hilker sodann in vier Schritte bzw. Stufen, wobei seiner Darlegung zufolge die ersten beiden die Basis für die Vergleichsarbeit legen und die letzten beiden das eigentliche Vergleichen umfassen (ebd., S. 106–126):

1. *Deskription*: eine Bestandsaufnahme des zu untersuchenden Objektbereichs mittels eigener Anschauung und/oder mittels Analyse der vorliegenden Literatur und vorliegender Dokumente;
2. *Interpretation*: die explikative Deutung der Befunde vor dem Hintergrund historisch-gesellschaftlicher Bedingungen;
3. *Juxtaposition*: die erste Stufe des Vergleichens durch das Nebeneinanderstellen der zu untersuchenden pädagogischen Phänomene anhand definierter Kriterien (tertium comparationis);
4. *Komparation*: eine zweite, höhere Stufe des Vergleichens, die die Suche nach übergeordneten, einheitlichen Beurteilungskriterien für verschiedene Phänomene enthält und theorieorientierte Hypothesenbildung erlaubt.

Problematisch ist an Hilkers Ablaufschema dessen Vorstellung vom Zustandekommen der Argumentationsbasis: Deskription und Interpretation erscheinen bei ihm gleichsam als voraussetzungslos oder als (implizit) bekannt. Voraussetzungslos, d.h. ohne eine Explikation der theoretischen Vorannahmen, kann hingegen keine Bestandsaufnahme des zu untersuchenden Objektbereichs erfolgen, ja nicht einmal der ›Objektbereich‹ kann ohne eine irgendwie geartete theoretische Reflexion benannnt, eingegrenzt und begründet werden. Und wenn auf der Stufe der ›Interpretation‹ die Befunde vor dem Hintergrund historisch-gesellschaftlicher Bedingungen gedeutet werden sollen, so liegt dem die implizite Annahme zugrunde, dass die jeweiligen spezifischen historisch-gesellschaftlichen Bedingungen den ›Objektbereich‹ verständlich machen, ja vielleicht sogar im Sinne eines Ursache-Wirkung-Zusammenhangs erklären können; dies jedoch müsste erstens als theoretische Vorannahme begründet und zweitens auf seine Richtigkeit hin erforscht werden. Deskription und Interpretation müssen also mit Bezug auf eine theoretische Verortung betrieben werden.

Die Vergleichsmethodik von Hilker veranschaulicht ferner eine recht unreflektierte, weil nicht hinterfragte, induktive Vorgehensweise. Induktion bedeutet, dass von empirischen Befunden auf allgemeine Aussagen geschlossen wird (vom Besonderen auf ein Allgemeines). Bei Hilker wird von Erhebungen zu dem zu untersuchenden Objektbereich ausgegangen, und seine Vorgehensweise endet in der Formulierung von allgemeinen Kriterien und theorieorientierten Hypothesen. Logisch betrachtet kann man aber aus Einzelbeobachtungen (deren Menge nicht entscheidend ist) nicht auf Gesetzmäßigkeiten schließen. Auf den Bereich der Vergleichenden Erziehungswissenschaft angewendet und an einem Beispiel verdeutlicht heißt das: Wenn mehrere oder sogar viele in Augenschein genommene Bildungssysteme z.B. eine getrennte Beschulung von Mädchen und Jungen praktizieren – wie dies ja in der Tat in vielen arabischen Ländern der Fall ist –, so kann daraus nicht geschlossen werden, dass dies eine pädagogische Gesetzmäßigkeit darstellt und in allen Bildungssystemen vorkommt.

Hilker hat auch keine – alternative – Vergleichsmethodik vorgelegt, die – bildlich gesprochen – ›andersherum‹, d.h. deduktiv, vor sich gehen würde. Deduktion bedeutet, aus bereits vorhandenen Erkenntnissen, meist in Gestalt von Theorien, etwas abzuleiten (vom Allgemeinen zum Besonderen). In einem solchen Forschungsprozess wird zunächst eine Theorie über den sog. ›Objektbereich‹ formuliert (idealerweise in Auseiandersetzung mit unterschiedlichen Theorieangeboten), aus der dann Hypothesen abgeleitet werden, die in einem nächsten Schritt methodisch kontrolliert am gewählten ›Objektbereich‹ überprüft werden. Durch diese Überprüfung kann die vorgängige Theorie entweder aufrecht erhalten werden, oder sie muss verworfen oder für spätere weitere Untersuchungen modifiziert werden. Ein gut nachvollziehbares Ablaufschema einer solchen deduktiven Vorgehensweise findet sich bei Jürgen Friedrichs (1980, S. 50ff.); er beschreibt und illustriert die empirische Forschung als Abfolge von »Entdeckungs-, Begründungs- und Verwertungszusammenhang«: Soziale Probleme oder Probleme der Theoriebildung oder eine Auftragsforschung bilden den sog. ›Entdeckungszusammenhang‹, der in die (vorläufige) Formulierung einer Theorie mündet. Im Zuge des sog. ›Begründungszusammenhangs‹ wird diese Theorie überprüft, indem Hypothesen formuliert, geeignete Forschungsmethoden gesucht und stichprobentheoretische Überlegungen angestellt sowie Datenerhebungen und Auswertungen durchgeführt werden. Der Forschungspozess mündet in (ggf. neue) Hypothesen und modifizierte Theorie(n) und wird durch den sog. ›Verwertungs- und Wirkungszusammenhang‹, d.h. durch Veröffentlichungen, Vorträge, Verwendung für soziale Planungen usw. abgeschlossen. Hypothesen werden bei einer deduktiven Vorgehensweise also nicht – wie in Hilkers Modell – erst am Ende formuliert; und ›Deskription‹ und ›Interpretation‹ sind Bestandteile des Überprüfungsprozesses und nicht der Ausgangspunkt für die Untersuchung.

Vielfach wird man jedoch gar nicht anders vorgehen können als induktiv. Dies ist besonders dann der Fall, wenn für einen Objektbereich (noch) keine Theorie vorliegt, aus der man sinnvolle Hypothesen ableiten könnte. In einem solchen Fall sollte man dennoch nicht unreflektiert vorgehen, sondern den Stand der Forschung und Theorien in einem weiteren thematischen Umfeld berücksichtigen und mögliche Fehlschlüsse (nach der Art des in Bezug auf die getrennte oder gemeinsame Beschulung von Mädchen und Jungen genannten) in Betracht ziehen.

Ein Beispiel

An dieser Stelle soll eine kleine Untersuchung der Autorin dieses Buches vorgestellt werden (Adick 1999), weil daran exemplarisch gezeigt werden kann, wie Forschungsinteressen entstehen und bearbeitet werden können, und das in einer Weise, die auch im Rahmen einer Examensarbeit denkbar wäre, die also keine aufwändigen Forschungsprojekte voraussetzt.

Der Forschungsanlass: Die Studie entstand im Zuge der Beschäftigung mit dem Bildungswesen in Barbados während meines Aufenthaltes an der dortigen University of the West Indies im Rahmen meines Forschungssemesters (im Jahre 1997). Artikel in der lokalen Presse und Gespräche mit dortigen Kolleginnen und Kollegen motivierten mich dazu, mich mit der Frage der Koedukation im dortigen Bildungswesen zu beschäftigen. Die Analyse dieses singulären Falles (Koedukation in Barbados) begann durchaus konventionell mit einer Bestandsaufnahme zur historischen Entwicklung von geschlechtergetrennter oder koedukativer Beschulung in diesem Land. Erst in den 1970er Jahren waren dort die Primarschulen und ab den 1980er Jahren die Sekundarschulen auf Koedukation umgestellt worden. Zugleich hatte es immer wieder Versuche gegeben, geschlechtergetrennte Schulen am Leben zu erhalten oder wieder einzuführen.

Stand der Forschung: In einem nächsten Schritt wurden die vorliegenden empirischen Forschungsergebnisse zur Koedukationsfrage zusammen getragen. Hier zeigte sich, dass Befragungen der Lehrer- und der Schülerschaft in Barbados keine einhellig positive Einstellung zur Koedukation ergeben hatten. Insbesondere wurden die (vermuteten oder realen) Auswirkungen der Koedukation auf die schlechteren Schulleistungen von Jungen im Vergleich zu Mädchen thematisiert. Auf der Suche nach Erklärungen für das schlechtere Abschneiden von Jungen waren die verschiedensten Variablen untersucht worden, u.a. Koedukation, aber auch familiäre Rahmenbedingungen. Letztere bezogen sich insbesondere auf Erziehungsbedingungen in ›matrifokalen‹ Familienkonstellationen, wie sie in karibischen Ländern relativ häufig anzutreffen sind. Gemeint ist damit die Tatsache, dass viele Kinder in Haushalten aufwachsen, denen Frauen vorstehen und bei denen weibliche Familienangehörige (oft die Großmütter oder Tanten) sich die Erziehung der Kinder mit der Mutter teilen, wohingegen die Väter entweder abwesend oder nur gelegentlich anwesend sind und somit eine untergeordnete Rolle spielen. Als weitere mögliche Erklärung wurde auf die ›Feminisierung des Lehrerstandes‹ hingewiesen. Dieser Begriff bezeichnet die historische Entwicklung, in der immer mehr Frauen den Lehrberuf ergriffen haben, so dass Lehrerinnen inzwischen in der Primarschule, aber auch in der Sekundarschule überwiegen. Als weitere mögliche Erklärung kam die (angeblich) generelle Benachteiligung von Jungen und Männern durch das Erziehungs- und Bildungswesen zur Sprache. In der erziehungswissenschaftlichen Diskussion in Kreisen der University of the West Indies (eine Verbund-Universität mehrerer englischsprachiger karibischer Länder mit verschiedenen Standorten, darunter auch dem Campus in Barbados) wird seit Mitte der 1980er Jahre intensiv über eine solche Diskriminierung diskutiert: Die Titel der beiden Bestseller des jamaikanischen Pädagogikprofessors Errol Miller zu diesem Thema verdeutlichen dies; denn sie lauten: »The Marginalization of the Black Male« (1986, 2. Aufl. 1994) und »Men at Risk« (1991, 2. Aufl. 1995). Miller sieht das

Heraufziehen eines ›femininen Patriarchats‹ oder eines ›Matriarchats‹; die in der Karibik zu beobachtenden Entwicklungen eilten weltweiten Entwicklungen vielleicht sogar voraus (vgl. Miller 1995, S. 280ff.).

Die eigene Untersuchung: Vor dem Hintergrund dieser Bestandsaufnahme (laut Hilkers Schema: Deskription und Interpretation) wurde in einem nächsten Schritt eine qualitative Presseanalyse durchgeführt (vgl. Adick 1999, S. 111ff.). Hierfür konnten 45 Zeitungsartikel zum Thema ›Geschlecht und Bildung‹ aus der barbadischen Presse aus den Jahren 1993–1997 ausgewertet werden, die mir vom Archiv des Centre for Gender and Development Studies der Universität in Barbados unter Leitung von Eudine Barriteau zur Verfügung gestellt wurden. Die Aussagen der analysierten Zeitungsartikel wurden zu charakteristischen Topoi gebündelt, die folgende typische Argumentationsstrukturen reflektieren: (1) Koedukation bevorteilt Mädchen und führt zu Schulversagen der Jungen. (2) Die Politik der Koedukation basiert auf feministischen Machenschaften. (3) Koedukation steht im Zusammenhang mit der matrifokalen Erziehung und der Entmännlichung der Männer. (4) Als Ausgleich für die Benachteiligung der Jungen sind diverse Jungen favorisierende Maßnahmen (z.B. Quotierungen) nötig oder gar die Abschaffung der Koedukation. Zusammenfassend wurde konstatiert, dass die meisten Presseartikel von der These der generellen Benachteiligung der Jungen durch das koedukative Regelschulwesen ausgingen. Die Intention der Fallstudie war zunächst, die Koedukationsdebatte in Barbados als Beispiel für Entwicklungen und Diskussionen zu betrachten, wie sie ähnlich auch in anderen karibischen Bildungssystemen anzutreffen sind. Mit anderen Worten: das Spezifische, Typische, Besondere dieses ›Falles‹ sollte heraus gearbeitet werden.

Ein (kursorischer) Vergleich: Die – für die Autorin als deutsche Erziehungswissenschaftlerin – zu jener Zeit einigermaßen paradox anmutenden Ergebnisse dieser Fallstudie motivierten zu einem Vergleich mit der deutschen Diskussion (›Juxtaposition‹ laut Hilker). Dies geschah durch einen ›kursorischen‹ Vergleich, d.h. in diesem Zusammenhang, dass ich keinen systematischen Vergleich in Gestalt einer eigenen Presseanalyse für Deutschland in Entsprechung zu der für Barbados durchgeführt habe, sondern stattdessen als Vergleichsbasis eine ähnliche Studie, die zu jener Zeit von Heiner Drerup (1997) für Deutschland gemacht worden war, herangezogen habe. In seiner Analyse spricht Drerup für die deutsche Diskussion in den Massenmedien – geradezu spiegelbildlich zu der in Barbados – von der ›Patriarchatsthese‹ und dem ›Benachteiligungsmythos der Mädchen im koedukativen Regelschulwesen‹ als den zentralen Argumentationsweisen (Drerup 1997, S. 860ff.). Es sei ferner festzustellen, dass Massenmedien die doch recht differenzierte und mit empirischen Forschungsergebnissen aufwartende wissenschaftliche Diskussion zum Geschlechterverhältnis im Bildungswesen nur selektiv verzerrt oder verkürzt aufgriffen. Quasigesicherte Forschungsergebnisse träten auf diese Weise ihren Siegeszug durch die Medien an und führten so zur Mythen- und Legendenbildung in der Öffentlichkeit. Diese Aussage trifft ähnlich auch auf die Pressediskussion in Barbados zu.

Generierung neuer Hypothesen: Im Sinne der Suche nach übergeordneten Beurteilungskriterien und Anschlusshypothesen für die vergleichende Bildungsforschung (wie in Hilkers Stufe der ›Komparation‹) schließt die Studie zur Koedukation in Barbados mit der folgenden Frage: »Warum führen ähnliche Befunde wie die steigende Bildungsbeteiligung und bessere Schulleistungen von Mädchen, die Feminisierung des Lehrberufs, die Realität einer von Müttern dominierten Familienerziehung – ob verheiratet oder alleinerziehend – zu gänzlich konträren Deutungsmustern oder ›Mythen‹?« (Adick 1999, S. 122). Diese Frage könnte durch vergleichende Forschungen weiter untersucht werden. Denn in den letzten Jahren ist es unübersehbar, dass die Diskussion (auch) in Deutschland – bildlich gesprochen – gekippt ist, von der Diskriminierung von Mädchen hin zur Diskriminierung von Jungen, und dass nun Argumente auftauchen und Maßnahmen erwogen werden, die der schon länger währenden Dikussion in der Karibik entstammen könnten, ohne dass indessen wohl irgend jemand hier von der karibischen Entwicklung Notiz genommen hätte. Inzwischen wurden auch hier die besseren Schulleistungen und die höheren Schulabschlüsse von Mädchen zum Politikum, und es wurden Fördermaßnahmen für Jungen gefordert und Versuche dazu auf den Weg gebracht (vgl. Diefenbach/Klein 2002). Wie lässt sich nun wiederum ein solcher Befund erklären? Ist die Diskussion in der Karibik, wie Miller meint, der in westlichen Ländern historisch vorausgeeilt? Gibt es eine Art kritischen Punkt, an dem eine Geschlechterdebatte, die an der Argumentationsfigur der Benachteiligung von Mädchen und Frauen im Bildungswesen geführt wird, in ihr Gegenteil umschlägt und sich auf die Benachteiligung des männlichen Geschlechts fokussiert? Falls ja, wie lässt sich ein solcher kritischer Punkt definieren? Und welche Rolle spielen dabei wissenschaftliche Befunde, die in der Öffentlichkeit – wie gezeigt, in den Medien meist selektiv und verkürzt – zur Legitimation bestimmter Positionen herhalten? All diese Fragen sind noch nicht geklärt und könnten wissenschaftlich erforscht werden. Manchmal führt die induktive Erforschung von Einzelfällen also – für den ausländischen Beobachter – zu unerwarteten Ergebnissen, die dann Anlass zur Formulierung von expliziten Vergleichsperspektiven geben, die wiederum deduktiv überprüft werden könnten.

5.2 Vergleichende Untersuchungsdesigns

Eine Grundfrage, die entschieden werden muss, ist, wie viele Länder bzw. Kulturen man in eine Untersuchung einbeziehen will. Leo Fernig unterschied schon früh (1959) drei Arten von Vergleichsdesigns: Die erste besteht in einem Zwei-Länder-Vergleich; in der zweiten wird ein Land mit mehreren anderen verglichen; die dritte Art liegt vor, wenn die ganze Welt zum Vergleich herangezogen wird; letztere wird von ihm ›global‹ genannt. Friedrich Schneider, dem ich den Hinweis auf diesen Aufsatz verdanke, äußerte sich zu diesem Ansinnen wie folgt: »Ich halte diese sogenannte globale Methode für unmöglich. (…) Gehen wir einmal von der Fiktion aus, daß sich jemand fände, der die pädagogische Theorie oder Wirklichkeit aller Länder oder Ausschnitte aus ihr mit der komparativen Methode bearbeiten wollte, so könnte er wegen der unendlichen Fülle des sachlichen Materials auf keinen Fall überall auch die exogenen und endogenen Triebkräfte, die wir doch als notwendig für den wissenschaftlichen Vergleich bezeichnet haben, untersuchen und darstellen. Und wer soll den Wagemut zu einer solchen globalen Untersuchung aufbringen?« (Schneider 1961, S. 125).

Den Wagemut zu solchen explizit globalen Vergleichen hatte jedoch (bereits) in den 1970er Jahren eine Forschergruppe um den amerikanischen Bildungssoziologen John W. Meyer an der Universität Stanford. Da globale Untersuchungsdesigns deutlich aufwändiger sind als andere Vergleichsdesigns, sind sie entsprechend seltener anzutreffen. Sie sind auch kaum noch von Einzelpersonen zu realisieren, sondern werden in größeren Forschungsgruppen angegangen. Diese Sparte wird derzeit vor allem von Forschungen im Umfeld des sog. ›world polity‹-Ansatzes bestritten, auf den am Ende dieses Kapitels (Kap. 5.7) eingegangen werden soll. An dieser Stelle sei zunächst auf die Vielzahl der seit den 1970er Jahren publizierten, bibliographisch nicht einzeln aufzuführenden, Studien der Forschergruppe um John W. Meyer, Francisco O. Ramirez, John Boli und andere hingewiesen. Den Auftakt machte eine Untersuchung der globalen Bildungsexpansion zwischen 1950 und 1970 (Meyer et al. 1977), die deswegen und weil sich die Art des Forschungsdesigns seither kaum verändert hat, an dieser Stelle eigens erläutert werden soll:

Im Unterschied zu Hilkers induktiver Vorgehensweise ist die Untersuchung von Meyer et al. (1977) dezidiert deduktiv. Zunächst werden eine Reihe von gängigen theoretischen Annahmen zur Erklärung von Bildungsexpansion diskutiert: Eine Theorierichtung besagt, dass ökonomische Entwicklung zu Bildungsexpansion führt; eine zweite geht davon aus, dass Bildungsexpansion als Folge politischer und sozialer Modernisierung auftritt; in einer dritten werden starke Staaten dafür verantwortlich gemacht; viertens gibt es die Annahme, dass in ethnisch heterogenen Ländern Bildung langsamer expandiert; fünftens wird schließlich argumentiert, dass sich auch in abhängigen Ländern Bildungsexpansion langsamer vollzieht (ebd., S. 242f.).

Anschließend präsentieren die Autoren ihre Datenbasis, anhand derer sie die verschiedenen Annahmen empirisch überprüfen wollen. Es handelt sich um Längsschnittdaten, ohne die ein Trend – in diesem Falle: Bildungsexpansion – nicht überprüfbar wäre. Die Daten entstammen Datensammlungen der UNESCO für den Primar-, den Sekundar- und den Tertiärbereich in den Jahren 1950, 1960 und 1970 und beziehen sich auf jeweils über hundert Länder für jeden Bildungsbereich. In einer ersten Auswertung sind die Daten zusammenfassend nach diesen Bildungsbereichen sowie nach armen und reichen Ländern aufgeschlüsselt und signalisieren: Überall fand ›Bildungsexpansion‹ statt (ebd., S. 244f.). Dies führt die Autoren zur Überlegung, dass Bildungsexpansion ein sich selbst generierender Prozess sein könnte; d.h. ein Prozess, der sich nicht aus anderen Ursachen, wie z.B. ökonomische Entwicklung oder politische Bedingungen, erklären lässt.

Um einen solchen sich selbst generierenden Prozess statistisch erfassen zu können, greifen sie auf Diffusionsmodelle zurück, wobei zwei Varianten denkbar sind: ein sog. ›Ansteckungsmodell‹, das ähnlich wirkt wie im Falle von Epidemien: Bildung wirkt ›ansteckend‹ wie ein Virus und führt so zu Bildungsexpansion. Die zweite Diffusionsvariante geht von einer konstanten Zufuhrquelle aus; diese besteht in der Zahl der noch nicht Beschulten; d.h. Bildungsexpansion ist abhängig von dieser Größe: Wenn z.B. alle Kinder schon eingeschult werden, kann im Primarschulwesen keine Bildungsexpansion mehr erfolgen, wohl aber im Sekundarschulwesen, sofern dort noch keine hundertprozentige Beschulung eingetreten ist. Meyer et al. überprüfen anschließend ihre Daten darauf, ob die Annahmen der beiden Diffusionsmodelle haltbar sind. Sie kommen summarisch zu dem Ergebnis, dass dies der Fall ist, wobei sie aber auch konstatieren, dass die Erklärung ›Diffusion‹ keine eigentliche Theorie sei, sondern nur den Prozess der Bildungsexpansion richtig beschreiben könne (ebd., S. 245–248).

Im nun folgenden Gedankengang überprüfen sie die eingangs genannten Theorievarianten unter der Fragestellung, ob und ggf. welche der von diesen postulierten Variablen Einfluss auf Bildungsexpansion haben könnten. Hierzu bilden sie Indikatoren zu ökonomischen, politischen und sozialen Faktoren, die sie mit den Einschreibedaten je Bildungsstufe korrelieren und auf statistische Signifikanz testen. Im Ergebnis kommt heraus, dass kaum eine der Variablen, die die verschiedenen Theorien als relevant ansehen, statistisch signifikant ist. Sogar die ökonomische Entwicklung, die die meisten Theorien als bedeutsam ansähen, habe den Berechnungen zufolge nur kleine Effekte aufgewiesen (ebd., S. 249–251).

Welche Ursache für Bildungsexpansion mag es dann geben? An dieser Stelle führen die Autoren eine neue Idee ins Feld, die sich von den anderen Theorien unterscheidet und die hier deshalb im originalen Wortlaut zitiert wird: »The absence of effects of national structural characteristics and the importance of educational diffusion processes, suggests that properties of the modern world itself may explain educational expansion since 1950« (ebd., S. 251).

Meyer et al. sehen insbesondere die in jenen Jahren durch die politische Unabhängigkeit vieler ehemaliger Kolonien zunehmende Existenz von Nationalstaaten als bedeutsames Merkmal dieser Weltgesellschaft an und testen deswegen ihre Daten erneut unter den Gesichtspunkten ›Jahr der politischen Unabhängigkeit‹ und ›arme – reiche Länder‹. Entgegen ihren Erwartungen erklären aber auch diese Faktoren nicht die zur Debatte stehende Bildungsexpansion (ebd., S. 251–255). Ihnen bleibt daher am Ende ihres Gedankenganges nur, über weitere Ursachen zu spekulieren und zu weiteren Forschungen aufzurufen. Der letzte Satz ihres Aufsatzes lautet: »This universal increase in education has led us to speculate that the causes of this expansion lie in characteristics of the contemporary world system, since such characteristics would affect all nations simultaneously. We offer these speculations as directions for further research« (ebd., S. 255). Diese Idee bildet den Kern ihrer seit jener Zeit immer weiter ausformulierten und mit vielen weiteren empirischen Untersuchungen belegten Theorie einer ›world polity‹, d.h. einer weltweit ähnlich gestalteten Weltgesellschaft (vgl. dazu Kap. 5.6).

5.3 Das Internationale in der Vergleichenden Erziehungswissenschaft

Analog zu der Frage, wie denn Vergleiche durchgeführt werden können, die für die komparative Seite der Vergleichenden Erziehungswissenschaft bedeutsam sind, soll nun für deren internationale Seite gefragt werden, wie denn ›das Internationale‹ systematisch zu konzipieren ist. Eine solche Systematik existiert meines Wissens in der Vergleichenden Erziehungswissenschaft noch nicht. Stattdessen tauchen im Umfeld des ›Internationalen‹ immer wieder eine Reihe von Begriffen wie z.B. global, supranational oder transnational auf, die teils als Alternativen, teils wie Synonyme verwendet werden, die aber häufig auch völlig ohne Definition bleiben. Aus diesem Grunde soll im Folgenden versucht werden, diese Begrifflichkeit zu klären und sie zugleich mit pädagogischen Phänomenen in Zusammenhang zu bringen (vgl. Tab. 4). Hierbei wird folgende Grundsatzentscheidung getroffen: ›International‹ wird zum einem als Oberbegriff für ›grenzüberschreitend‹ genommen, egal welcher spezifischen Art diese Erscheinungen sind. In einer zweiten Bedeutung wird ›international‹ im Sinne von ›zwischenstaatlich‹ bzw. ›intergouvernemental‹ benutzt und zur Verdeutlichung an dieser Stelle des Textes deswegen mit Bindestrich geschrieben (›inter-national‹). Der Begriff, von dem sich alle Varianten absetzen, ist das ›Nationale‹ als abgekürzte Form des ›Nationalstaatlichen‹; denn es geht hier nicht um ›Nationalkultur‹, sondern um Fragen der Souveränität von (National-)Staaten.

Für die verschiedenen Varianten des Internationalen sind einige Beispiele aus dem Bereich von Erziehung und Bildung benannt (Tab. 4), die hier kurz erläutert werden sollen:

Bildungssysteme werden wohl überwiegend und in erster Linie immer begriffen als ›national(staatliche)‹. Dies wurde schon mehrfach betont und zeigt sich in der Vergleichenden Erziehungswissenschaft als deren durchgängiges ›nationalstaatliches Paradigma‹, mit dem auch die Sinnhaftigkeit von Ländervergleichen meist unhinterfragt unterstellt ist (Adick 2005). (In Kap. 6 wird auf diesen Punkt noch weiter eingegangen.)

Die Kennzeichnung ›bilateral‹ kommt dann zum Tragen, wenn es zwischen zwei Staaten zu bestimmten Abmachungen oder Programmen kommt. Für den Erziehungs- und Bildungsbereich ist hier das Beispiel des Deutsch-Französischen Jugendwerkes aufgeführt worden. Dieses wurde 1963 gegründet, um durch bilaterale Massnahmen der Jugendarbeit zur Aussöhnung und Begegnung zwischen Deutschen und Franzosen beizutragen (vgl. Bock [Hrsg.] 2003). Das Deutsch-Französische Jugendwerk verzeichnete eine große Akzeptanz in der internationalen Jugerndarbeit und wurde deswegen zum Vorbild genommen für die Gründung eines ähnlichen bilateralen Jugendwerkes zwischen Deutschland und Polen: das Deutsch-Polnische Jugendwerk existiert seit 1991 und unterstützt ebenfalls Schulpartnerschaften und Begegnungsreisen.

Der Begriff ›europäisch‹ ist aufgenommen worden, weil er auch in der pädagogischen Diskussion in Deutschland häufig verwendet wird. So wird beispielsweise der öffentlichen Schule die Aufgabe zugewiesen, für den Europagedanken zu werben, wie dies in der entsprechenden KMK-Empfehlung »Europa im Unterricht« (KMK 1978/1990) zum Ausdruck kommt. ›Europäisch‹ meint in diesem Sinne eine spezifische regionale Ausprägung von ›international‹ und betont wie diese den Gedanken der Kooperation und Verständigung zwischen den europäischen Staaten. Wenn von ›Europa‹ im Sinne der Europäischen Union (EU) die Rede ist, so ist damit eine supra-nationale politische Ebene angesprochen, die weiter unten thematisiert wird.

Von ›multinational‹ ist zwar in Bezug auf Bildung selten die Rede. Man kann aber – wie hier getan – Schulen finden, auf die

Tab. 4: Begriffe im Umfeld des Internationalen (© C. Adick)

Begriff	Anwendung im gesellschaftlichen Bereich	Anwendung im Bildungsbereich (Beispiele)
national	Nationalstaat, national(staatlich)e Gesetzgebung	national(staatlich)es Bildungswesen
bilateral	Abkommen/Institutionen zwischen zwei Staaten	bilaterale Jugendwerke, z.B. das Deutsch-Französische Jugendwerk
multi-national	multinationale Konzerne mit mindestens einer Tochterfirma im Ausland	Benedict- und Inlingua-Sprachschulen (in der Schweiz gegründet)
inter-national	im Sinne von zwischenstaatlich/intergouvernemental: das UN-System, die Welthandelsorganisation WTO u.a.	UNESCO Programme, Weltdekade Bildung für nachhaltige Entwicklung, zwischenstaatliche Anerkennung von Bildungsabschlüssen
supra-national	über/oberhalb der Nationalstaatsebene angesiedelt: die Europäische Union (EU)	die Europäischen Schulen und das Europäische Bakkalaureat
global	Anstieg und Intensivierung grenzüberschreitender Verflechtungen (bes. Wirtschaftsbereich und Informations- und Kommunikationstechnologie)	Online Fernstudium, virtuelle Universitäten, globaler Zugriff auf Wissen (Datenbanken)
trans-national	jenseits (national)staatlicher und internationaler Ebenen angesiedelt: transnationale Konzerne und internationale Nichtregierungsorganisationen (z.B. Greenpeace)	Global Campaign for Education, koordiniert durch OXFAM; private grenzüberschreitende Bildungsangebote, reguliert durch GATS; International Schools und das Internationale Bakkalaureat
universal	faktische und/oder normativ gewollte weltweite Geltung	das universale Menschenrecht auf Bildung, universale Kinderrechte

diese Kennzeichnung zutrifft. Bei den genannten Benedict- und den Inlingua-Schulen handelt es sich um private Sprachschulen, die in der Schweiz gegründet wurden, die aber inzwischen auch Dependencen in anderen Ländern, z.B. in Deutschland haben. Diese Schulen sind Unternehmungen mit eigenen Unterrichtskonzepten, nach denen an allen Standorten gearbeitet wird (*www.benedict-school.de*; *www. inlingua.com*).

Zu ›*inter-nationalen*‹ Erscheinungen im Erziehungs- und Bildungsbereich gibt es eine Vielzahl von Beispielen. Da es sich um Vereinbarungen und Programme zwischen mehreren oder praktisch allen Staaten dieser Welt handelt, findet sich in diesem Bereich die größte Verbreitung des Internationalen im Bildungswesen. Die Ausprägungen reichen von Programmen internationaler Organisationen wie der UNESCO, die dann in nationalen Bildungssystemen in unterschiedlicher Weise umgesetzt werden. Praktisch der ganze Bereich, der in den vorherigen Kapiteln unter der Überschrift ›Internationale Erziehung bzw. Pädagogik‹ abgehandelt wurde, fällt in diese Kategorie. Hinzu kommen zwischenstaatliche Abkommen über die gegenseitige Anerkennung von Zertifikaten und Abschlüssen.

Als ›*supranational*‹ sind hingegen nur wenige Erscheinungen im Bildungsbereich zu klassifizieren, da hierzu die Abgabe eines Teils staatlicher Souveränität an eine nächsthöhere Ebene vorhanden sein muss, was über die Kooperation zwischenstaatlicher Vereinbarungen hinausgeht. Als Beispiel sind hier die Europäischen Schulen genannt, die auch eine eigenständige supranationale Hochschulzugangsberechtigung vermitteln: das Europäische Bakkalaureat (vgl. Borkenhagen 1997; Hornberg 2008). Diese wenigen, nur zwölf Schulen stehen in der Zuständigkeit der EU und sind für die Belange der Kinder der Bediensteten der europäischen Behörden gedacht, werden aber in den Mitgliedsländern der EU staatlich anerkannt. Verwaltet werden sie von einer eigenen EU-Behörde, dem Obersten Rat der Europäischen Schulen, dessen Vorsitz zwischen den Mitgliedsstaaten wechselt (vgl. Hornberg 2008). In Deutschland existieren drei Europäische Schulen, je eine in Karlsruhe, München und Frankfurt; die anderen Schulen befinden sich in Belgien, Luxemburg, Italien, Niederlande, Großbritannien und Spanien (*www.eurosc.org*). Die Europäischen Schulen dürfen hingegen nicht verwechselt werden mit den in Deutschland existierenden ›Europaschulen‹ bzw. Schulen ›mit europäischem

Profil‹ (Hornberg 2008). Denn diese sind staatliche Regelschulen mit einer auf Europa bezogenen Profilierung und gehören damit unter das Etikett ›national-staatlich‹; in Bezug auf ihr spezifisches Profil kann ein Teil ihres Bildungsauftrags auch unter den Begriff ›europäisch‹ (siehe oben) gefasst werden.

›*Global*‹ ist inzwischen häufig zu einem Quasi-Synonym für ›international‹ geworden. Um den Begriff aber trennschärfer zu benutzen, wird er an dieser Stelle in Bezug auf Bildung im Sinne einer weltweiten Zugänglichkeit zu Wissensbeständen und vor allem zu Bildungsgängen und Abschlüssen verwendet. Datenbänke und Informationen im Internet, Fernlehre bis hin zu virtuellen Universitäten können hier subsumiert werden. Eine entsprechende Zusammenstellung von Katrin Seifer (2006, S. 240ff.) zur virtuellen Mobilität im Hochschulstudium zeigt an einem Vergleich von elf virtuellen Voll-Universitäten und acht Fernuniversitäten Online, dass in beiden Segmenten von ›virtuellen Hochschulen‹ auch das Fach Pädagogik häufig angeboten wird. Solche Studien und Abschlüsse, die vom Bachelorabschluss bis zur Promotion reichen, sind kostenpflichtig und werden überwiegend in Englisch abgehalten. Die größte der von Seifer analysierten online arbeitenden Fernuniversitäten, die Indira Gandhi Open University, verzeichnete im Jahre 2005 1,5 Mio. Einschreibungen; die Virtuelle FernUniversität Hagen kam im gleichen Jahr auf immerhin fast 45.000 Studierende.

In neuerer Zeit taucht auch in Bezug auf Erziehung und Bildung häufiger der Begriff ›*transnational*‹ auf. Teilweise überlappt sich dieser mit ›multinational‹, wo er sich auf Unternehmen bezieht, die mal als multi-, mal als transnationale bezeichnet werden. Die oben genannten Sprachschulen können demzufolge auch als transnationale Bildungsangebote gelten. Auch ist eine Unterscheidung zwischen ›global‹ und ›transnational‹ nicht immer einfach; denn die eben genannten virtuellen Universitäten operieren meist außerhalb nationaler Hochschulsysteme, teilweise mit dem Ziel der Erwirtschaftung von Profit. Unter den Titel ›transnational‹ fallen ferner eine Reihe weiterer Erscheinungen: firmeneigene Bildungsinstitutionen transnationaler Unternehmen (z.B. die Lufthansa Business School) und Bildungsprojekte transnationaler Nichtregierungsorganisationen.

Mit ›*universal*‹ sollen solche Erscheinungen benannt werden, die faktisch weltweit verbreitet sind oder vom Anspruch her sein sollten. Der Begriff wird hier von ›global‹ in dem Sinne unterschieden, dass unter ›global‹ eher die Intensivierung von weltweiten Interdependenzen insbesondere infolge eines expandierenden Weltmarkts verstanden wird, ›universal‹ sich aber auf gesamtmenschheitliche Gemeinsamkeiten bezieht. Die in den universalen Menschenrechten enthaltene Norm des Rechts auf Bildung und Erziehung, das jedem Erdenbürger ohne Ansehen von Nation, Geschlecht, Ethnie, Alter, Religion usw. zukommt, wird derzeit im bereits dargestellten Education for All (EFA) Programm (Kap. 4.4) versucht auch faktisch umzusetzen. Der andernorts von der Autorin dieses Buches ausführlicher analysierte Prozess der ›Universalisierung von Schule‹ (Adick 1992, 2004a) käme damit an sein historisches Ende.

Die genannten Begriffe im Umfeld des Internationalen sollten in der Vergleichenden Erziehungswissenschaft begriffssensibel verwendet werden. Hierzu gehört auch, zwischen ihren faktischen und normativen Anteilen zu unterscheiden; denn alle genannten Begriffe können und werden einerseits zur Bezeichnung empirisch diagnostizierbarer Prozesse und Phänomene verwendet, andererseits zur Beschreibung normativ wünschbarer Zustände, häufig jedoch ohne zwischen beiden Verwendungsarten zu unterscheiden. Beispielsweise kann in Bezug auf ›Internationale Erziehung‹ durch entsprechende Forschungen belegt werden, dass entsprechende Praxen zugenommen haben, z.B. die Anzahl internationaler Jugend-, Schüler- und Studierendenaustauschprogramme und deren Teilnehmerzahlen. Was aber ›Internationale Erziehung‹ sein soll, darüber muss ein normativer Diskurs geführt werden: Soll es um Toleranz, um Akzeptanz, um Assimilation, um Verständigung, um Konfliktlösung oder um was gehen? Und was heißen ›Toleranz‹, ›Akzeptanz‹ usw. eigentlich? Solche normativen Diskurse sind dann wiederum Gegenstand wissenschaftlicher Reflexion: Auf was beruft sich das ›Toleranz‹-Gebot? Wo liegen die Unterschiede zu Zielen wie ›Akzeptanz‹ oder ›Verständigung‹? Welche Postulate lassen sich mit der Norm universaler Menschenrechte vereinbaren? Welche Interessen stecken hinter welchen Zielen und welche Ziele implizieren ein verkapptes Dominanzstreben? Nach einer solchen normativen Klärung kann dann wiederum empirisch erforscht werden, ob z.B. entsprechende Einstellungen bei Teilnehmern an internationalen Programmen anzutreffen sind oder nicht. Auch wissenschaftliche Argumentationen sind nicht immer frei von normativen Implikationen; sie sollten aber daran gemessen werden, ob sie diese (selbst-)kritisch reflektieren oder dies versäumen.

5.4 Verschränkung international vergleichender und interkultureller Untersuchungsperspektiven

Aufgrund veränderter gesellschaftlicher Situationen, bedingt durch das, was mit den Stichworten ›Globalisierung‹ und ›Migration‹ summarisch bezeichnet ist, ergeben sich für die Vergleichende Erziehungswissenschaft neue Herausforderungen, aber auch neue Möglichkeiten der Verschränkung komparativer und internationaer Perspektiven. Allerdings sind die dafür erforderlichen forschungsmethodischen Designs nicht eben einfach zu realisieren. Wenn es nicht bei einer bloßen Addition von Einzelstudien z.B. zur interkulturellen Erziehung in der Schule in verschiedenen Ländern bleiben soll, muss ein systematisches Vergleichsdesign erarbeitet werden. Dieses erfordert eine Definition des Gegenstandes, in diesem Falle z.B. ›interkulturelle Erziehung in der Schule‹, in Bezug auf inhaltlich plausible Vergleichskriterien (Stichwort: ›tertium comparationis‹), die Begründung der Auswahl der Länder, die vergleichend untersucht werden sollen, und die Erstellung eines Vergleichsdesigns für die methodisch kontrollierte Überprüfung und/oder Generierung von Hypothesen.

Ein Beispiel für eine solche Forschungsarbeit hat Cristina Allemann-Ghionda (1999) vorgelegt. Sie untersucht den Umgang mit sprachlicher und kultureller Vielfalt in vier europäischen Ländern. Ausgehend von der Schweiz wählt sie hierzu die angrenzenden Länder Deutschland, Frankreich und Italien, weil diese gewisse sprachliche und kulturelle Verbindungen zur Schweiz haben und alle über eine relativ lange Erfahrung mit Migranten verfügen (ebd., S. 34). Sie begrenzt ihre Untersuchung der Bildungssysteme auf den Bereich der Grundschulen und den Übergang ins Sekundarschulsystem, um damit die »Strategien« zu erforschen, »welche die Schulsysteme in den vier ausgewählten Ländern an den Tag legen, um (...) die Folgen von Migration und die Dimensionen der kulturellen und sprachlichen Vielfalt zu verarbeiten« (ebd., S. 37).

Allemann-Ghionda wählt das Design eines sog. Quervergleichs von mehreren Fallstudien (ebd., S. 46ff.): In einem solchen Untersuchungsverfahren werden Fallstudien anhand gemeinsamer Gesichtspunkte erstellt, die dann anschließend mit Bezug auf bestimmte Hypothesen miteinander ›quer‹ verglichen werden, woraus sich laut Allemann-Ghionda vier Vergleichsperspektiven ergeben:

»*Erstens: Vergleich zwischen bildungspolitischem Anspruch und schulpraktischer Verwirklichung.* Die realisierte Strategie wird mit den selbstgesetzten Zielen verglichen.

Zweitens: Vertikaler Vergleich. Die Strategie wird mit der offiziellen bildungspolitischen Ausrichtung der jeweiligen Region und/oder Nation verglichen und aus der Logik des jeweiligen kommunalen, regionalen, nationalen Zusammenhangs heraus erklärt.

Drittens: Vergleich zwischen Theorie, Rezeption und Umsetzung. Die Unterrichtsinhalte und -formen und das, was Lehrkräfte, Schulleiter und Behördenvertreter darüber sagen, werden an theoretischen Modellen gemessen.

Viertens: Horizontaler Vergleich oder Quervergleich. Die verwirklichte Strategie wird im Vergleich mit den anderen untersuchten Strategien betrachtet« (ebd., S. 47f.).

Als ›tertium compartionis‹ nimmt die Autorin neben theoretischen Aussagen neun sog. »Schlüsselthemen, nach denen das Material erhoben, kodiert, in den jeweiligen regionalen systematischen Kontext eingeordnet und im Quervergleich gedeutet wurde« (ebd., S. 51). Diese ›Schlüsselthemen‹ beziehen sich darauf, wie nationale Bildungssysteme mit kultureller und sprachlicher Vielfalt umgehen und umfassen Aspekte wie das Vorhandensein von Unterricht in der Herkunftssprache von Migranten, einer spezifischen Zweitsprachen-Didaktik, den Schulerfolg von Migrantenkindern, spezielle Aus- bzw. Weiterbildung von Lehrpersonen und anderes mehr. Die ›Schlüsselthemen‹ bildeten auch den Leitfaden für Expertengespräche und Interviews, die die Autorin in den betrachteten Ländern führte. Daneben wurden auch Dokumentenanalysen (bildungspolitischer Dokumente und einiger Presseartikel), Sekundäranalysen zu Schulstatistiken sowie Unterrichtshospitationen durchgeführt (vgl. ebd., S. 42ff.).

Obwohl die Untersuchung im Wesentlichen qualitativ, ideographisch und induktiv ausgerichtet ist, stellt die Autorin eingangs zehn Hypothesen auf (ebd., S. 32ff.), auf die sie nach der Präsentation der Fallstudien in ihrem ›Quervergleich‹ (ebd., S. 415ff.) zurückgreift. Ihre Begründung hierfür ist folgende: »Im Falle der ideographisch orientierten qualitativen Forschung ist eine Hypothese erkenntnisleitend, indem dank ihr die forschende Person sich an die Antworten auf die zu untersuchenden Fragen herantastet. (...) Hypothesen können der Tendenz nach bestätigt oder widerlegt werden. Aber selbst im Laufe der Datenerhebung können immer wieder neue Hypothesen entwickelt werden. Das induktive Verfahren ist für den qualitativen Ansatz zentral, muss aber durch systematisches Beobachten und Vergleichen von Daten überprüft werden« (ebd., S, 33f.).

Das Untersuchungsdesign dieser Studie wurde erläutert, um die komplexen Anforderungen sichtbar zu machen, die sich ergeben, wenn man den ›komparativen‹ und den ›internationalen‹ Strang der Vergleichenden Erziehungswissenschaft miteinander kombiniert und einen solchen Gegenstand nicht nur in Form einer ›Juxtaposition‹ darstellen, sondern methodisch kontrolliert erforschen will. Entsprechend selten, weil eben sehr aufwändig, sind solche Untersuchungen.

Die genannten Herausforderungen sollen nun noch an einem weiteren Thema dargelegt werden, das von der Vergleichenden Erziehungswissenschaft bisher kaum erforscht wurde: die Frage der islamischen religiösen Unterweisung in Europa. Auch in diesem sich neu auftuenden Forschungsfeld können international vergleichende und interkulturelle Perspektiven verknüpft werden. Methodisch kontrolliertes wissenschaftliches Wissen liegt dazu allerdings noch kaum vor. Es soll daher skizziert werden, wie sich ein solches neues Forschungsfeld konstituiert.

In den letzten Jahren hat die Frage, ob und wie islamischer Religionsunterricht in die öffentlichen Schulsysteme in Europa integriert wird oder werden kann, einige Aufmerksamkeit erhalten. Erste Untersuchungen haben eine erstaunliche Vielfalt zu Tage gefördert, und das nicht nur zwischen den europäischen Ländern, sondern auch innerhalb der Länder selbst. Für Deutschland hatte die Kultusministerkonferenz (KMK) bereits 1984 sieben verschiedene Modelle aufgezeigt, wie ein solcher Religionsunterricht praktiziert wird bzw. werden könnte (vgl. Siegele 1990, S. 33ff.). Die Modelle gehen von der gänzlich außerhalb des öffentlichen Schulwesens angesiedelten Koranschule einer Moscheegemeinde über verschiedene Varianten des (fakultativen) Muttersprachlichen

(Ergänzungs-)Unterrichts, bis hin zur Etablierung eines islamischen Religionsunterrichts in Analogie zum katholischen und evangelischen Religionsunterricht als obligatorisches ordentliches Lehrfach in Abstimmung mit der islamischen Religionsgemeinschaft. Letzteres Modell basiert auf Art. 7, Abs. 3 des Grundgesetzes, der folgendes bestimmt: »Der Religionsunterricht ist in den öffentlichen Schulen mit Ausnahme der bekenntnisfreien Schulen ordentliches Lehrfach. Unbeschadet des staatlichen Aufsichtsrechtes wird der Religionsunterricht in Übereinstimmung mit den Grundsätzen der Religionsgemeinschaften erteilt. Kein Lehrer darf gegen seinen Willen verpflichtet werden, Religionsunterricht zu erteilen.« Der betreffende Artikel gilt hingegen nicht in Bremern und in Berlin (sog. ›Bremer Klausel‹), wo auch der christliche Religionsunterricht als nicht versetzungs- und zeugnisrelevantes Zusatzangebot in der ausschließlichen Verantwortung der Religionsgemeinschaften erteilt wird. In Berlin gibt es seit dem Schuljahr 2002/03 einen konfessionsgebundenen islamischen Religionsunterricht, der aber kein ordentliches Unterrichtsfach laut GG Art. 7, Abs. 3 ist. Ferner existiert dort seit 1989 die erste und bislang wohl einzige staatlich anerkannte islamische Privatschule in Deutschland, eine Grundschule in Kreuzberg (vgl. Mohr 2000a, S. 58ff.).

Angesichts des Bildungsföderalismus in Deutschland variieren die tatsächlich angebotenen Modelle erheblich (vgl. Kiefer 2005, S. 78–88): Bislang gibt es in Deutschland nirgendwo einen konfessionsgebundenen islamischen Religionsunterricht als ordentliches Lehrfach gemäß Art. 7, Abs. 3 des Grundgesetzes. Als Haupthindernis wird meist angeführt, dass der Islam bislang nicht als Körperschaft des Öffentlichen Rechts anerkannt wurde, weil es (noch) keinen alle islamischen Richtungen repräsentierenden Ansprechpartner gibt. Das Hauptmodell stellt (noch) ein islamischer religionskundlicher Unterricht im Rahmen des Muttersprachlichen (Ergänzungs-)Unterrichts dar, der den – überwiegend türkischen – Kindern mit Migrationshintergrund als Zusatz zum obligatorischen Schulbesuch entweder von den Kultusministerien oder von den Konsulaten angeboten wird. Es gibt aber einige Schulversuche eines deutschsprachigen islamischen religionskundlichen Unterrichts unter verschiedenen Bezeichnungen (Islamkunde, Islamische Religiöse Unterweisung), um den Terminus ›Religionsunterricht‹ zu vermeiden. Der größte dieser Art ist der seit dem Schuljahr 1999/2000 in Nordrhein-Westfalen zunächst unter dem Titel »Islamische Unterweisung« begonnene Schulversuch, der inzwischen in »Islamkunde« umbenannt wurde und der 110 Schulen umfasst (vgl. Gottwald/Siedler [Hrsg.] 2001; Kiefer 2005). Eine Sonderstellung hat ferner der »Interreligiöse Religionsunterricht für alle« in Hamburg, der einen multi-konfessionellen Ansatz darstellt, d.h. er ist kein (bloß) religionskundlicher Unterricht, sondern ein konfessioneller, der aber nicht, wie in den anderen konfessionellen Modellen, an nur eine Konfession gebunden ist (vgl. Özdil 1999, S. 15ff.; Weiße 2000).

Warum aber ist das Thema überhaupt für die Vergleichende Erziehungswissenschaft bedeutsam? Sollte es nicht den Bildungspolitikern oder den Religionspädagogen überlassen werden? Hierauf können zwei Antworten gegeben werden: Erstens tangiert die Diskussion um die Einführung eines islamischen Religionsunterrichts in das öffentliche Bildungswesen den Bereich der Interkulturellen Pädagogik. Denn in den einschlägigen Diskussionen tauchen immer wieder Bezüge zu Argumenten auf, die auch in der Interkulturellen Pädagogik diskutiert werden, wie etwa das Gebot der Gleichbehandlung der Kulturen, hier in Bezug auf Religionszugehörigkeit. Ferner stellt sich die Frage, welche Begründungen es für die Verknüpfung von religiöser Unterweisung und Sprachunterricht in der Variante der religiösen Unterweisung als Teil des Muttersprachlichen Unterrichts gibt: Zeigt sich hier ein nationalistisches Verständnis von Muttersprache und Religion? Man stelle sich z.B. vor, jemand würde den katholischen oder den evangelischen Religionsunterricht als Teil des Deutschunterrichts verankern wollen. Des Weiteren werden Modelle dahingehend beurteilt, ob und wie sie zur interkulturellen Verständigung beitragen oder nicht. Letzteres gilt insbesondere für den multikonfessionellen Ansatz des Hamburger Modells. Das Thema gehört also zweifellos ins Blickfeld der Interkulturellen Pädagogik.

Zweitens ist die Diskussion auf der Ebene des (kursorischen) Vergleichs mit anderen europäischen Ländern angelangt (Mohr 1999, Gottwald/Siedler [Hrsg.] 2001, S. 41ff.) und tangiert damit die komparative Seite der Vergleichenden Erziehungswisenschaft. Teils wird diesen Vergleichen ein eigener Gedankengang mit Länderskizzen gewidmet (Kiefer 2005, Kap. 4 zu Niederlande, Belgien, Österreich), oder es finden sich Länderstudien in Sammelbänden (Daun/Walford [Hrsg.] 2004 mit Aufsätzen zu Schweden,

England, Tschechien, Griechenland und Berlin/Deutschland). Die genannten Textgattungen passen in die Kategorie ›Regelwissen und Modelle‹; sie stellen ›Professionswissen‹ für diejenigen bereit, die in dem genannten Bereich arbeiten oder für diesen z.B. bildungspolitische oder curriculare Entscheidungen treffen müssen. Diese ersten vergleichenden Studien könnten aber die Basis bieten für systematische Forschung und Theoriebildung. Eine Forschungsfrage könnte z.B. lauten, warum einige europäische Nachbarstaaten seit recht langer Zeit (Belgien seit dem Schuljahr 1975/76 und Österreich seit 1982/83) islamische Verbände anerkannt und islamischen Religionsunterricht eingeführt haben, wohingegen es in Deutschland insbesondere rechtliche Schwierigkeiten gibt, die diesem Unterfangen entgegen stehen. In Belgien und in Österreich ist der Islam hingegen seit langem als Körperschaft des Öffentlichen Rechts anerkannt und der islamische Religionsunterricht unterliegt staatlicher Kontrolle (Balic 1992, zit. in Mohr 2000b, S. 21). Bildungspolitisch-vergleichend gefragt: Warum und wie funktioniert das in dem einen Land, in dem anderen aber (noch) nicht?

Das Thema tangiert ferner das Verhältnis von öffentlichem Schulsystem und Privatschulen und deren staatliche Anerkennung: So lässt sich z.B. feststellen, dass es die Frage islamischer Privatschulgründungen in Deutschland praktisch (noch) nicht gibt, wohingegen andere europäische Länder (z.B. Niederlande und England) schon etliche solcher Schulen aufweisen und sich damit dort die Herausforderung eines islamischen Schulsektors innerhalb des öffentlichen Schulwesens stellt. Etabliert sich in einem solchen islamischen Privatschulsektor eine Art paralleles Bildungswesen? Wie manifestiert sich die staatliche Kontrolle dieses Sektors angesichts staatlich verordneter Schulpflicht für alle Kinder und Jugendlichen?

5.5 Und die Theorie?

Welche Theorie hat die Vergleichende Erziehungswissenschaft? Diese Frage ist alles andere als einfach zu beantworten. Eine erste mögliche und zugleich ernüchternde Antwort ist: Sie hat keine. Jedenfalls keine spezifische, die von ihr als wissenschaftliche Subdisziplin als originär reklamiert werden könnte. Denn, um es noch einmal zu betonen: Der Vergleich ist keine Theorie, sondern eine Methode der Erkenntnisgewinnung. Es kann allerdings über diese Methode theoretisiert werden, so wie dies oben (Kap. 5.1) angezeigt wurde.

Eine zweite Antwort ist: Die Vergleichende Erziehungswissenschaft impliziert (dennoch) eine ihr eigene, weithin unterstellte Theorieannahme, die aber selten hinterfragt, d.h. (explizit) theoretisiert wird. Diese implizite theoretische Annahme steckt in der stillschweigenden Verwendung von Vergleichen entlang der als sinnvoll unterstellten Vergleichseinheiten ›Länder‹ bzw. ›Kulturen‹. Wenn mittels Vergleich nach Unterschieden und/oder Gemeinsamkeiten zwischen zwei oder mehreren Ländern oder Kulturen gesucht wird, so bedeutet dies, dass diese als unabhängige Variablen angesehen werden, die die diagnostizierten Unterschiede oder Gemeinsamkeiten erklären: Dies sind z.B. Kulturspezifika, Traditionen und national- bzw. kulturtypische Merkmale der untersuchten ›Fälle‹, ähnlich wie dies etwa bei Untersuchungen an Personengruppen der Fall ist, bei denen z.B. Alter, Geschlecht, soziale Herkunft, Bildungsstand und andere Merkmale die Unterschiede von Einstellungen oder anderen Variablen erklären sollen. Implizit wird dabei eine Homogenität innerhalb der ›Probanden‹, in diesem Falle der Vergleichseinheiten ›Länder‹ oder ›Kulturen‹, unterstellt. Diese Annahme ist jedoch in den letzten Jahrzehnten immer mehr in Frage gestellt worden (mehr dazu in Kap. 6). Aus diesem Grunde ist es – theoretisch betrachtet – eigentlich höchst problematisch, entsprechende Länder- oder Kulturvergleiche durchzuführen, ohne die implizite Homogenitätsannahme zu überprüfen.

Eine dritte Antwort auf die Frage nach der Theorie der Vergleichenden Erziehungswissenschaft hat etwas mit den Vergleichskriterien zu tun, an denen – idealerweise in explizierter Form (auch dies ist nicht immer gegeben) – die zwei oder mehr ›Fälle‹ (Länder bzw. Kulturen) gemessen werden. Denn das ›tertium comparationis‹ offenbart theoretische Vorannahmen über den Gegenstandsbereich: Wenn beispielsweise die Bildungssysteme zweier Länder hinsichtlich von Faktoren wie Einschulungsalter, Struktur des Bildungswesens, Dauer der Schulpflicht oder Bildungsfinanzierung verglichen werden, so wird unterstellt, dass diese Faktoren bedeutsame Merkmale von ›Bildungssystemen‹ darstellen. Hierin stecken theoretische Vorannahmen über den Gegenstand ›Bildungssystem‹. Diese aber sind keine komparativen theoretischen Annahmen, sondern sie müssen auf den Gegenstand bezogen diskutiert und entschieden werden. Vertreterinnen und Vertreter der Vergleichenden Erziehungswissenschaft können kaum Spezialisten für alle Themengebiete sein, sodass es ›normal‹ ist, wenn sie hierzu Theorien aus anderen erziehungs- oder sozialwissenschaftlichen Arbeitsgebieten (z.B. Schultheorie, Bildungsökonomie, Internationale Politik u.a.) rezipieren, die sich auf den untersuchten Gegenstand beziehen. Mit einem solchen ›Theorieimport‹ lassen sich dann die gewählten Vergleichskriterien plausibel machen und theoretisch begründen.

Als Zwischenergebnis in Bezug auf die Theoriefrage ist festzuhalten: Die Vergleichende Erziehungswissenschaft hat aus den genannten Gründen keine ihr eigene, genuine, sie allein kennzeichnende Theorie. Dennoch sollte sie, wie dargelegt, nicht theorielos betrieben werden; d.h. Forscherinnen und Forscher sollten einen Vergleich nicht unter der Hand als Theorie ausgeben. Die Vergleichbarkeit von Vergleichseinheiten muss begründet und das jeweilige ›tertium comparationis‹ theoretisch abgesichert werden. Die Forderung nach Theoriebezug gilt aber auch für Forschungen zur Internationalen Erziehung, zur Internationalen bzw. Interkulturellen Pädagogik und zur Internationalen Bildungspolitik, jenen Gegenständen der Vergleichenden Erziehungswissenschaft, deren Theoretisierung jedoch noch weitgehend aussteht.

5.6 Das Theoriekonzept der ›world polity‹

In den letzten Jahren ist in der Vergleichenden Erziehungswissenschaft eine gewisse spezifische Theoriedebatte angelaufen, auf die nun gesondert hingewiesen werden soll; denn diese stellt eine ganz besondere Herausforderung für die Erforschung und Theoretisierung aller in diesem Buch diskutierten Gegenstandsbereiche dieser Disziplin dar. Es handelt sich um die Forschungs- und Theorieangebote des sog. ›world polity‹-Ansatzes, der eine Variante des soziologischen ›Neo-Institutionalismus‹ darstellt. Der ›Neo-Institutionalismus‹ hängt, wie gleich gezeigt werden wird, inhaltlich mit der Vergleichseinheit ›Länder‹ und dem tertium comparationis ›Bildungssystem‹ zusammen. Er betrifft ferner ebenfalls die Internationale Erziehung und die Internationale Bildungspolitik. Aus diesem Grunde stellt er gerade für die Vergleichende Erziehungswissenschaft eine besondere Herausforderung dar.

Alltagssprachlich wird unter ›Institution‹ etwas verstanden, das es schon sehr lange gibt wie z.B. Kirche und Familie; aber auch etablierte Organisationen wie Universitäten und Parteien oder auch die Schule werden als ›Institutionen‹ bezeichnet. Institutionen geben Regeln und Verhaltensweisen vor und schränken den Handlungsspielraum des Einzelnen ein. Soziologisch gesehen lassen sich Institutionen daher allgemein »als übergreifende Erwartungsstrukturen definieren, die darüber bestimmen, was angemessenes Handeln und Entscheiden ist. (…) Institutionen in diesem erweiterten Sinn prägen Verhaltensweisen einzelner Gesellschaftsmitglieder und regulieren hierdurch das gesellschaftliche Miteinander« (Hasse/Krücken 1999, S. 7). Die hier zu diskutierende Theorie beschäftigt sich mit dem Entstehen und den Wirkungen von Institutionen weltweit und wird daher dem ›Institutionalismus‹ zugeordnet: »Als Institutionalismus kann man insgesamt diejenigen Ansätze bezeichnen, die sich mit der Untersuchung von Institutionen beschäftigen und dabei annehmen, daß Institutionen wichtig sind, um soziales Handeln und Prozesse der Gesellschaftsentwicklung zu verstehen« (ebd.). Hierbei wird – was aber für diese Einführung weniger wichtig ist – zwischen älteren und neueren Varianten (daher der Name ›Neo-Institutionalismus‹) unterschieden (vgl. ebd., S. 9ff.).

Der von der schon genannten Forschergruppe um John W. Meyer vertretene ›world polity‹-Ansatz ordnet sich dem sog. ›Phänomenologischen Makroinstitutionalismus‹ zu. Dieser geht davon aus, dass moderne Akteure in übergreifende globale, weltkulturelle Kräfte eingebettet sind (darum ›Makroinstitutionalismus), die wie ›Institutionen‹ wirken, d.h. die sie konstruieren und ermächtigen, aber auch beschränken. Dies gilt auch für den Nationalstaat als Akteur, für den Meyer postuliert, dass dieser sich als »der Einbettung in und Konstruktion durch eine externe, mehr oder weniger globale, rationalisierte Kultur verdankt. Unter Kultur ist dabei weniger ein Bündel von Werten und Normen zu verstehen als vielmehr ein Bündel kognitiver Modelle, die definieren, über welche Merkmale, Zwecke, Ressourcen, Technologien, Steuerungsinstrumente und Souveränität ein ordentlicher Nationalstaat zu verfügen hat« (Meyer 2005, S. 133). Unter ›Weltkultur‹ im Sinne von Meyer sind daher global wirksame ähnliche kognitive, und zwar rationalisierte, Weltbilder zu verstehen, und nicht etwa ›expressive‹ Kulturelemente wie etwa Kleidung oder alltägliche Sitten und Gebräuche. Diese Weltkultur fungiert als eine den Akteuren externe Institution, in die ihr Handeln eingebettet ist: »Alles, was von einem vermeintlichen Akteur aus gesehen extern ist, kann als Institution begriffen werden« (ebd., S. 134); und »Einbettung« bedeutet »umweltbezogene (oder im weitesten instiutionalistische) Denkmodelle« (ebd., S. 135).

Weil es keinen Weltstaat gibt, d.h. keine zentrale politische Steuerung auf Weltebene, geschieht die Steuerung durch die sog. ›world polity‹, d.h. durch global institutionalisierte allgemeine, universalistische Regeln, die als globale kulturelle Ordnung wirken (ebd., S. 138f.). Laut Meyer (ebd., S. 140) besteht die ›world polity‹ aus starken nationalstaatlichen Akteuren, die um die Identität der Nationalstaaten herum aufgebaut sind, aus internationalen Nichtregierungsorganisationen, die für kollektive Güter eintreten, aus zwischenstaatlichen Organisationen und aus internationalen wissenschaftlichen Gemeinschaften. Diese Akteure produzieren dauernd ›Gerede‹ – aber kein verbindliches, autoritätswirksames Handeln (wie es von starken Akteuren, rational actors, erwartet würde). Dieses ›Gerede‹ richtet sich an nationalstaatliche Akteure, aber nicht an einen Weltstaat: »Die world polity ist auf kollektiver Ebene eher als Struktur von Beratern denn als Struktur von Akteuren organisiert« (ebd., S. 141). Sie besteht neben den Akteuren aus ›rationalisierten Anderen‹, die die Akteure beraten. Zu solchen Beratern zählen z.B. auch »Pädagogen, die der Welt die universelle Gültigkeit des amerikanischen (und jetzt auch des japanischen) Bildungssystems nahebringen« (ebd., S. 142).

Von der Stanforder Forschergruppe um John W. Meyer wird nun behauptet, dass sich mit der Entstehung der ›world polity‹ die Bildungssysteme weltweit in den letzten beiden Jahrhunderten und insbesondere nach dem Zweiten Weltkrieg immer ähnlicher geworden sind. Ferner identifiziert diese Forschergruppe Elemente einer international standardisierten Ausrichtung der Curricula und der Schulpraxis sowie einen Bedeutungsgewinn internationaler Organisationen auch im Bildungsbereich. Im Folgenden können, da es sich um eine Einführung handelt, nur einige Grundgedanken dieser inzwischen recht umfangreichen Literatur zu diesem Denkansatz vorgestellt werden (vgl. ausführlicher Adick 1992, S. 113ff. und Hornberg 2008, Kap. 2).

Nationale Bildungssysteme entstanden dieser Theorie zufolge auf der Basis einer Reihe von »Mythen«, die die sich modernisierenden Gesellschaften Europas kennzeichnen: der Mythos des Individuums, der Nation, des Fortschritts, des Subjekts und des Staates als Garanten nationaler Identität. Dieses Nationastaatsmodell resultierte aus den Einflüssen von Reformation und Gegenreformation, aus der Entstehung eines zwischenstaatlichen Systems und aus der sich weltweit ausweitenden Marktwirtschaft. Staatliche Schulsysteme sind nach diesem Modell ein Mechanismus nationaler Mobilisierung zur Aufrechterhaltung der genannten Mythen der Gesellschaft und ihrer Entwicklung (vgl. Schaubild in Ramirez/Boli, 1987, S. 10). Der Begriff ›Mythen‹ wird in der Kulturanthropologie in der Regel für unreflektierte Deutungsmuster verwendet; im world polity-Ansatz bedeutet er so etwas wie »einfache und nicht-hinterfragbare Kausalerklärungen in unübersichtlichen Situationen« (Hasse/Krücken 1999, S. 67f.). An anderer Stelle wird in einer idealtypischen Gegenüberstellung der epochale Wandel zwischen vormodernen (15. Jahrhundert) und modernen Bildungsvorstellungen (20. Jahrhundert) im Geflecht gesamtgesellschaftlicher Wandlungen deutlich gemacht, als dessen Resultat die heute weltweit bekannten staatlich gelenkten ›Massenbildungssysteme‹ entstanden sind (Boli/Ramirez 1986). »Bildung ist, kurz gesagt, ein zentraler und kausal wichtiger Bestandteil des kulturellen Modells der modernen Gesellschaft oder des modernen Nationalstaats. Bildungssysteme werden eingerichtet als Teil dieses Modells und symbolisieren das Bemühen, ein achtbares Mitglied der Weltgesellschaft (…) zu werden« (Meyer/Ramirez 2005, S. 217).

Vor diesem Hintergrund wird nun postuliert, dass die nationalen Bildungssysteme sich weltweit immer ähnlicher geworden sind. Standardisierung und Homogenisierung sind das Resultat von globalen Diffusionsprozessen verschiedener Art: Bildungsmodelle erfolgreicher oder dominanter Staaten werden kopiert; internationale Regierungs- und Nichtregierungsorganisationen verbreiten Ideen und Problemlösungsmuster weltweit; Wissenschaftler und professionelle Pädagogen kommunizieren grenzüberschreitend miteinander z.B. über pädagogische Reformkonzepte (ebd., S. 218ff.). Auf diese Weise entsteht eine Strukturähnlichkeit nationaler Bildungssysteme, die mit dem Begriff »Isomorphie« bezeichnet wird (ebd., S. 229). Die Autoren gehen sogar noch einen Schritt weiter und fragen, ob Bildungssysteme inzwischen nicht in gewisser Weise sogar identisch werden: »Die Gleichheit von Bildungssystemen tritt in zwei Hinsichten auf. Erstens scheinen sie zunehmend ihre Abschlüsse und Standards gegenseitig anzuerkennen (…). Zweitens gibt es eine inhaltliche Identität der durch die Bildung vermittelten Definitionen der Welt. Die Welt wird zunehmend als ein Raum definiert, der von Völkern bewohnt wird, die in denselben rechtlichen, sozialen und physischen Formen leben« (ebd.). Ursache für Isomorphien, die Meyer et al. nicht nur in Bezug auf Bildungssysteme, sondern auch in anderen Bereichen wie Gesundheitswesen, Verwaltungsstrukturen oder Wissenschaftssystem postulieren, ist ihrer Ansicht nach, wie oben erläutert, die Entstehung der ›world polity‹. Ihre Diagnosen sichern die ›world polity‹-Forscher mit einer Vielzahl von empirischen Studien ab von der Art wie jene, die oben aus der Frühphase dieser Forschungsrichtung vorgestellt wurde.

Sollten die Forschungsergebnisse der Standforder Gruppe belastbar und ihre theoretischen Erwägungen plausibel sein, dann lassen sie die Gegenstände der Vergleichenden Erziehungswissenschaft: nationale Bildungssysteme, internationale Erziehung, internationale Bildungspolitik, insgesamt in einem anderen, ganz neuen Licht erscheinen, wie folgender kurzer Auszug aus dem Fazit eines theoriestrategisch wichtigen, inzwischen ins Deutsche übersetzten Aufsatzes von Meyer/Ramirez zum Thema »Die globale Institutionalisierung der Bildung« deutlich macht:

»Die grundlegenden Strukturen der Bildung sind eindeutig von Diffusion und der daraus folgenden Isomorphie gekennzeichnet. (…) Auch der internationale Bildungssektor wird stärker institutionalisiert; internationale Bildungsorganisationen spielen bei der Definition und Vermittlung von Bildungsmodellen für die individuelle und nationale Entwicklung eine stärker akzentuierte Rolle. Außerdem werden die Verbindungen nationaler Bildungssysteme zum globalen Bildungsapparat verstärkt. Schließlich kommt es zu einer starken Internationalisierung der Bildungsinhalte sowohl in der allgemeinen als auch in der höheren Bildung und zu einer weiten Verbreitung der bildungsmäßigen Definition der Welt als gemeinsamer Menschheit und gemeinsamen Lebensraums.« (Meyer/Ramirez 2005, S. 233f.).

Diese neue Theorie der weltweiten Gleichförmigkeit von Bildungssystemen stellt daher eine gewaltige Herausforderung für die bisher allgemein unterstellte Vorstellung von länderspezifischen und damit unterschiedlichen Bildungssystemen dar. Denn sie würde die Vergleichende Erziehungswissenschaft – konsequent zu Ende gedacht – eigentlich überflüssig machen: Wenn alle Bildungssysteme ›gleich‹ sind, würde sich da nicht ein Vergleich erübrigen? (In Kap. 6 wird auf dieses Problem noch weiter eingegangen.)

Aus den Reihen deutscher Vergleichender Erziehungswissenschaftler hat sich Jürgen Schriewer besonders kritisch mit der historischen und methodologischen Abklärung des Stanforder Paradigmas beschäftigt. Ein Hauptkritikpunkt von Schriewer bezieht sich auf die fehlende Berücksichtigung von Ergebnissen der vergleichenden Forschung, die seiner Meinung nach »eine beeindruckende internationale Variationsbreite von historisch-kulturell realisierten Problemlösungsmustern oder -strategien zutage gefördert« hätten (Schriewer 1994b, S. 440). Dies sei für den Bereich der Bewältigung ökonomischer Krisen mittels sozial- und bildungspolitischer Strategien ebenso belegt wie für die Qualifikationsmuster und Arbeitsorganisation in Großbetrieben. Auch die behaupteten Zusammenhänge von Bildung, Modernisierung und Entwicklung seien »weder direkt, noch einlinig, noch in unterschiedlichen Gesellschaften gleichförmig wirksam« (ebd., S. 443). Ferner zeigten gerade Forschungen zur Expansion des Hochschulwesens nicht etwa Konvergenz, sondern wachsende nationale Differenzierungen (ebd., S. 445). Insgesamt könne man eher von »gegenläufigen Phänomenen von Internationalisierung und nationalspezifischer Strukturbildung« sprechen (ebd., S. 446).

An die Stelle der von Meyer et al. postulierten Isomorphie setzt Schriewer ein Bündel von »spannungsreichen Gleichzeitigkeiten
- von *surpa-nationalen Integrations-* und *sub-nationalen Diversifikationsbestrebungen,*
- von *Internationalization* und *Indigenization,*
- von ›*evolutionären Universalien*‹ und *historisch-kulturellen Konfigurationen,*
- von *weltumspannenden Diffusions-* und *kulturrelativen Rezeptionsprozessen,*
- von *abstraktem Modell-Universalismus* und *abweichungsgenerierendem Strukturaufbau* oder
- von globaler Durchsetzung standardisierter Bildungsmodelle *irrespektive unterschiedlicher Rahmenbedingungen* und überraschender

Vielfalt sozial-kultureller Interrelations-Gefüge *ungeachtet universalistischer Theorieannahmen.*« (ebd., S. 449f.).

Um solche ›spannungsreichen Gleichzeitigkeiten‹ theoretisch erfassen zu können, eigne sich die Theorie selbstreferentieller Systeme von Niklas Luhmann mit den »für diese Theorie konstitutiven Leitkonzepte[n] von Selbstreferenz, Reflexivität und Reflexion. Sie zielen darauf ab, sinnhaft gestaltete sozial-kulturelle Prozesse derart zu fassen, daß diese Wirklichkeit als sich selbst beobachtende, sich selbst beschreibende und über Selbstbeschreibungen sich selbst organisierende soziale Wirklichkeit nachvollziehbar wird« (Schriewer 1994b, S. 453). Solche ›selbstreferentiellen Systeme‹ haben die Tendenz zur Geschlossenheit und zu zirkulären Interdependenzen; d.h. sie kreisen tendenziell um sich selbst. Eine Öffnung für (neue) Umweltbezüge, eine sog. ›Interdependenz-Unterbrechung‹, geschieht Luhmann zufolge durch sog. ›Externalisierungen‹, d.h. durch den Bezug auf externe Referenzpunkte, die ›Zusatzsinn‹ z.B. als zusätzliche Legitimation bereitstellen. Für die Pädagogik verweisen Luhmann und Schorr (1979, S. 341f.) auf Externalisierungen im Rekurs auf Wissenschaftlichkeit, auf Werte und auf Organisationen.

Schriewer sieht nun in den häufig zu beobachtenden Verweisen auf Bildungsentwicklungen im Ausland oder auf Internationalität spezifische Varianten von Externalisierungen, die den Bereich der Vergleichenden Erziehungswissenschaft tangieren. Diese gerade im Zusammenhang mit Reformdiskussionen festzustellende Argumentationsfigur – die Berufung auf ›internationale Erfahrungen‹ – basiert jedoch nicht auf systematischen wissenschaftlichen Vergleichen, sondern bemüht (bloß) ›vergleichende Betrachtungen‹, die zur Begründung eigener nationaler Bildungsreformen angestellt werden (Schriewer 1994b, S. 455; ebenso 2005, S. 417ff.). Externalisierungen dieser Art auf der Basis von ›vergleichenden Betrachtungen‹ sind keine Vergleichende Erziehungswissenschaft, sondern gehören, wie dies auch in diesem Buch geschehen ist, in den Bereich der ›Vergleichenden Pädagogik‹ oder der ›Internationalen Pädagogik‹. Anders als Schriewer, der in der Internationalen Pädagogik etwas despektierlich bloß eine »Surrogatform« der Vergleichenden Erziehungswissenschaft sieht (Schriewer 1994a, S. 42f.; 1994b, S. 456), wird in diesem Buch jedoch daran festgehalten, dass es sich dabei um eine modellbildende Reflexionsebene handelt, die auf das Referenzsystem ›Erziehung‹ ausgerichtet ist; sie steht mit der universitären Vermittlung von ›Professionswissen‹ in Zusammenhang und sollte daher im Ausbildungsauftrag der Fachdisziplin mit berücksichtigt werden.

Die ›Externalisierungs-These‹ von Schriewer zusammenfassend ist es also das ›selbstreferentielle System‹, das seine Selbstgenügsamkeit unterbricht und von sich aus eine Öffnung zur Umwelt sucht und dabei ›externe‹ Bezugspunkte bemüht – in diesem Falle kursorische Beobachtungen ausländischer Bildungssysteme –, um eigene Optionen mit zusätzlichem Sinn zu versehen. Einen solchen Vorgang als Anzeichen für ›Internationalisierung‹ oder ›Isomorphie‹ zu deuten, wäre daher – so die Argumentation von Schriewer – theoretisch verfehlt. Während die neo-institutionalistische Theorie von der Diffusion globaler Modelle in die jeweiligen nationalen Bildungssysteme hinein ausgeht, fokussiert die Theorie selbstreferentieller Systeme die Empfänger dieser Impulse mit ihrer jeweiligen Eigenlogik. Die externen Impulse werden nach dem Mechanismus der Externalisierung dazu benutzt, der Daseinsberechtigung zusätzliche Legitimität zu verschaffen. Statt zu Standardisierung bzw. zu Isomorphie kommt es so zu kontextuell unterschiedlichen Umdeutungen, zu Adaptationen an lokale oder nationale Bedingungen und zu Variationen.

Schriewer und Kollegen haben diese alternative Sichtweise in einer empirischen Untersuchung überprüft. Mittels einer Inhalts- und Zitationsanalyse wurde die Präsenz internationaler Wissensbestände in nationalen pädagogischen Fachzeitschriften in Spanien, Rußland und China von den 1920er bis Mitte der 1990er Jahre analysiert. Die Entscheidung für die Langzeitperspektive und die Länderauswahl geschah bewußt mit Blick auf möglichst unterschiedliche Kulturen, die jeweils auch massive historische Umbrüche zu verzeichnen hatten. Es würde den Rahmen dieser Einführung sprengen, auf die Untersuchungsschritte und die Ergebnisse im Detail einzugehen. Jedenfalls kommen die Autoren anhand ihrer Studie zu dem Ergebnis, dass die Befunde ihrer Einschätzung zufolge »mehr der *Sozio-Logik von Externalisierungen* als der *evolutionären Dynamik weltgesellschaftlicher Integration*« entsprechen (Schriewer et al. 1998, S. 250; Hervorh. im Orig.). Nach Schriewers eigenem Bekunden stellt diese Untersuchung zwar »keine umstandslose Falsifizierung des neo-institutionalistischen Ansatzes« dar. »Gleichwohl nötigen unsere Befunde zur Theoriekorrektur und zur Umschau nach alternativen Erklärungsmodellen« (Schriewer 2005, S. 432). Die von ihm verwendete alternative Erklärung ist die besagte ›Externalisierungs-These‹, bei der allerdings die Benennung von Ursachen, warum und wann der Bezug auf Internationalität (und nicht auf andere Faktoren) ›Zusatz-Sinn‹ verleiht, offen bleibt.

Es muss nun in weiteren Forschungen und Theoriedebatten geprüft werden, welcher Theorie für welche Gegenstände und Fragestellungen der Vorzug gegeben und eine bessere Erklärungskraft attestiert werden sollte. Fragen solcherart Theoriekritik leiten über zur nun folgenden – wissenschaftstheoretischen – Reflexionsebene in der Vergleichenden Erziehungswissenschaft; denn um etwas kritisieren zu können, müssen implizit oder explizit irgendwelche Gesichtspunkte, die außerhalb der zu kritisierenden Aussagen liegen, mit anderen Worten: Beurteilungskriterien, herangezogen werden. Mit solchen metatheoretischen Kriterien befinden wir uns an der Schnittstelle zur Wissenschaftstheorie.

6 Metatheoretisches Wissen in der Vergleichenden Erziehungswissenschaft

Die nun anzusprechende wissenschaftstheoretische Reflexionsebene lässt sich, dem hier gebrauchten Ordnungsschema zufolge, daran erkennen, dass die Vergleichende Erziehungswissenschaft ihrerseits als gesellschaftliche Praxis begriffen wird, d.h. dass reflektiert wird, wie ihr Gegenstand und sie selbst mit anderen gesellschaftlichen und wissenschaftlichen Entwicklungen zusammenhängen. Die Reflexion über die Verwendung unterschiedlicher Methoden (Methodologie) gehört ebenso dazu wie die Diskussion ihrer Relevanz für die Praxis. Metatheorie bedeutet das Theoretisieren über Theorien, z.B. indem man diese vergleicht und auf ihre Voraussetzungen, ihren Rahmen, in den sie eingebettet sind, befragt. Zur Wissenschaftstheorie gehören noch viele weitere Fragestellungen, z.B. Erkenntnistheorie, Wissenschaftssoziologie, Logik, Wissenschaftsgeschichte und anderes mehr. In einer Einführung in ein Fachgebiet kann jedoch diese Reflexionsebene nur angerissen und nicht vollständig dargestellt werden. Wissenschaftstheorie wird in diesem Kapitel vor allem als Reflexion darüber verstanden, was Theorien warum mit welchen Methoden tun, d.h. sie bezieht sich auf die (meta-)theoretische Begründung von Theorien und auf das Relevanzproblem. Wissenschaftstheoretische Überlegungen sollten nach Ansicht der Autorin in einer Einführung primär mit dem Ziel angesprochen werden, für diese ›Metaebene‹ zu sensibilisieren und zu motivieren, nicht aber den Anspruch erheben, die ganze Breite der Fragestellungen und ihre unterschiedliche Beantwortung abzuhandeln. Für die Zwecke unserer Argumentation muss es daher hier genügen, zu zeigen, dass es innerhalb der Zunft kein einheitliches Wissenschaftsverständnis gibt, sondern dass auch hier unterschiedliche Traditionen und wissenschaftstheoretische Positionen anzutreffen sind, denen von verschiedenen Fachvertreterinnen und -vertretern, jeweils wiederum aus unterschiedlichen Gründen, Geltung zu- oder abgesprochen wird.

6.1 Paradigmen der Vergleichenden Erziehungswissenschaft und Funktionen des Vergleichs

Eine in Fachkreisen häufig rezipierte Typologie von grundlegenden Argumentationsmustern der Vergleichenden Erziehungswissenschaft, d.h. verschiedenen ›Paradigmen‹, hat Jürgen Schriewer (1982) in seinem Aufsatz »Erziehung und Kultur« vorgelegt. Der Begriff ›Paradigma‹ (im Plural: ›Paradigmen‹ oder ›Paradigmata‹) bedeutet eigentlich ein Musterbeispiel von etwas. Im wissenschaftlichen Sprachgebrauch wird damit ein typischer Ansatz bzw. ein Denkmodell bezeichnet, das in der Wissenschaft etabliert ist und das ggf. zu anderen ›Paradigmen‹ im Widerstreit steht, so dass es zu kleinen oder großen wissenschaftlichen ›Revolutionen‹ kommen kann (Kuhn 1976).

Nach einem historischen Rückblick auf die Disziplingeschichte erörtert Schriewer zunächst das Relevanzproblem der Vergleichenden Erziehungswissenschaft (ebd., S. 190ff.), das er als Verhältnis von Verwendungsimpuls und Erkenntnisprinzip, anders ausgedrückt auch als Theorie-Praxis-Problem begreift. In gewisser Weise spiegelt sich darin auch die anfangs (in Kap. 2) geschilderte Kontroverse von ›Komparatisten‹ und ›Internationalisten‹. Die Vergleichende Erziehungswissenschaft müsse, so Schriewer, ihre Relevanz – wissenschaftstheoretisch gesehen – in zweifacher Hinsicht reflektieren: innerwissenschaftlich im Hinblick auf ihren Beitrag z.B. zur Allgemeinen Pädagogik/Erziehungswissenschaft, außerwissenschaftlich in Bezug auf ihre praktische Bedeutsamkeit zur Lösung gesellschaftlicher Probleme. Schriewer identifiziert sodann mit dem ›historistischen‹, dem ›evolutionistischen‹ und dem ›empirisch-analytischen‹ Paradigma drei zentrale Traditionen oder Paradigmen der Vergleichenden Erziehungswissenschaft.

Das ›*historistische Paradigma*‹ (Schriewer 1982, S. 196ff.) kennzeichnet den Duktus vieler Länder- oder Regionalmonographien; es findet sich eine oft ahistorische Konzentration auf überdauernde Eigenheiten, d.h. auf die sog. inneren Triebkräfte und Faktoren der untersuchten Länder. Die Darstellungen folgen dem Muster einer narrativ-chronologisch dokumentierenden Historiographie ohne ausgewiesenes Analyseraster.

Das ›*evolutionistische Paradigma*‹ (ebd., S. 205ff.) ist demgegenüber in der Suche nach Entwicklungsmustern stark am Vergleich im Sinne einer Überschreitung von Singularität interessiert. Der internationale Vergleich dient der Identifizierung von gleichläufigen Entwicklungen bzw. Abweichungen davon. Dies geschieht in Gestalt einer Suche nach einer Diagnose- und Prognosefähigkeit in bezug auf eine unterstellte bzw. gesuchte ›Entwicklungslinie‹, womit sich dieses Paradigma der Gefahr der Mystifizierung von Regelmäßigkeiten und einem Determinismusverdacht aussetzt.

Das ›*empirisch-analytische Paradigma*‹ (ebd., S. 211ff.) hingegen sieht die Praxis von Erziehung und Bildung in kultureller Variation als ein quasi-natürliches Feldexperiment, das sich mittels einer Mehrebenen-Analyse unter Anwendung wissenschaftlicher Methoden empirisch untersuchen lässt. Die formal zu unterscheidenden Ebenen für diese Mehrebenen-Analyse sind laut Schriewer (ebd., S. 217): die Makro- oder Kontextebene, die Medium- oder Organisationsebene und die Mikro- oder Interaktions- bzw. Individualebene. Das empirisch-analytische Paradigma stellt nach Meinung von Schriewer das schlüssigste, wenngleich nicht einhellig anerkannte der Vergleichenden Erziehungswissenschaft dar, da es »empirisch-historisches Wissen, systematisch-theoretische Erkenntnisleistung und praktisch-pädagogische Relevanz in (wissenschafts-)logisch überzeugender Form zusammenführen« kann (ebd., S. 227).

Eine in mancherlei Hinsicht ähnliche Unterscheidung verschiedener Funktionen des Vergleichs – nicht zu verwechseln mit einem Ablaufschema des Vergleichens (wie dem in Kap. 5.1 genannten von Hilker) oder mit Forschungsmethoden des Vergleichens, z.B. qualitative oder quantifizierende Herangehensweisen – geht auf Wolfgang Hörner (1993) zurück. Dieser unterscheidet mit Bezug auf verschiedene ältere und neuere Vertreter der Vergleichenden Erziehungswissenschaft folgende vier Funktionen des Vergleichs. (Zwei davon sind in Kap. 4 schon kurz, aber noch nicht im Zusammenhang mit weiteren alternativen Funktionen des Vergleichs, angesprochen worden.)

»Die *idiographische Funktion* als Suche nach dem Besonderen« (ebd., S. 6): Hörner identifiziert diese als die wissenschaftsgeschichtlich älteste Variante. Kennzeichnend hierfür ist die möglichst umfassende Beschreibung und Erklärung von Erziehungsphänomenen unter Rückgriff auf die jeweiligen national- oder kulturspezifischen Eigentümlichkeiten des untersuchten Falles. Dadurch erhalten in solchen Studien die Geschichte, die Traditionen, der ›Nationalcharakter‹, die kulturellen Spezifika und die historisch einmaligen gesellschaftlichen Konstellationen von Erziehung und Bildung in dem untersuchten Land bzw. in der untersuchten Kultur, einen besonderen Erklärungswert. »Dabei ist die Tendenz vieler dieser Studien, auf den expliziten Vergleich zu verzichten, da das zusammengetragene Material sich im Verlauf der Untersuchung als zu komplex erweist« (ebd., S. 8).

Kritikwürdig ist an einer solchen Herangehensweise insbesondere, dass die unterstellten Zusammenhänge zwischen den nationalen oder kulturellen Eigentümlichkeiten und der Erziehung und Bildung in diesen Ländern bzw. Kulturen als Vorannahmen bewusst und im Sinne von Hypothesen erst einmal überprüft werden müssten, bevor man deren vermutete Interdependenzen untersucht. In der Vergleichenden Erziehungswissenschaft kann es also nicht nur darum gehen, etwas gleichsam aus sich selbst heraus hermeneutisch zu verstehen und ›idiographisch‹ zu erklären, sondern vermutete oder reale Wechselwirkungen zwischen Erziehung und Gesellschaft empirisch zu überprüfen und theoretisch zu erklären.

»Die *melioristische Funktion* als Suche nach dem besseren Modell« (ebd., S. 8): Diese Funktion sieht Hörner an eigennützige politische Motive gebunden; denn das Erkenntnisinteresse liege im »Bestreben, positiv bewertete Elemente fremder Bildungssysteme zu übernehmen oder allgemeiner aus den Erfahrungen der anderen zu lernen, um das eigene Bildungssystem zu verbessern« (ebd.). Neben naiven Vorstellungen, man könne unvermittelt von Bildungsentwicklungen anderer Länder lernen – im Englischen ist hier von ›borrowing‹ die Rede, d.h. vom ›Entleihen‹ –, könne die Funktion einer solchen Vorgehensweise aber auch darin bestehen, die Bildungspolitik »vor übereilten Übernahmen ausländischer Modelle« zu warnen (ebd., S. 9).

Hauptsächliches Problem dieser Art Argumentation ist die Gefahr, dass das wissenschaftliche Erkenntnisinteresse durch die politische Zwecksetzung beeinträchtigt wird. Ferner bleibt ungeklärt, nach welchem Wissenschaftsverständnis ein solcher ›melioristischer‹ Vergleich überhaupt betrieben wird. Unterstellt wird in jedem Falle eine enge Verpflichtung von Forschung auf Handlungsanleitung, ja sogar eine Indienstnahme von Wissenschaft für die Praxis.

»Die *evolutionistische Funktion* als Suche nach dem Entwicklungstrend« (ebd., S. 9): Im Unterschied zum idiographischen Argumentationsmuster steht hier laut Hörner »das Aufzeigen des Gemeinsamen, der allgemeinen Trends, ja der Eigengesetzlichkeit der Entwicklungsdynamik« (ebd.) im Mittelpunkt. Eine solche Sichtweise sei nach dem Zweiten Weltkrieg verschiedentlich praktiziert worden. Wird diesen Entwicklungsdynamiken im Sinne von allgemeingültigen Trends quasi-normative Geltung zugesprochen, so ergibt sich daraus die Gefahr, diese als unreflektierte Begründung für Reformen einzusetzen.

Anders ausgedrückt mag ein solches Argumentationsmuster einem sog. ›normativen Fehlschluss‹ (d.h. das Schließen vom ›Sein‹ auf das ›Sollen‹) unterliegen. Denn es lassen sich aus diagnostizierten Entwicklungsmustern keinesfalls unvermittelt Normen bildungspolitischen und pädagogischen Handelns ableiten. Wenn z.B. im Zuge von Globalisierung ein Trend zu stärkerer Marktorientierung von Bildungssystemen festgestellt wird, so kann daraus nicht geschlossen werden, dieser Trend sei ›gut‹ oder ›richtig‹ und solle also als Leitschnur für weitere bildungspolitische Entscheidungen empfohlen werden (Adick 2000c, S. 159f.).

»Die *experimentelle Funktion* als Suche nach dem Universellen« (Hörner 1993, S. 10): Diese historisch neuere Sichtweise verdankt sich nach Hörner der Hinwendung der Vergleichenden Erziehungswissenschaft zu den Sozialwissenschaften, denen es mehr um das Erklären als um das Verstehen von Wirklichkeit gehe. »Dadurch wurde der Weg frei, dem Vergleich eine Aufgabe zuzuteilen, die in den Naturwissenschaften das Experiment hat: die Generierung und Überprüfung von Hypothesen.« (ebd.). Ähnlich wie bei der evolutionistischen Suche nach dem Entwicklungstrend stehe auch hier die Suche nach Gemeinsamkeiten im Zentrum. In Ermangelung künstlicher Versuchsanordnungen stellen die verschiedenen Merkmalskombinationen in den untersuchten Ländern bei dieser Art Vergleich ein sog. indirektes Experiment dar.

Als Hauptproblem dieser Argumentationsweise stellt sich das (in Kap. 5.1 schon angesprochene) Verhältnis von Induktion und Deduktion dar. Laborexperimente gehen dezidiert deduktiv vor: Aus theoretischen Vorannahmen werden Versuchsanordnungen gewählt, in denen per Kontrollgruppenvergleiche die theoretisch abgeleiteten Wirkungen verschiedener Variablen empirisch überprüft werden. In einem ›indirekten Vergleich‹, der den Status eines ›Feldexperiments‹ hat, wird aber induktiv vorgegangen, indem die Wirkungen verschiedener Variablen zunächst einmal in situ, d.h.

im Feld, erhoben werden, um dann aus dem Material Hypothesen, d.h. theoretische Annahmen, zu generieren, was wiederum problematisch ist, da erkenntnistheoretisch der Schluss von singulären Ereignissen (egal wie viele) auf allgemeine Gesetzmäßigkeiten nicht statthaft ist. Wenn zehn (oder mehr) beobachtete Bildungssysteme Gesamtschulcharakter haben, kann daraus nicht gefolgert werden, dass das elfte und das zwölfte oder kurz: alle Schulsysteme Gesamtschulcharakter haben. Dieser sog. ›naturalistische Fehlschluss‹ ist ähnlich dem oben genannten normativen Fehlschluss. Denn auch hier gilt, dass das Schließen von Deskription und Analyse (dem ›Sein‹) auf Präskription und Handlungsanweisungen (auf das ›Sollen‹) nicht statthaft ist; d.h. dass z.B. aus den zehn oder mehr Bildungssystemen, die Gesamtschulcharakter haben, nicht gefolgert werden kann, Bildungssysteme sollten so gestaltet sein.

Vergleicht man die ›Paradigmen der Vergleichenden Erziehungswissenschaft‹ nach Schriewer und die ›Funktionen des Vergleichs‹ nach Hörner, so lassen sich Gemeinsamkeiten und Unterschiede erkennen. Die ›idiographische Funktion des Vergleichs‹ bei Hörner ähnelt sehr dem ›historistischen Paradigma‹ bei Schriewer; denn in beiden steht die Konzentration auf nationale Eigentümlichkeiten und Traditionen im Zentrum der Forschung. Inhaltlich entsprechen sich auch die ›evolutionistische‹ Funktion (Hörner) bzw. das Paradigma gleichen Namens (Schriewer). Recht ähnlich sieht es auch aus, wenn der eine (Hörner) von der ›experimentellen Funktion des Vergleichs‹ spricht und der andere (Schriewer) vom ›empirisch-analytischen Paradigma‹, zumal, da Schriewer die zu untersuchende Praxis als ›quasi-natürliches Feldexperiment‹ sieht. Beide Autoren bevorzugen auch diese Funktion bzw. das Paradigma und sprechen sich damit eindeutig für eine sozialwissenschaftliche, empirische Ausrichtung der Vergleichenden Erziehungswissenschaft aus. Die der Darstellung der Funktionen des Vergleichs nach Hörner jeweils hinzugefügten Bemerkungen zu deren Grenzen und Problemen gelten daher sinngemäß auch für die in anderer Terminologie vorgebrachten ›Paradigmen‹ im Klassifikationsschema von Schriewer.

Für die ›melioristische‹ Funktion bei Hörner gibt es indessen keine Entsprechung bei Schriewer, oder doch? Ist dieses – melioristische – Anliegen nicht implizit in der Formulierung von Schriewer enthalten, das empirisch-analytische Paradigma führe ›empirisch-historisches Wissen, systematisch-theoretische Erkenntnisleistung und praktisch-pädagogische Relevanz‹ (s.o.) zusammen? Kann praktisch-pädagogische Relevanz anders als ›melioristisch‹, also an der Verbesserung (und nicht an der Verschlechterung von irgendetwas), orientiert sein? Ist aber andererseits ein primär melioristisches Interesse überhaupt ›wissenschaftlich‹ zu nennen?

Um diese Fragen erörtern zu können, soll noch einmal an die Ausführungen zu Theoriegraden, Reflexionsebenen und Wissensformen (Kap. 2) erinnert werden. Insbesondere die Unterscheidung zwischen pädagogischem und erziehungswissenschaftlichem Wissen ist hier von Belang. Das pädagogische Wissen ist am Nutzen, am Erfolg in der Praxis orientiert, das erziehungswissenschaftliche dagegen an Widerspruchsfreiheit und Konsistenz, an Objektivität bzw. wissenschaftlicher ›Wahrheit‹. Erst in vermittelter Form – über die (letztendliche Rück-)Bindung an zu lösende Probleme – wird erziehungswissenschaftliches Wissen praxisrelevant. Dies geschieht, laut Horn (1999), indem es in Pädagogik(en) eingeht, in denen dann die Vermittlung zwischen erziehungswissenschaftlicher Theorie und pädagogischer Praxis stattfindet. Legt man diese Sichtweise zugrunde, dann ist die melioristische Funktion des Vergleichs auf der Reflexionsebene der Pädagogik anzusiedeln, auf der nach Regeln und Modellen für die Bewältigung von Praxis – in Gestalt von Pädagogiken oder Bildungspolitik – gesucht wird. Ein solcher Ansatz verfolgt demzufolge ein typisch pädagogisches, aber kein erziehungswissenschaftliches Erkenntnisinteresse. Aus diesem Grunde auch findet sich in Schriewers ›Paradigmen der Vergleichenden Erziehungswissenschaft‹ kein melioristisches Paradigma, während in Hörners Betrachtung der verschiedenen Funktionen, die Vergleiche erfüllen (sollen), eine solche Funktion genannt ist, da Hörner meines Erachtens die Vergleichende Pädagogik in sein Schema mit einbezieht.

Diese Klarstellung bedeutet nun aber nicht, das ›melioristische‹ Erkenntnisinteresse sei nicht legitim oder zulässig. Vielmehr wird dadurch (nur) ausgesagt, es produziere ›pädagogische‹ Wissensbestände, die für die Praxis einen Nutzen haben sollen und die für das Professionswissen bedeutsam sind, und kein erziehungswissenschaftliches Wissen, das an das Referenzsystem ›Wissenschaft‹ adressiert ist. Aus diesem Grunde ist in diesem Buch die Entscheidung getroffen worden, ›melioristische‹ Varianten von Länder- und Einzelfallstudien im entsprechenden Kapitel 4 zu behandeln.

In der hier vertretenen Konzeption ist aber auch der idiographische Ansatz (der in etwa deckungsgleich ist zum ›historistischen Paradigma‹) der Reflexionsebene ›Regeln und Modelle‹ (Kap. 4) zugeordnet worden. Die Begründung hierfür war, dass die meisten Studien, die sich nur einem Land widmen – abgesehen davon, dass sie keine Vergleiche darstellen –, implizit die theoretische Vorannahme enthalten, das Bildungswesen dieses Landes erkläre sich aus dessen nationalen Eigentümlichkeiten in Tradition und Kultur. Diese Annahme wird aber nicht überprüft; stattdessen wird unhinterfragt ein (typisiertes) nationalkulturelles Modell von Erziehung und Bildung konstruiert. Solches Wissen zählt nach Meinung der Autorin zum Handwerkszeug in der Berufswelt (›Professionswissen‹), nicht aber zum methodisch kontrollierten wissenschaftlichen Wissen.

Auch dieses heißt nun wiederum nicht, dass jede Länder- bzw. Kulturstudie in diese Kategorie fallen muss. Zum wissenschaftlichen Wissen sind solche Einzelstudien dann zu zählen, wenn in ihnen eine Theorie überprüft wird (deduktiv) oder generiert werden soll (induktiv). Die Logik einer solchen wissenschaftlichen Herangehensweise im Rahmen einer Länder(fall)studie würde dann – um es an einer Gedankenskizze zu veranschaulichen – z.B. folgendermaßen lauten: Neo-institutionalistische Theorieannahmen prognostizieren, wie bereits dargestellt wurde (Kap. 5.6), dass sich die Bildungswesen weltweit bestimmten Standardformen annähern (›Isomorphie‹). Nach dem Systemwechsel in Mittel- und Osteuropa soll diese Hypothese nun an einem Fall untersucht werden. Dieses (eine) Länderbeispiel wird dementsprechend daraufhin geprüft, welche Indizien aus den Bildungsentwicklungen etwa seit den 1990er Jahren in dem gewählten Land für oder gegen die genannte Theorie sprechen. Was spricht für ›Isomorphie‹? was dagegen? Für diesen einen Fall kann dann die Theorie als widerlegt gelten oder – bis zum Beweis des Gegenteils – aufrecht erhalten bleiben oder sie muss modifiziert werden. Eine solche Länderstudie wäre aber ganz anderer Art als die, die unter dem Stichwort ›idiographisch‹ in Kapitel 4 angesprochen wurden.

6.2 Der methodologische Nationalismus und Kulturalismus – das Ende der Vergleichenden Erziehungswissenschaft?

Seit langem schon werden in der wissenschaftlichen Diskussion die Begriffe ›Kultur‹ und ›Nation‹ dekonstruiert und damit relativiert. Welche Konsequenzen hat das für die Vergleichende Erziehungswissenschaft? Kommen der Vergleichenden Erziehungswissenschaft dadurch nicht ihre grundlegenden Vergleichskategorien abhanden? Wird sie damit nicht wissenschaftlich vielleicht sogar überflüssig? Denn wenn alle ›ethno-natio-kulturelle Alterität‹ als konstruiert entlarvt ist – mit welcher Logik kann man dann überhaupt noch entlang dieser Differenzlinien forschen und argumentieren?

Wissenschaftstheoretisch wird diese Frage unter anderem unter dem in jüngerer Zeit aufgekommenen Stichwort des ›methodologischen Nationalismus‹ abgehandelt. Damit ist Folgendes gemeint: Nationalismus wird nicht nur politisch diskutiert und ideologiekritisch in Frage gestellt, sondern auch als Problem der sozialwissenschaftlichen Theoriebildung begriffen. In diesem Zusammenhang ist die Rede von einem ›methodologischen Nationalismus‹ aufgekommen: »Methodological nationalism is the naturalization of the nation-state by the social sciences. Scholars who share this intellectual orientation assume that countries are the natural units for comparative studies, equate society with the nation-state, and conflate national interests with the purpose of social science.« (Wimmer/Glick Schiller 2003, S. 576). In der Fußnote zu dieser Aussage (ebd.) wird darauf hingewiesen, dass der Begriff bereits *en passant* in einem Artikel von Herminio Martins aus dem Jahre 1974 aufgetaucht sei. Er wird jedoch jetzt insbesondere in der Transnationalismus-Debatte aufgegriffen und weitergeführt (vgl. z.B. Pries 2005).

Andreas Wimmer und Nina Glick Schiller (2003, S. 577–582) unterscheiden drei Varianten des methodologischen Nationalismus: Die erste Variante ist die Ignoranz der klassischen Modernisierungstheorien in Bezug auf die Bedeutung von Nationalstaat, Nationalismus und Ethnizität; diese Theorien argumentierten eher in Kategorien gesellschaftlicher Formationen oder Gesellschaftstypen (z.B. traditionelle vs. moderne Gesellschaften) und sähen den Nationalstaat als Übergangsphänomen des sozialen Wandels hin zu modernen Gesellschaften. Die zweite Variante ist die der Naturalisierung des Nationalstaates; diese sei insbesondere in Veröffentlichungen im Bereich der empirischen Sozialforschung anzutreffen: »They have systematically taken for granted nationally bounded societies as the natural unit of analysis. Naturalization produced the container model of society that encompasses a culture, a polity, an economy and a bounded social group« (ebd., S. 579). Die dritte Variante ist die der territorialen Begrenzung in sozialwissenschaftlichen Untersuchungen, die sich in der Regel immer nur in den politischen und geographischen Grenzen eines bestimmten Nationalstaates vollziehen, ohne diese Begrenzung zu reflektieren. Auch darüber hinausgehende Fragestellungen in Wirtschaftswissenschaften, in der Geschichtsforschung und in Studien zu internationalen Beziehungen unterstellten dennoch den Nationalstaat als relevante Analysekategorie: Geschichte sei größtenteils die Geschichte bestimmter Nationen oder der Beziehungen zwischen diesen; Merkmale bestimmter Volkswirtschaften würden als solche erhoben und miteinander verglichen; die Politikwissenschaft konzentriere sich entweder auf den – eigenen – Nationalstaat oder auf die internationalen Beziehungen zwischen Staaten; in allen Fällen seien ›Nationalstaaten‹ die unhinterfragten Bezugsgrößen.

Die Autoren gehen davon aus, dass die von ihnen postulierten drei Varianten nicht immer trennscharf voneinander abzugrenzen sind, sondern dass es fließende Übergänge und Überschneidungen gibt. Alle Varianten des methodologischen Nationalismus zeigten jedoch die überwiegende Blindheit der Sozialwissenschaften gegenüber Phänomenen und Entwicklungen, die sich außerhalb dieser allenthalben als bewiesen vorausgesetzten Containerkategorie ›Nationalstaat‹ abspielten; dieser methodologische Nationalismus kennzeichne den *mainstream* der sozialwissenschaftlichen Forschung und Theoriebildung. Ausnahmen seien z.B. die politische Ökonomie marxistischer Tradition und die Weltsystem-Theorie von Immanuel Wallerstein, die den Kapitalismus als ein globales, d.h. als ein nicht spezifisch nationalstaatliches, Phänomen ansähen (ebd., S. 577). Inzwischen habe aber gerade in der Migrationssoziologie, die zwar ebenfalls überwiegend vom methodologischen Nationalismus geprägt sei, durch die Transnationalismus-Debatte ein Umdenken eingesetzt, das die Bedeutsamkeit des ubiquitären Bezugs auf die Kategorie ›Nationalstaat‹ in Frage stelle (ebd., S. 595ff.).

In ähnlicher Weise wird auch der Kulturbegriff von Wolfgang Welsch dekonstruiert. Der Autor spricht sich gegen das auf Gottfried Herder zurück gehende Kugel- oder Insel-Modell von Kulturen aus, das auch die Grundlage allen Redens über interkulturelle und multikulturelle Kommunikation bilde. Gemeint ist damit die Vorstellung von voneinander abgegrenzten, ethnisch fundierten und sozial homogenen Kulturen (als Kugeln oder Inseln) in einem globalen sozialen Raum (Welsch 1992, S. 6; 1995, S. 39f.). Ein solcher Kulturbegriff sei heute »deskriptiv falsch und normativ irreführend« (Welsch 1999, S. 126). Der Begriff der ›Transkulturalität‹ trage der Interaktion zwischen und der Vernetzung von Kulturen Rechnung, entkoppele kulturelle und nationale Identität, gehe selbstverständlich von Mischungen aus (›Hybridisierung‹), akzeptiere die ›transkulturelle Prägung‹ heutiger Individuen und das Ende von trennscharfen Unterscheidungen zwischen Eigenem und Fremden: »Im Innenverhältnis einer Kultur existieren heute eben so viele Fremdheiten wie im Außenverhältnis anderer Kulturen. (...) Die meisten von uns sind in ihrer kulturellen Formation durch *mehrere* kulturelle Herkünfte und Verbindungen bestimmt. Wir sind kulturelle Mischlinge« (ebd., S. 129f., Hervorh. im Orig.).

Analog zur Rede vom methodologischen Nationalismus wird in dem hier vertretenen Konzept daher vorgeschlagen, auch in Bezug auf die unhinterfragte Annahme der Existenz und Relevanz von ›Kultur‹ als sozialwissenschaftlich sinnvoller Vergleichskategorie von einem ›methodologischen Kulturalismus‹ zu sprechen. ›Methodologischer Kulturalismus‹ bezeichnet demnach die unhinterfragte Tendenz, ›Kulturen‹ als quasi-natürliche Vergleichseinheiten anzusehen und forschungsmethodisch entsprechend vorzugehen.

Was bedeutet diese Auseinandersetzung um den methodologischen Nationalismus und den methodologischen Kulturalismus für die Vergleichende Erziehungswissenschaft? Auf die Vergleichende Erziehungswissenschaft treffen meiner Ansicht nach besonders die Tendenz zur Naturalisierung und zur Territorialisierung von Nationalstaaten und zur Naturalisierung und zur Ethnisierung von Kulturen zu. Denn diese werden allerorten als gleichsam ›natürlicherweise‹ vorgegebene Vergleichseinheiten vorausgesetzt so wie auch vergleichende Befunde territorialisiert bzw. ethnisiert werden, indem sie bestimmten Containergesellschaften zugeschrieben werden. Naturalisierung heißt in diesem Falle: Die Bildungssysteme zweier oder mehrerer Länder oder sogar aller Länder dieser Welt werden miteinander verglichen, und niemand fragt sich, ob die Verwendung einer solchen Vergleichseinheit überhaupt Sinn macht. Territorialisierung bedeutet: Wenn die Schulleistungen von Schülergruppen international verglichen werden, käme niemand auf die Idee, die Schüler z.B. ohne Beachtung von Landesgrenzen zu vergleichen; stattdessen ist es ausgemachte Sache, dass die Ergebnisse die Leistungsfähigkeit des Schulsystems eines bestimmten Landes repräsentieren. Naturalisierung von Kultur bedeutet, dass kulturelle Praxen nicht als Ergebnis historischer Entwicklungen gesehen werden, sondern dem naturgegebenen ›Wesen‹ einer Menschengruppe, die diese praktizieren, zugeschrieben werden. Damit werden sie essentialisiert und ethnisiert.

In der Vergleichenden Erziehungswissenschaft wird bei der Durchführung von internationalen oder interkulturellen Vergleichen wie auch bei der Beschäftigung mit Programmen und Praxen interkultureller bzw. internationaler Erziehung und Bildung sehr schnell im Sinne von abgegrenzten ›Containergesellschaften‹ oder ›Kulturen als Kugeln oder Inseln‹ argumentiert und geforscht, ohne dass die Berechtigung solcher Vorstellungen gesondert geprüft würde. Damit tappen sowohl Komparatisten als auch Internationalisten häufig in die Fallen des methodologischen Nationalismus und Kulturalismus bzw. sie sind äußerst anfällig für diese.

Macht diese Gefahr die Vergleichende Erziehungswissenschaft nun handlungsunfähig oder überflüssig? Auf diese Frage kann folgende Antwort gegeben werden: »Wenn die Menschen Situationen als real definieren, dann sind diese in ihren Folgen real« (Thomas 1965, S. 29). Diese auch als sog. ›Thomas-Theorem‹ bekannte basale Einsicht in die (Psycho-)Logik menschlichen Verhaltens ist die deutsche Übersetzung einer Aussage in der Veröffentlichung von William I. Thomas und Dorothy Swaine Thomas in ihrem Buch »The child in America« aus dem Jahre 1928 (S. 572), die in englischer Sprache wie folgt lautet: »If men define situations as real, they are real in their social consequences«. Sozialsysteme funktionieren demnach mit einer durch keine rationale Logik widerlegbaren sich selbst erfüllenden Prophezeiung: Wenn Menschen ihr Handeln und das anderer Menschen ›natio-ethno-kulturell‹ definieren, d.h. menschlichen Handlungen diese ›Ursachen‹ zuschreiben, dann sind diese Zuschreibungen in ihren Folgen ›real‹, d.h. sie sind in der Interaktionspraxis entlang dieser Kategorien auch in der sozialen ›Realität‹ vorfindbar.

Dem ›Thomas-Theorem‹ zufolge gibt es also gesellschaftliche Praxen, die sich entlang der Kategorien ›Nation‹ und ›Kultur‹ definieren – ungeachtet der Tatsache, dass diese ›eigentlich‹ nur konstruiert sind oder in anderen Worten, dass es sich dabei ›nur‹ um ›imagined communities‹ handelt. Die wissenschaftstheoretische Dekonstruktion der Naturalisierung, Essentialisierung, Territorialisierung und Ethnisierung sozialer Praktiken und menschlicher Zugehörigkeiten hat zwar ein (Selbst-)Aufklärungspotential, schafft aber keine veränderten sozialen Wirklichkeiten. Wenn Menschen soziale Zugehörigkeiten und die entsprechende Zuschreibung der Sinnhaftigkeit sozialer Praktiken in ihrem Handeln als real vorhanden unterstellen, dann sind sie in ihren sozialen Auswirkungen auch real vorhanden, d.h. sie konstituieren und legitimieren die gesellschaftliche Wirklichkeit. Damit sind diese Wirklichkeiten, z.B. die essentialistische Deutung von Kulturkonflikten, wiederum – so die Folgerung – mögliche Forschungsgegenstände der Vergleichenden Erziehungswissenschaft. ›Forschungsgegenstand‹ bedeutet hierbei aber auch, dass die Selbstbeschreibungen der Betroffenen nicht unreflektiert von den wissenschaftlichen ›Beobachtern‹ übernommen werden dürfen. Und gerade zu diesem Zweck ist es nützlich, sich auch im Studium mit den hier skizzierten Argumenten zum methodologischen Nationalismus und zum methodologischen Kulturalismus auseinander zu setzen.

6.3 Ein Klassifikationsschema für einen Vergleich von Theorien

Zur wissenschaftstheoretischen Reflexionsebene gehören auch Überlegungen zur Reichweite von Theorien. Wie sind sie entstanden? Was versprechen sie zu erklären? Wie schlüssig sind ihre Konzepte? Welche Theorie ist ›besser‹, welche ›schlechter‹, und aus welchen Gründen? Im Folgenden kann nur versucht werden, einen kleinen Einblick in die damit aufgeworfenen komplexen Fragen zu geben. Denn ein Vergleich von Theorien gehört zu den anspruchsvollsten Aufgaben der wissenschaftstheoretischen Reflexion, benötigt man doch hierzu einerseits fundierte Kenntnisse zu vielen verschiedenen Theorien, deren Entstehung, Kritik und Weiterentwicklung, andererseits jedoch auch einen metatheoretischen Rahmen mit Kriterien zu deren Vergleich und Beurteilung. Schließlich ist noch zu bedenken, dass auch ein kriteriumsbezogener Theorienvergleich wiederum zum Gegenstand der Kritik werden kann, sei es, dass andere Wissenschaftler den angelegten Kriterien ihre Relevanz absprechen oder z.B. die Zuordnung von Theorien nicht akzeptieren. Das Ganze ist also ein tendenziell unabgeschlossenes Verfahren und gipfelt manchmal in einem recht radikalen Paradigmenwechsel oder in sog. wissenschaftlichen Revolutionen, in denen bestimmte Theorien – auch solche, die lange Zeit Anerkennung genossen – durch radikal neue abgelöst werden (Kuhn 1976).

Im Folgenden soll ein Vergleich von Theorien vorgestellt werden, die seit einigen Jahren in der Vergleichenden Erziehungswissenschaft zunächst geringe, inzwischen vermehrte Aufmerksamkeit erlangt haben. Der Gegenstand, auf den sich die Theorien beziehen, sind, abkürzend gesagt: nationalstaatliche Bildungssysteme. Das Klassifikationsschema für einen diesbezüglichen Theorienvergleich, auf das im Folgenden Bezug genommen wird, geht auf mehrere Veröffentlichungen der schon häufiger angeführten Stanforder Gruppe um John W. Meyer et al. zurück; mittels dieses Schemas nehmen die Autoren dieser Gruppe eine Selbstverortung ihres Ansatzes in einem von ihnen definierten Vergleichsrahmen von Theorierichtungen vor. Wegen dieser Selbstverortung, die vermutlich unweigerlich eine gewisse Voreingenommenheit impliziert, kann der von Meyer et al. gewählte Vergleichsrahmen natürlich wiederum zum Gegenstand der Kritik werden. Wissenschaftstheoretisch gesehen kann daraus eine recht endlose Kette von Kritik und Gegenkritik hervorgehen, was jedoch kein schlechtes Zeichen ist, sondern einen wissenschaftlichen Normalzustand darstellt und die raison d'être der wissenschaftstheoretischen Reflexionsebene ausmacht (Kritik an diesem Klassifikationsschema erfolgt dann in Kap. 6.5).

Der Theorienvergleich von Meyer et al. (ausführlich dargestellt in Meyer et al. 2005, S. 88–95; Meyer 2005, S. 134–138; Meyer/Ramirez 2005, S. 212–218) wird hier aus Gründen der Pointierung und der Übersichtlichkeit von der Autorin dieses Buches in tabellarischer Form (Tab. 5) zusammengefasst. Hierzu wurden die

Tab. 5: Klassifikationsschema für einen Theorienvergleich in der Vergleichenden Erziehungswissenschaft (Quelle: Eigene Zusammenstellung nach Publikationen von John W. Meyer et al. © C. Adick)

	Nationalstaat	Weltgesellschaft	Bildung
Mikrorealisten:	ist ein natürlicher, zweckgerichteter Akteur, der autonom nach den eigenen Erfordernissen handelt; ein einzigartiges, abgegrenztes, integriertes System	ist kein Thema bzw. die Weltsituation wird auf der Ebene der nationalen Akteure analysiert; internationale Beziehungen sind Interaktionen zwischen autonomen Staaten	orientiert sich – funktionalistisch – an den Bedürfnissen und Entwicklungen der betreffenden Gesellschaft; in einer sog. ›rechten‹ Version dient das Bildungssystem der Aufrechterhaltung und dem Wohl der Gesellschaft, in einer sog. ›linken‹ Version den Interessen der Herrschenden
Mikrophänomenologen (-kulturalisten):	ist das Produkt einer einzigartigen nationalen Kultur und deren interpretativen Prozessen in Gestalt von Traditionen und kulturellen Eigentümlichkeiten; hierbei wird die (National-)Kultur eher oberflächlich mit expressiven Elementen assoziiert	ist für diese Theorien kein Thema	bringt die kulturellen Werte und Vorstellungen einer bestimmten nationalen Gesellschaft zum Ausdruck – und nicht so sehr die funktionalen Erfordernisse oder die Macht- und Interessenssysteme

	Nationalstaat	Weltgesellschaft	Bildung
Makrorealisten:	ist das Produkt eines weltweiten Systems von wirtschaftlichen oder politischen Macht-, Tausch- oder Konkurrenzbeziehungen; (National-)Kultur (im wesentlichen äußerliche expressive Kulturelemente) spielt eine untergeordnete Rolle im Vergleich zu den globalen Triebkräften Geld, Macht, Gewalt, Interessen	funktioniert im Sinne eines Weltsystems ohne Weltstaat, in dem reale Machtverhältnisse, in manchen Theorien vor allem ökonomische Interessen, regulierende Funktion haben; die Weltwirtschaft funktioniert als Motor für Ungleichheit	wird von den in diesem Weltsystem wirkenden Interessen und Herrschaftsansprüchen beeinflusst; spezifische Bildungsentwicklungen erklären sich aus der Stellung im Weltsystem (z.B. Bildung in Zentrums- oder in Peripherieländern)
Makrophänomenologen (-kulturalisten):	gehört zu den Hauptakteuren der Weltgesellschaft; die Nationalstaaten sind standardisiert (Isomorphie), da sie alle der gleichen – durch die ›world polity‹ vorgezeichneten – rationalistischen Logik folgen; Kultur wird als Bündel global institutionalisierter kognitiver Modelle gesehen, wobei die expressiven (nationalen) Kulturelemente einzigartig sein dürfen (weil sie belanglos sind)	funktioniert ohne Weltstaat, indem die ›world polity‹ Regeln und Modelle vorgibt, nach denen Individuen, Organisationen und Staaten handeln (sollen)	ist ebenso wie andere Institutionen standardisiert (Isomorphie); Bildungsmodelle verbreiten sich durch Diffusion weltweit (Kopiervorgänge, Imitation), wobei es häufig zu Entkoppelungserscheinungen zwischen Modell und Realisierung kommt

Aussagen in der genannten Literatur zu drei wesentlichen Punkten herausgefiltert: Was sagt die jeweilige Position zum Nationalstaat, zur Weltgesellschaft und zum Bildungswesen? Anhand dieser drei Fragen wird versucht, die inhaltlichen Ausführungen zur theoretischen Positionierung des ›world polity‹-Ansatzes in Abgrenzung zu den anderen Theorierichtungen stark kondensiert zusammen zu fassen.

Das Klassifikationsschema von Meyer et al. für den Theorienvergleich besteht aus den beiden Dimensionen ›mikro – makro‹ und ›realistisch – kulturalistisch‹ (auch ›phänomenologisch‹ genannt). Kurz gesagt erfolgt damit folgende Zuordnung: Mikroperspektivische Theorien sehen – nach Ansicht von Meyer et al. – nationalstaatliche Bildungssysteme entweder als Ausdruck von deren spezifischer Geschichte und Tradition (kulturalistische Variante, idiographische Herangehensweise) oder als solche, die – tatsächlich – bestimmte Funktionen für ihre Gesellschaften erfüllen (realistische Variante, wie sie insbesondere in funktionalistischen Schultheorien anzutreffen ist). Makroperspektivische Theorien sehen nationalstaatliche Bildungssysteme eingebettet in die Weltgesellschaft, entweder dergestalt, dass deren Funktions- und Wirkungsweise von ihrer jeweiligen Stellung im Weltsystem abhängt (realistische Variante) oder dergestalt, dass diese (im wesentlichen programmatisch) vorgeben, in Anlehnung an weltkulturelle Standards zu operieren (kulturalistische Variante), woraus – so die neoinstitutionalistische Theorie – einerseits Isomorphien (nationalstaatliche Konvergenzen auf Weltebene), andererseits die vielfach anzutreffenden Inkongruenzen zwischen Programm und Realität, die sog. Entkoppelungserscheinungen, resultieren.

6.4 Kritische Fortsetzung des Theorienvergleichs

Nach der Selbsteinschätzung der Stanforder Autoren ist deren makroperspektivisch-kulturalistische Theorie die ›richtige‹ Theorie zur Erklärung von nationalstaatlichen Bildungssystemen; die anderen drei hingegen liegen irgendwie ›falsch‹. Wie sie aber ebenfalls von Vertretern der anderen Theorierichtungen kritisiert werden können, soll im Folgenden angesprochen werden. Dabei können nur einige Kritikpunkte vorgestellt werden; denn wenn man die ganze Breite der möglichen Pro- und Contra-Argumente diskutieren wollte, müsste man hierzu ein eigenes Buch schreiben. Man kann die neo-institutionalistische Theorierichtung zunächst (mindestens) in Bezug auf beide Dimensionen (mikro/makro und realistisch/kulturalistisch) hinterfragen. Im Folgenden wird mit einem Blick auf die Makrodimension begonnen und dann die Mikrodimension thematisiert, wobei jeweils auch die Alternativen ›realistisch‹ vs. ›kulturalistisch‹ angesprochen werden sollen.

Kritik in Bezug auf die Makrodimension

In der Makrodimension wird zwischen ›realistischen‹ und ›kulturalistischen‹ Theorien unterschieden. Beiden gemeinsam ist die Annahme, dass nationale Bildungssysteme in einem Weltzusammenhang – und nicht einzelgesellschaftlich – betrachtet werden müssen. Hierbei stellt die ›kulturalistische‹ Variante die von Meyer et al. dar; hingegen operiert die ›realistische‹ Variante überwiegend mit der Vorstellung eines kapitalistischen Weltsystems im Anschluss an die Weltsystem-Theorie von Immanuel Wallerstein (Historiker und Soziologe, Professor an der State University of New York und langjähriger Direktor des dortigen Fernand Braudel Centres). Da Wallersteins Werk sehr umfangreich ist, wird an dieser Stelle nur eine kurze Zusammenfassung wesentlicher Argumente geliefert (vgl. ausführlicher und mit Literaturangaben Adick 1992, S. 103–112):

In der Menschheitsgeschichte gab es laut Wallerstein folgende Arten von Gesellschaften: a) Minisysteme (autonome Subsistenzökonomien) und b) Weltsysteme in zwei Ausprägungen: Weltreiche mit einem gemeinsamen politischen System (z.B. das Römische Reich) und Weltökonomien ohne gemeinsames politisches System. Unser heutiges sog. ›modernes Weltsystem‹, das sich seit ca. 500 Jahren herausbildet, gehört zur letzteren Kategorie. Dieses moderne Weltsystem ist gekennzeichnet durch eine internationale Arbeitsteilung. Diese besagt, dass verschiedene Wirtschaftssektoren und Gebiete grenzüberschreitend auf wirtschaftlichen Austausch miteinander angewiesen sind, um die Bedürfnisse des eigenen Gebietes (Rohstoffe, Know How, Finanzkapital, Arbeitskraft, Handel usw.) kontinuierlich zu befriedigen. Die Weltökonomie des modernen Weltsystems basiert auf der kapitalistischen Produktionsweise (›endless accumulation of capital‹ im Weltmaßstab). Diese Produktionsweise ist gekennzeichnet durch extensive Expansion (weltweite Ausdehnung über die Anfänge in Europa hinaus) und durch intensive Expansion (Ausbreitung kapitalistischer Prinzipien in die Gesellschaften hinein). Die ungleichen Potentiale der verschiedenen Akteure führen zu einer hierarchischen Weltökonomie. In seinem historischen Werk arbeitet Wallerstein verschiedene Phasen oder Stadien der Entstehung und Entwicklung des modernen Weltsystems heraus. Phase I (1450–1640) ist die Frühphase der Entstehung in Europa (das sog. ›lange 16. Jahrhundert‹). Unsere heutige ›Globalisierungsphase‹ ist dieser Sichtweise zufolge nur eine (weitere) Etappe dieses langfristigen historischen Prozesses. Die Einbindung neuer Zonen in das (geographisch gesehen zunächst europäische) moderne Weltsystem geschah historisch über die Etappen: Außenarena (Fernhandel nur mit Luxusgütern), Inkorporation (einige Produktionsprozesse werden zum integralen Bestandteil der Weltökonomie), Integration in das Weltsystem, meist als Peripherie (Kolonialgebiete), seltener als Semiperipherie oder Zentrum (z.B. Japan).

Wallerstein postuliert eine ›strukturelle Dreiteilung des kapitalistischen Weltsystems‹: Auf Weltebene bedeutet dies die Existenz von Zentrum, Peripherie und Semiperipherie; auf der Ebene einzelner Gesellschaften findet sich diese Dreiteilung in Gestalt von Bourgeoisie, Proletariat und Mittelschicht. Mit dieser ›strukturellen Dreiteilung‹ entwickelt er bezogen auf die Weltebene das bimodale Zentrum-Peripherie-Modell der Dependenztheorie weiter und bezogen auf die marxistische Gesellschaftsanalyse das antagonistische Modell von Bourgeoisie und Proletariat, um so die Dynamik innerhalb des modernen Weltsystems und innerhalb moderner Gesellschaften zu fassen.

Forschungsperspektiven zum modernen Weltsystem arbeiten mit der Unterscheidung von *Strukturen* (damit sind bleibende Beziehungsmuster, z.B. Profitmaximierung, gemeint), *zyklischen Rhythmen* (längere oder kürzere Konjunkturzyklen) und *langfristigen ›säkularen Trends‹*; letztere sind: der Trend zur äußeren und inneren Expansion, die ›Commodification‹ (Kommodifikation; d.h. die Verwandlung materieller und immaterialer Phänomene in Waren) und die Mechanisierung (die industrielle und technisch-wissenschaftliche Ausgestaltung aller Produktionsprozesse). Hier ergeben sich einige Anschlussmöglichkeiten an erziehungswissenschaftliche Fragestellungen, wie z.B. die in historischen Studien festgestellten ›Konjunkturzyklen‹ von Lehrermangel und Lehrerschwemme im

Bildungswesen, die Verwandlung von Bildung in eine Ware (›Kommodifikation‹), die auf dem Weltmarkt gehandelt wird, wie das GATS-Abkommen deutlich macht, oder der Einzug der Informationstechnologie in den Bildungserwerb (Stichwort: Internet) als eine Form von ›Mechanisierung‹ (Adick 2003a, S. 182).

Das Problem bei der Anwendung der Wallerstein'schen Theorierichtung in der Vergleichenden Erziehungswissenschaft ist allerdings, dass sie sich kaum speziell zu Bildungsentwicklungen geäußert hat. Es gibt eigentlich nur einen ausführlicher dargelegten Berührungspunkt zum Bildungsbereich im Werk von Wallerstein. Dieser bezieht sich auf seine historische Rekonstruktion der Entstehung der modernen Sozialwissenschaften seit Mitte des 18. Jahrhunderts (knapp dargestellt in Wallerstein 2004, S. 1–22). Der Autor postuliert darin, dass die Geschichte der Sozialwissenschaften – diskutiert werden von ihm Geschichts-, Wirtschafts- und Politikwissenschaft, ferner Soziologie, Anthropologie und Orientalistik – eng verknüpft ist mit der Entstehung des modernen Weltsystems. So entstanden z.B. Anthropologie und Orientalistik nicht von ungefähr im Zeitalter des Imperialismus, als die europäische Expansion sich zum einen mit den sog. ›primitiven‹ schriftlosen Kulturen auseinander setzen musste (Anthropologie), zum anderen auf ›Hoch‹-Kulturen traf, die über Schrift und staatliche Organisation verfügten, die aber dennoch nicht nach ›westlichem Modell‹ funktionierten (Orientalistik). In Weltsystem-Analysen müsste allerdings – so Wallerstein – diese fachwissenschaftliche ›Zerstückelung‹ wieder zusammen gedacht werden. Auf das Schulwesen geht Wallerstein in seinen Werken dagegen nicht dezidiert ein; es finden sich nur einige kursorische Bemerkungen wie z.B. die, dass die flächendeckende Einführung von Primarschulen in Europa im 19. Jahrhundert der Integration von Arbeitern und Bauern als Staatsbürger dienten (ebd., S. 66). Aus diesem Grunde muss also zunächst geprüft werden, ob und wie die Weltsystem-Theorie überhaupt für erziehungswissenschaftliche Fragestellungen fruchtbar gemacht werden kann.

Die Autorin dieses Buches hat dazu vorgeschlagen, als vermittelndes Bindeglied zwischen dem ›kapitalistischen Weltsystem‹ (nach Wallerstein) und den globalen Bildungsentwicklungen die ›Kapitaltheorie‹ von Pierre Bourdieu (1983) zu verwenden und sieht in dieser zugleich eine Möglichkeit, die konzeptionelle Leerstelle des ›Weltkultur‹-Ansatzes (nach Meyer et al.) gerade in Bezug auf (bildungs)ökonomische Bedingungen zu kompensieren (Adick 1992, S. 127ff.; 2003a, S. 183f.). Bourdieu sieht ›Bildung‹ als ›Kulturkapital‹, das in drei Erscheinungsformen auftritt: ›Inkorporiertes Kulturkapital‹ ist an das lernende Individuum und seine Lebensvollzüge gebunden; ›objektiviertes Kulturkapital‹ findet sich z.B. in Büchern, Denkmälern und Maschinen und ist materiell übertragbar; ›institutionalisiertes Kulturkapital‹ zeigt sich in Titeln, die von pädagogischen Institutionen ausgestellt werden (Schulzeugnisse, Diplome) und die eine Berechtigung verleihen. Bourdieu unterstellt in seiner Kapitaltheorie eine Konvertibilität verschiedener Kapitalarten; so ist etwa institutionalisiertes Kulturkapital in ökonomisches konvertierbar, was sich z.B. daran zeigt, dass bestimmte Schulabschlüsse oder Diplome vorausgesetzt werden, um eine entsprechende berufliche Position zu erreichen. Hier nun liegt die von der Autorin dieses Buches postulierte Schnittstelle zur Weltsystem-Theorie: Die zu beobachtende internationale Anerkennung von Bildungsabschlüssen, Erscheinungen wie Auslandsstudium und Phänomene wie Brain Drain, d.h. die Abwanderung von ausgebildetem Personal ins Ausland, verweisen auf eine zunehmende internationale Kompatibilität von ›Kulturkapital‹, das nun nicht nur im Inland, sondern im ›kapitalistischen Weltsystem‹ konvertibel ist. Diese internationale Konvertibilität erscheint als Motor für die von Meyer et al. gefundenen ›Isomorphien‹ ebenso plausibel wie die recht virtuell fungierende ›world polity‹ der betreffenden Theorierichtung.

Wo liegt nun der Unterschied (oder mindestens: ein Unterschied) zwischen den beiden Makrotheorien ›Weltsystem‹ und ›Weltkultur‹? Gerade mit Blick auf die in der Konzeption von Meyer et al. immer wieder hervorgehobenen Entkopplungserscheinungen ist kritisch zu konstatieren, dass diese immer dann als Argumente herhalten müssen, wenn die realen Bedingungen nicht in das Bild der isomorphen Weltkultur passen. Es ist eine Sache, solche Entkopplungserscheinungen zu benennen, es bleibt aber dann das Desiderat, wie man das Zustandekommen der realen Bedingungen erklären will. Hierauf hat der neo-institutionalistische Ansatz keine Antwort. Denn Entkopplungserscheinungen stellen für den Neo-Institutionalismus eher ein technisches Problem dar, das aus Fehlfunktionen beim Import und beim Kopieren zudem variantenreicher weltgesellschaftlicher Modelle resultiert, wie folgende Argumentation deutlich macht:

»Zu solchen Entkopplungserscheinungen kommt es, weil Nationalstaaten sich am Modell einer externen Kultur orientieren, die sich nicht einfach komplett und als voll funktionsfähiges System importieren läßt. (…) Die Weltkultur enthält zahlreiche verschiedene Varianten der dominanten Modelle, was dazu führt, daß widersprüchliche Prinzipien in eklektischer Weise miteinander kombiniert werden. (…) Manche Bestandteile der externen Modelle sind leichter zu kopieren als andere, und viele erweisen sich als nicht abgestimmt mit lokalen Gewohnheiten, Bedürfnissen und Finanzierungsmöglichkeiten. (…) Es liegt also in der Logik des Kopierens extern definierter Identitäten, daß massive Entkopplungserscheinungen auftreten« (Meyer et al. 2005, S. 99f.).

Welche Faktoren nun aber tatsächlich die importierenden Länder aufweisen, die das Kopieren im neo-institutionalistischen Sinne erschweren, und wie sich deren Entstehung und Beharrungspotential theoretisch erklären lassen, interessiert offenbar nicht weiter. Hier aber könnten die von Meyer et al. als ›realistisch‹ verurteilten Weltsystemanalysen greifen: Um als Beispiel nur das oben genannte Stichwort ›Finanzierungsmöglichkeiten‹ aufzugreifen, ist zu konstatieren, dass sich die Länder im kapitalistischen Weltsystem ganz erheblich in ihren realen Möglichkeiten unterscheiden, Bildung zu finanzieren. Damit wäre eine Ursache für ›Entkopplungen‹ benannt; denn die unterschiedliche Finanzbasis in armen und in reichen Ländern ist – laut Weltsystemansatz – ein Resultat der Stellung dieser Länder in dem hierarchischen Weltsystem, das sich unter anderem durch die genannte ›strukturelle Dreiteilung‹ in Zentrum, Peripherie und Semiperipherie auf Weltebene auszeichnet, die sich auch innerhalb der Gesellschaften in einem dreiteiligen Schichtungssystem (Unter-, Mittel-, Oberschichten) wiederfindet (vgl. Wallerstein 1983). Das ›Weltsystem‹ ist demnach nicht, wie das Denkmodell der ›Weltkultur‹, als eine Ansammlung von isomorphen Staaten, die miteinander interagieren, konzipiert, sondern als eines, in dem insbesondere ein ökonomisch bedingtes Machtgefälle besteht.

Dass es auch Sinn macht, in einer historisch-vergleichenden Bildungsforschung mit der Weltsystem-Theorie zu argumentieren, hat die Autorin dieses Buches exemplarisch mit Blick auf die Bildungsgeschichte in Westafrika dargelegt. Die in den Wallerstein'schen Analysen begründete historische Charakteristik der Einbindung neuer Weltregionen in das expandierende kapitalistische Weltsystem erklärt, jedenfalls nach Ansicht der Autorin, bestimmte Etappen der Schulgeschichte etlicher westafrikanischer Gebiete, die daraufhin untersucht wurden, plausibler als die von Meyer et al. postulierten ›Kopiervorgänge‹ (Adick 1992, 2004b). Im Rahmen dieser Einführung kann auf diese Untersuchungen nicht im Einzelnen eingegangen werden. Um aber zumindest einen ersten Eindruck von der Herangehensweise zu gewinnen, seien einige kurze Bemerkungen gestattet: In diesen Untersuchungen ließ sich die Entstehung und Entwicklung moderner ›westlicher‹ Bildungssysteme im Zuge von Missionierung und Kolonialisierung plausibel mit den von Wallerstein postulierten Etappen der historischen Einbindung dieser außereuropäischen Regionen in das moderne Weltsystem in Beziehung setzen. Zunächst stellten diese Regionen die ›Außenarena‹ des expandierenden Weltsystems dar; ›westliche Bildung‹ hatte dementsprechend weder Bedeutung noch Erfolg. In der Phase der ›Inkorporation‹ entstanden erste tiefergehende Verknüpfungen, die aber noch große Spielräume offen ließen. ›Westliche Bildung‹ wurde in dieser Phase (anders als dies meistens gedacht wird) überwiegend von einigen Afrikanern mit intensiverem Europakontakt selbst initiiert und adaptiert. Die formale Kolonialherrschaft begründete dann die nächste Phase, in der der Status dieser Regionen als ›Peripherien‹ festgeschrieben wurde. ›Westliche Bildung‹ wurde nun vom Kolonialstaat kontrolliert und auf dessen Erfordernisse ausgerichtet, womit die Handlungsspielräume der Afrikaner fast gänzlich zunichte gemacht wurden. Meines Erachtens kann der Weltsystem-Ansatz von Wallerstein – jedenfalls in Bezug auf diesen Gegenstand (die moderne Bildungsgeschichte in Westafrika) – zwar nicht alles, aber manches besser erklären als der Weltkultur-Ansatz von Meyer.

Kritik in Bezug auf die Mikrodimension

In einem zweiten Anlauf kann man das neo-institutionalistische Theorieangebot jedoch nicht nur in Bezug auf die Alternative ›kulturalistisch vs. realistisch‹ auf der Makrodimension kritisch hinterfragen, sondern auch deren Frontstellung gegen die sog. ›Mikrodimension‹ näher betrachten.

Im vorangegangenen Kapitel wurde schon die ›Externalisierungs‹-These von Schriewer vorgestellt (Kap. 5.6). Mit seinem Fokus darauf, dass es die ›selbstreferentiellen Systeme‹ sind, die eine Öffnung auf Internationalität betreiben, leistete er eine Kritik an der Vorstellung des ›world polity‹-Ansatzes, der davon ausgeht, es sei die ›world polity‹, die Internationalität als Drehbuch in Gang setze. Die hiermit betriebene Kritik lautet demnach, die neo-institutionalistische Theorie sei unempfindlich für die Eigenlogik und für Adaptationsleistungen wie auch Variationen, die auf der Ebene der nationalen Bildungssysssteme vorzufinden seien.

Weitere Argumente und Belege dieser Kritikrichtung bietet ferner ein Sammelband in der Herausgeberschaft von Kathryn Anderson-Levitt (2003), der sich explizit der Auseinandersetzung mit dem bildungssoziologischen Werk von Meyer, Ramirez und anderen widmet. In ihrer Rezension dieses Buches spricht Gita Steiner-Khamsi (2005) diesem Buch daher eine besondere Anerkennung in Bezug auf die Tatsache aus, dass in ihm neben den Kritikern des ›world polity‹-Ansatzes auch ein prominenter Vertreter dieser Theorie, Francisco O. Ramirez, am Ende des Buches die Gelegenheit erhalten hat, wiederum auf diese Kritiken zu antworten. Die Kritik wie auch die Belege in Form von Fallstudien in diesem Buch verkörpern, wie der Titel sagt, die Perspektive, wie sich in verschiedenen Ländern globale Entwicklungen (»global schooling«) unter lokalen Bedingungen auswirken (»local meaning«).

In ähnliche Richtung gehen auch die Beiträge in einem von Gita Steiner-Khamsi (2004) herausgegebenen Sammelband: »Educational Borrowing and Lending« (so im Titel). Die vielfältigen Bezüge des internationalen Bildungstransfers in Gestalt eines grenzüberschreitenden Imports und Exports von Ideen und Modellen stehen hier als Gegenkonzept zur Vorstellung von einer isomorphen Diffusion von Bildungsentwicklungen im Sinne der neo-institutionalistischen Theorie. Die zu beobachtende Praxis des ›Entleihens‹ und des ›Verleihens‹ fremder Bildungsmodelle und damit das, was in diesem Buch unter ›Internationale Bildungspolitik‹ gefasst wird, wird zum Gegenstand der theoretischen Reflexion. Die Beiträge dieses Buches untersuchen, welchen Einfluss externe Bildungsmodelle tatsächlich auf lokale Bildungsreformen haben, warum sie übernommen werden, wie sie übernommen und dabei an lokake Gegebenheiten angepasst werden und welche Akteure dabei eine Rolle spielen. Die Autoren machen damit auf eine Leerstelle in der neo-institutionalistischen Argumentation aufmerksam, die darin besteht, den internationalen Austausch von Ideen und Bildungsmodellen als bloße lokale Inszenierung des Drehbuchs einer übergeordneten ›Weltkultur‹ zu konzipieren.

Theorievarianten der Mikro-Dimension sind in der Schultheorie wie in der Vergleichenden Erziehungswissenschaft weit verbreitet; denn sie lassen sich vorzüglich anwenden (und entsprechend häufig vorfinden), wenn es darum geht, Länder zu vergleichen und Unterschiede bzw. Gemeinsamkeiten auf die genannten Faktoren zurück zu führen. Aber auch dies wird von der neoinstitutionalistischen Theorie als Verblendungszusammenhang zurückgewiesen: »Diese allgemein anerkannte Weisheit [d.h. die Unterstellung, nationale Bildungssysteme hätten – in welcher Variante auch immer – jedenfalls ursächlich etwas mit den Spezifika des betreffenden Landes zu tun, C.A.] ist in der vergleichenden Bildungsforschung weiterhin sehr einflußreich und führt viele ihrer Forschungsprojekte in die Irre. Sowohl die Funktionalität als auch die Einzigartigkeit des jeweiligen Bildungssystems werden in länderspezifischen Studien stark überschätzt. Viele wichtige Ähnlichkeiten zwischen den Bildungssystemen verschiedener Länder in den Fallstudien werden übersehen und in den üblichen Auseinandersetzungen zwischen Theorien der sozialen Ordnung und Theorien des Klassenerhalts vernachlässigt. (…) Zur Erklärung nationaler Bildungssysteme muß man daher über ›nationale Traditionen‹ hinausgehen und Nationalstaaten im Kontext eines übergreifenden Nationalstaatssystems sehen« (ebd., S. 213).

Als Kritik am ›world polity‹-Ansatz aus der ›Mikroperspektive‹ heraus ist auch hier wieder ins Feld zu führen, dass die Eigendynamik nationaler Bildungsentwicklungen – mögen diese nun tatsächlich oder nur programmatisch den Interessen der jeweiligen Gesellschaft oder nur denen der Herrschenden dienen – zu einer Art Residualgröße heruntergestuft und damit theoretisch nicht erfasst wird.

6.5 Weltssystem – Weltkultur – Weltgesellschaft

In der deutschsprachigen Vergleichenden Erziehungswissenschaft werden in Bezug auf die Frage akzeptabler Theorien zur Erklärung weltweiter Bildungsentwicklungen insbesondere drei ›große‹ Referenztheorien diskutiert, die sich abkürzend durch die Begriffe ›Weltsystem‹ (Wallerstein), ›Weltkultur‹ (Meyer) und ›Weltgesellschaft‹ (Luhmann) kennzeichnen lassen (Schriewer 1994b, S. 434ff.; Amos et al. 2002, S. 198ff.; Seitz 2002a, S. 326ff.). Im Unterschied zum Theorienvergleich von Meyer et al., in dem – wie oben dargelegt – Theorien in die Dimensionen ›mikro – makro‹ und ›realistisch – phänomenologisch (kulturalistisch)‹ gegliedert werden, beschäftigt sich diese Auseinandersetzung nur mit makroperspektivischen Theorien. Zunächst soll nun dargelegt werden, wie die Theorien ›Weltsystem‹ (Wallerstein) und ›Weltkultur‹ (Meyer) nach Ansicht der Autorin dieses Buches unter erziehungswissenschaftlicher Perspektive kritisch eingeschätzt und weiterentwickelt werden können. Anschließend wird die bisher noch nicht erläuterte makrotheoretische Variante der ›Weltgesellschaft‹ (Luhmann) in ihrer Relevanz für globale erziehungswissenschaftliche Fragestellungen vorgestellt, die von anderen Fachvertretern als die leistungsfähigere Theorieofferte angesehen wird.

Wie andernorts anlässlich eines Vergleichs der beiden Makrotheorien (Weltsystem vs. Weltkultur) herausgestellt, ist sowohl der Theorie von Meyer et al. als auch der von Wallerstein aus erziehungswissenschaftlicher Sicht vorzuwerfen, dass sie soziologisch verkürzt argumentieren (vgl. zum Folgenden Adick 2002b und 2003a): Das Wallerstein'sche Konzept macht, wie oben bereits angesprochen, praktisch keine Aussagen zum Bildungswesen. Es ist allerdings über eine vermittelnde Theorie – die (Kultur)Kapitaltheorie von Bourdieu – anschlussfähig an erziehungswissenschaftliche Theoriebildung und bietet auch die Möglichkeit, Bildungsentwicklungen in den – vor allem von den anderen ›großen‹ Weltgesellschaftstheorien vernachlässigten – nicht-westlichen Regionen dieser Welt historisch einzuordnen. Die Weltsystemtheorie (im Anschluss an Wallerstein) ist sensibel für globale Machtverhältnisse und daraus erwachsenden externen Druck auf nationale Bildungssysteme, so dass sie sich für die Analyse von ›Globalisierung‹ und daraus möglicherweise erwachsenden Veränderungen des Verhältnisses von Staat und Markt in nationalen Bildungssystemen anbietet. Allerdings fehlt ihr auch hier wiederum die direkte Anschlussfähigkeit an erziehungswissenschaftliche Theorien. Denn wenn man die in der Rekonstruktion des Weltsystems als kapitalitische Weltökonomie gewonnenen Theoreme und Forschungsfragen, z.B. die These des säkularen Trends der Kommodifikation, unmittelbar auf den Bildungsbereich anwendet, impliziert dies die ungeprüfte Annahme, das Weltmodell Schule sei ein Korrelat oder gar bloß eine abhängige Variable der Weltwirtschaft und funktioniere im Prinzip wie diese. Dies allerdings müsste erst bewiesen werden.

Beiden Theorien (Weltsytem – Wallerstein und Weltkultur – Meyer) fehlt insbesondere ein Begriff der relativen pädagogischen Autonomie von Bildungssystemen: Bildungssysteme setzen nicht einfach kommentarlos das um, was – egal ob auf nationaler Ebene oder vermittels internationaler Einflüsse – an sie herangetragen wird, sondern sie übersetzen dies in ihre pädagogische Eigenlogik. Dieses von Pierre Bourdieu stark gemachte Theorem der relativen pädagogischen Autonomie von Bildungssystemen, das dieser Sichtweise zufolge aus der Geschichte der Routinisierung und Professionalisierung pädagogischer Handlungen resultiert (Bourdieu/Passeron 1974, S. 236, 145), erscheint jedenfalls zur theoretischen Begründung von ›Entkopplungserscheinungen‹ weit aussagefähiger als der bloße Verweis auf ein Auseinanderklaffen von Programm und Realität beim Kopieren externer Weltmodelle (wie bei Meyer et al.). Außerdem würden somit die eigenständigen Adaptationsleistungen und Weiterentwicklungen von Bildungssystemen angesichts externer Einflüsse – sei es durch kapitalistische Imperative des ›Weltsytems‹ oder durch kulturalistische der ›Weltkultur‹ – im positiven Sinne als besondere Leistungen von Bildungssystemen identifizierbar werden.

Zum zweiten fehlt beiden Theorien ein Begriff des individuellen und des kollektiven Lernens, wie er bereits in den Theorien von Jean Piaget (1972) entwickelt und daran anschließend zur Rekonstruktion der soziokulturellen Evolution durch Jürgen Habermas (1976) verwendet wurde. Die Anpasssung an die Herausforderungen der Umwelt wird hier als ein Wechselspiel von Assimilation und Akkomodation konzipiert, das in der Entwicklungs- und Lerngeschichte des Individuums wie auch menschheitsgeschichtlich zu komplexen universalen Kompetenzen führt, die sich aber in situationsspezifischen Performanzen äußern. Lernende Personen sind dieser Sichtweise zufolge nicht nur eher passive Empfänger weltgesellschaftlich isomorpher Bildungsangebote und handeln nicht nur im Sinne von ›scripts‹, d.h. Rollenvorgaben, die ihnen in globalen Drehbüchern angetragen werden, sondern (re)konstruieren ihre Welt aktiv durch Lernen. In der Sprache von Piaget ausgedrückt werden weltgesellschaftliche ›scripts‹ nicht einfach ›assimiliert‹, sondern auch mit ›Akkomodation‹ beantwortet. Ferner würde sich auch eine Unterscheidung von ›Kompetenz‹ und ›Performanz‹ für die Analyse von Bildungssystemen eignen, indem das, was Meyer et al. unter ›Isomorphie‹ verstehen wie etwa die Einführung von Schulpflicht, als ›Kompetenz‹ eines Bildungssystems verstanden wird und von seiner ›Performanz‹, d.h. der situativen Verwirklichung, unterschieden wird. Schließlich sollten auch kollektive menschheitsgeschichtliche Lernprozesse in Rechnung gestellt werden, d.h. Bildungssysteme lernen (im übertragenen Sinne) aktiv voneinander und entwickeln Impulse weiter (wiederum ›assimilierend‹ und ›akkomodierend‹), statt von bloßen Kopiervorgängen und quasi-naturalistischen Diffusionsprozessen auszugehen.

Die Identifizierung der universalen Prinzipien als ›westliche‹ (bei Meyer et al.) legt ferner einen massiven Eurozentrismusverdacht nahe, wie es der Titel »Weltkultur. Wie die westlichen Prinzipien die Welt durchdringen« des Buches von Meyer (2005) anschaulich auf den Punkt bringt. In dieser Hinsicht ist der Weltsystem-Ansatz von Wallerstein weit weniger ›eurozentrisch‹. Zudem mutet die Vorstellung einer praktisch unausweichlichen globalen Diffusion dieser Prinzipien reichlich deterministisch an. Wenn der Weltsystem-Theorie von Wallerstein allenthalben vorgeworfen wird, sie laufe Gefahr, ›ökonomistisch‹ verkürzt zu argumentieren (vgl. statt anderer Hack 2005), dann wäre im Gegenzug der Weltkultur-Theorie von Meyer eine ›kulturalistische‹ Verkürzung zu attestieren. Insgesamt betrachtet steht die Stanforder Forschergruppe zwar aufgrund ihrer breiten Forschungen zu weltweiten Bildungsentwicklungen der (Vergleichenden) Erziehungswissenschaft sicher näher als die Weltsystemtheorie von Wallerstein. Dennoch bleiben etliche Vorbehalte gegen die Weltkultur-Theorie als Weltgesellschaftstheorie, da sie aufgrund ihres ›Anti-Realismus‹ bedeutende Faktoren wie Machtverhältnisse, Ökonomie und Technikentwicklung einfach ausblendet. Beiden Theorien hingegen mangelt es aus erziehungswissenschaftlicher Perspektive vor allem – wie oben dargestellt – an einer Vorstellung von der relativen Autonomie von Bildungssystemen und an einer adäquaten Vorstellung von lernenden Subjekten und kollektiven Lernprozessen. Dies muss nicht heißen, dass man sie nicht für vergleichende erziehungswissenschaftliche Forschungen heranziehen kann, sondern soll verdeutlichen, dass bei ihrer Rezeption entsprechende kritische Nachfragen und Einwände mit zu bedenken sind. Wurden die Weltsystemtheorie (Wallerstein) und die Weltkulturtheorie (Meyer) in den obigen Ausführungen in kurzen Zügen mit Bezug auf verschiedene Lern- und Gesellschaftstheorien (Piaget, Bourdieu, Habermas) kritisch hinterfragt, so gehen einige Autoren einen anderen Weg der Kritik, indem sie eine weitere Weltgesellschaftstheorie – die System- oder Differenzierungstheorie von Niklas Luhmann – stark machen: Karin Amos et al. (2002) haben anläßlich einer Konferenz über Globalisierung im Bildungswesen zu einem ›Trialog‹ zwischen den drei ›großen‹ Theoriekomplexen – Weltsystem (Wallerstein), Weltkultur (Meyer) und Weltgesellschaft (Luhmann) – aufgerufen und den spezifischen Beitrag der letzteren näher ausgeführt. Aus diesem Grunde soll versucht werden, hier jene Grundgedanken der Luhmann'schen (Welt)Systemtheorie kurz zu umreißen, die im Rahmen der Auseinandersetzung mit divergierenden Weltgesellschaftstheorien hervorgehoben werden (vgl. Amos et al. 2002, S. 199ff. sowie Wobbe 2000, S. 40ff. und Greve/Heintz 2005, S. 106ff.):

Luhmann versteht den Prozess der sozialen Evolution als einen der Durchsetzung funktionaler Differenzierung: Für ihn ist die ›alteuropäische‹ Gesellschaft dadurch gekennzeichnet, dass sie ›stratifikatorisch‹, d.h. in ungleichartige und ungleichrangige Teile gegliedert ist. Im Unterschied dazu zeichnet sich die moderne Gesellschaft durch eine ›funktionale‹ Gliederung in spezifizierte (Sub-)Systeme aus, die aber strukturell gleich sind; d.h. sie stehen nicht in einem hierarchischen Verhältnis zueinander, sondern sie sind ›horizontal‹ gelagert. Die Ökonomie ist z.B. nicht der Politik oder dem Erziehungswesen übergeordnet, sondern diese stellen (gleichrangige) funktionale Differenzierungen dar. (Aus diesem Grunde wird in Bezug auf diese Theorie teils auch von ›Differenzierungstheorie‹ gesprochen.). Soziale Systeme sind also strukturell gleich, erfüllen aber je unterschiedliche Funktionen und können sich deswegen nicht wechselseitig ersetzen. Das Erziehungswesen kann nicht durch Politik und diese nicht durch Ökonomie ersetzt werden.

Diese funktionale, horizontale Differenzierung der modernen Gesellschaft und die Eigenlogik bzw. Selbstreferentialität ihrer Systeme sind räumlichen und nationalen Grenzen gegenüber indifferent, weil sie ihrer Funktionslogik folgen (und keiner nationalen oder stratifikatorischen Logik). Aus diesen Überlegungen heraus folgert Luhman, dass ›Gesellschaft‹ nur mehr im Singular als »Weltgesellschaft« denkbar sei: »Gesellschaft ist das umfassende Sozialsystem aller kommunikativ füreinander erreichbaren Handlungen. In der heutigen Zeit ist Gesellschaft Weltgesellschaft. (…) Gesellschaft ist danach nicht einfach die Summe aller Interaktionen, sondern ein System höherer Ordnung« (Luhmann 1975, S. 11, zit. in Greve/Heintz 2005, S. 108). Anders ausgedrückt: Die funktionale Differenzierung selbst führt zur ›Weltgesellschaft‹ als dem singulären sozialen System, das keine (andere) Umwelt (mehr) hat. Andere Differenzierungen nicht-funktionaler Art, wie z.B. die Differenzierung des politischen Funktionssystems in Territorial- bzw. Nationalstaaten, sind ›segmentäre‹ (d.h. ›Teile von‹) und haben deswegen in dieser Sichtweise den Status von ›Zweitdifferenzierungen‹. Nationalstaaten sind demzufolge das Resultat der Entstehung der Weltgesellschaft und nicht umgekehrt.

Die Systemtheorie beschäftigt sich also mit der funktionalen Ausdifferenzierung von System-Umwelt-Bezügen. Diese Differenzierung geschieht durch die ›Reduktion von Komplexität‹: Die komplexe Umwelt wird gemäß den Funktionen, die das System erfüllt oder erfüllen soll, auf diejenigen Aspekte ›reduziert‹, die in dem jeweiligen System bearbeitet werden (sollen). Die Systemtheorie betrachtet daher Systeme unter dem Aspekt ihrer inneren Organisation und ihrer funktionalen Beziehung zur Umwelt. Sie kann sich im Prinzip auf Syteme aller Art beziehen, auf biologische, auf personale, auf psychische; aber im Rahmen des hier anstehenden Themas geht es um soziale Systeme. Diese bilden sich ebenfalls durch Abgrenzung von der Umwelt zum Zwecke der Reduktion von Komplexität. So bearbeitet z.B. das Rechtssystem das Gerechtigkeitsproblem, die Ökonomie das Überleben, die Religion die Transzendenz und das Erziehungssystem den Generationenwechsel. ›Bearbeitet‹ bedeutet, dass ein System seine jeweilige Funktion mit spezifischem Sinn bzw. mit einer Eigenlogik versieht und dementsprechend operiert. Funktionssysteme sind operativ geschlossen und autopoietisch, d.h. sich selbsterzeugend und selbstreferentiell. Aus diesem Grunde sind sie mit ihrer Umwelt nur ›lose gekoppelt‹; d.h. sie sind weder total gekoppelt (dann würden sie nur im Sinne externer Anforderungen funktionieren), noch total ›entkoppelt‹ (in diesem Falle würden sie nur ihrem Eigensinn folgen).

Anschluss an die Umwelt und an andere Systeme wird über Kommunikation hergestellt. Die Verarbeitung der Impulse erfolgt dann nach der (eigenen) Systemlogik. Syteme sind ›reflexiv‹, d.h. sie entwickeln eine je eigene Reflexionstheorie, wie z.B. die Pädagogik für das Erziehungssystem oder die Theologie für die Religion. Durch ›Externalisierung‹, d.h. durch Bezüge auf ›externe‹ Faktoren, wird eine betimmte kommunikative Variante von Anschlussfähigkeit praktiziert, die dem Eigensinn ›Zusatz-Sinn‹ verleiht. Dieser Gedanke war bereits kurz erläutert worden, als die ›Externalisierungs-These‹ von Schriewer vorgestellt wurde (Kap. 5.6). Systeme beschaffen sich durch Externalisierung ›Zusatz-Sinn‹, der z.B. dadurch erzeugt wird, dass Bezugnahmen auf ›ausländische Erfahrungen‹ als Argumente genutzt werden, um eigenen Reformimpulsen Nachdruck zu verleihen, wie dies vor Jahren bereits Bernd Zymek (1975) in seiner Arbeit mit dem prägnanten Titel »Das Ausland als Argument in der pädagogischen Reformdiskussion« vorgeführt hat.

Amos et al. (2002, S. 202) gehen nun davon aus, dass die Weltgesellschaftstheorie Luhmann'scher Provenienz bestimmte Phänomene besser als die anderen beiden hier schon angesprochenen (Wallerstein bzw. Meyer) erklären kann. Europäisierung könne z.B. als eine neue Form post-nationaler territorialer Segmentation (›Zweitdifferenzierung‹) des politischen Systems begriffen werden. Des weiteren könnten damit eher die Wechselbeziehungen zwischen Konvergenz und Divergenz einsichtig werden (aufgrund des Faktors ›Selbstreferentialität‹). Ferner sei es nicht eigens notwendig, ›Globalisierung‹ zu erklären, weil diese im Modell schon unterstellt würde. Globalisierung könne mit der Systemtheorie von verschiedenen Beobachterpositionen gleichzeitig analysiert werden: Die eine Beobachterposition ist die, in der das Erziehungssystem seine Umwelt beobachtet: Dies korrespondiere den ›realistischen‹ Varianten von Weltgesellschaftstheorien, in denen es um die Analyse der Auswirkungen von Globalisierung auf Bildung gehe (wie etwa Wallerstein). Im zweiten Fall wird das Bildungssystem – von der Erziehungswissenschaft – dabei beobachtet, wie es die Umwelt beobachtet, in diesem Fall: wie es Globalisierungsimpulse in sein System aufnimmt und seiner Eigenlogik entsprechend bearbeitet. Eine solche Beobachterperspektive sei ›konstruktivistisch‹. Hier zeigten sich Überschneidungen mit der ›phänomenologischen‹ bzw. ›kulturalistischen‹ Makrovariante (Meyer et al.), nach der von der ›world polity‹ vorgegebene Drehbücher umgesetzt werden, wobei es zu ›Isomorphien‹, aber auch zu den mehrfach erwähnten ›Entkopplungserscheinungen‹ zwischen Programmatik und Realtiät kommt. Letztere könnten jedoch im Meyer'schen Modell nicht weiter aufgeklärt werden; sie seien hingegen mit der von der Systemtheorie unterstellten ›Selbstreferentialität‹ (auch) des Erziehungssystems erklärbar. Die ›System- oder Differenzierungstheorie‹ scheint damit nach Ansicht von Amos et al. eine Art Vermittlerrolle spielen zu können oder auch ein Theoriegebäude zu sein, das – bildlich gesprochen – ›oberhalb‹ der Weltsystem- und der Weltkultur-Theorien argumentiert. Aus den genannten Gründen sehen die Autoren (Amos et al. 2002, S. 199) besondere Chancen auf eine wissenschaftliche Weiterentwicklung der Diskussion in dem oben schon erwähnten ›Trialog‹ dieser drei großen Weltgesellschaftstheorien.

Kritik und Gegenkritik – das Ende einer Theorie?

Ist der neo-institutionalistische Erklärungsansatz zum Gegenstand ›nationalstaatliche Bildungssysteme‹ angesichts der genannten (und noch nicht einmal erschöpfend aufgeführten) Kritik nicht total disqualifiziert? Je nach der eigenen ›Weltsicht‹ der jeweiligen Kritiker wird die Antwort auf diese Frage unterschiedlich ausfallen. Wer fest davon überzeugt ist, dass ein Bildungswesen zuallererst die Bedingungen des jeweiligen Landes spiegelt, und dass internationale Einflüsse allenfalls marginal sind und es auch bleiben sollten (empirisch-analytische und normative Perspektiven gehen auch bei Wissenschaftlern oft unhinterfragt Hand in Hand), der wird sich von den Argumenten von Meyer et al. oder den anderen Makro-Theorien nicht überzeugen lassen. Es werden sich dann auch sicher problemlos empirische Befunde anführen lassen, die den von den Stanforder Forschern herausgefundenen Isomorphien entgegen stehen. Denn es gibt immer Gegenbeispiele, die nicht in die globalen Standards passen, z.B. ein Bildungswesen, das in einer bestimmten Epoche keine Expansion von Einschulungsquoten aufweist, oder ein anderes, in dem die Grundschulphase nur vier Jahre dauert, wie zum Beispiel fast überall in Deutschland, statt nach dem globalen Modell sechs Jahre. Entscheidend ist, welches Gewicht man diesen Gegenbeispielen zumisst: Sind es nur Einzelfälle, die das Gesamtbild nicht ins Wanken bringen können, oder setzen sie die ganze Theorie außer Kraft?

Festzustellen ist, dass bei jenen Forscherinnen und Forschern, die sich mit Internationalisierung bzw. Globalisierung befassen, sich der ›world-polity‹-Ansatz in guter Gesellschaft anderer makrotheoretischer Ansätze befindet. Als Beleg für diese Aussage kann beispielsweise dessen breite Rezeption und Diskussion in einem Sonderheft der Zeitschrift für Soziologie zum Thema »Weltgesellschaft. Theoretische Zugänge und empirische Problemlagen« (hg. v. Heintz et al. 2005) angeführt werden: In fast allen Beiträgen in diesem Band werden Forschungsergebnisse und theoretische Axiome der sog. Stanforder Gruppe um Meyer rezipiert, adaptiert, kritisiert, weitergeführt. Anders ausgedrückt: Wer makroperspektivische Theorien grundsätzlich akzeptiert, d.h. für legitim und angemessen hält, der kommt an einer Beschäftigung mit dem Neo-Institutionalismus inzwischen nicht mehr vorbei. So bezieht sich z.B. Matthias Koenig in seinem dortigen Aufsatz zu »Weltgesellschaft, Menschenrechte und der Formwandel des Nationalstaates« auf die Theorie und Empirie von Meyer et al., konstatiert aber zugleich, »dass die neo-institutionalistische Weltgesellschaftstheorie in Richtung einer Mehrebenenanalyse von Institutionalisierungsprozessen ausbaufähig und -bedürftig ist« (ebd., S. 374). Das bedeutet: Kritik »ja«, grundsätzliche Ablehnung »nein«. In Bezug auf Makrotheorien konkurriert der Neo-Institutionalismus im besagten Themenheft mit anderen Theorien zur Weltgesellschaft; u.a. wird dort neben den hier schon angeführten Theorieangeboten von Wallerstein und von Luhmann ein weiterer Ansatz, und zwar der von Peter Heintz (der in diesem Buch nicht mehr vorgestellt werden kann), diskutiert und – wie sich das für Wissenschaft gehört – ebenfalls kritisiert. Es gibt also noch weit mehr Weltgesellschaftstheorien als die von oder im Gefolge von Luhmann, Meyer und Wallerstein, die potenziell für die Vergleichende Erziehungswissenschaft bedeutsam sind.

Insgesamt ist jedoch festzustellen, dass sich makroperspektivische Varianten, möglicherweise aus den oben genannten Gründen (den Befürchtungen, überflüssig zu werden), bisher weit seltener in den Kreisen der Vergleichenden Erziehungswissenschaft finden als mikroperspektivische, die sich auf kulturelle Eigenheiten und einzelgesellschaftliche funktionale Erfordernisse von Erziehung und Bildung berufen. Makrotheoretische Ansätze werden allerdings zunehmend diskutiert werden (müssen), wenn Fragen zur Internationalisierung oder Globalisierung und deren (mögliche) Auswirkungen auf nationale Bildungssysteme bearbeitet werden. Sofern Fragestellungen dieser Art als legitime Gegenstände der Vergleichenden Erziehungswissenschaft betrachtet werden, wofür in diesem Buch plädiert wird, wird man an Fragen zur möglichen Angleichung von Bildungssystemen oder von Auswirkungen internationaler Entwicklungen auf nationale Bildungswesen – ob diese nun politisch gewollt sind oder ob sie sich einfach ereignen – nicht vorbeikommen und mithin auch nicht an den entsprechenden Theorieangeboten. Diese können dann im Lichte von Forschungen zu den realen Auswirkungen von Internationalisierungsprozessen kritisiert, modifiziert oder durch neue Theorien ersetzt oder ergänzt werden. Im Unterschied zu einer auf der Idee der Beharrung basierenden Kritik an den Makrotheorien würden Entwicklungen dann nicht (wie in den Mikrotheorien) auf ›nationale Traditionen‹ oder ›kulturelle Eigentümlichkeiten‹ zurückgeführt, sondern könnten als produktive Bewältigung und innovative Antworten auf Internationalisierungstendenzen und Globalisierungsdruck interpretiert werden. Schließlich können neue Ideen und Modelle auch jenseits nationaler und kultureller Grenzen oder quer zu diesen entstehen und damit nicht mehr dem klassischen Modell nationalstaatlich geprägter Bildungssysteme entsprechen, womit sie auch nicht mehr mit den mikroperspektivischen Theorien erklärbar sind, sondern neue – makroperspektivische – Theorien erfordern.

Es wird für diese neue Theorieperspektive vorgeschlagen, zwischen ›nationalen‹, ›internationalen‹ und ›transnationalen Bildungsräumen‹ zu unterscheiden. Damit wird dem Faktum Rechnung getragen, dass nationale Bildungsräume – bisher jedenfalls – auch durch Globalisierung nicht außer Kraft gesetzt werden und damit auch weiterhin genügend Anlass für Vergleiche bieten. Es wird aber auch zur Kenntnis genommen, dass sich im Zuge weltweiter Entwicklungen neue, nationalstaatliche Grenzen überschreitende Bildungsräume etabliert haben, die ebenfalls Gegenstand vergleichender Forschung werden sollten. (Zur Terminologie des Internationalen sei an Kap. 5.3 erinnert). Als grenzüberschreitend zu identifizieren sind hier zum einen ›internationale Bildungsräume‹ als Resultat zwischenstaatlicher (d.h. inter-gouvernementaler) Vereinbarungen. Ein Beispiel hierfür sind die auf internationalen Kooperationen beruhenden Projekte und Curriculumbausteine in den UNESCO-Projektschulen, die bestimmte ‚internationale Bildungsräume‹ in nationalen Regelschulen schaffen. Im Unterschied dazu handelt es sich um ›transnationale Bildungsräume‹, wenn diese jenseits bzw. quer zu sowohl nationalen als auch internationalen Bildungsräumen angesiedelt sind. Transnationale Bildungsräume entstehen und operieren privat, d.h. in Eigenregie und auf eigene Rechnung, wenngleich teils durchaus in Kooperation mit nationalen oder internationalen Akteuren. So arbeiten z.B. Sprachenschulen wie Inlingua auf privater Basis und kommerziell nach einem eigenen grenzüberschreitenden Konzept der Sprachvermittlung, bieten aber in Deutschland z.B. auch Deutsch als Zweitsprache für Migranten an, die hierfür staatliche Förderung beanspruchen können (eine Typologie transnationaler Bildungsräume findet sich in Adick 2008).

Der Begriff ›transnationale Bildungsräume‹ wird in Anlehnung an das Konzept der ›transnationalen Sozialräume‹ nach Ludger Pries (2008) verwendet. Im Unterschied zu physischen Räumen, etwa im Sinne von Klassenräumen, in denen Unterricht veranstaltet wird, oder zu geographischen Räumen, die z.B. mit der Vorstellung von Bildung innerhalb eines Staatsterritoriums oder einer Region verbunden sind, meint der Begriff ›Sozialräume‹ (oder soziale bzw. gesellschaftliche Räume) nach Pries die sozialen, ökonomischen, kulturellen, ethnischen und anderen Beziehungen zwischen Menschen, die intensive und relativ stabile soziale Praktiken (z.B. in Bezug auf Arbeit und zwischenmenschliche Kommunikation), Symbolsysteme (im Sinne komplexer Zeichen, die die Bedeutung der sozialen Praktiken symbolisieren) und Artefakte (Produkte der Handlungen und der Arbeit von Menschen) umfassen. Anhand der Kategorien soziale Praktiken, Symbolsysteme und Artefakte können in erster Näherung auch Bildungsräume beschrieben, analysiert und miteinander verglichen werden.

In der Vergleichenden Erziehungswissenschaft ergibt sich dadurch die Möglichkeit, neben den bisherigen Länder- und Kulturvergleichen neue, nicht territorial oder ethnisch im Sinne abgeschlossener ›Kugeln‹ oder ›Container-Gesellschaften‹ begründete Vergleichsmöglichkeiten zu erschließen. Das Konzept ›Bildungsräume‹ bietet daher vermutlich neue Möglichkeiten für vielfältige empirische Forschungen verschiedenster Art sowie Anregungen für die Weiterentwicklung von Theorien. Diese können sich z.B. auf Vergleiche zwischen verschiedenen Varianten von grenzüberschreitenden Bildungsräumen beziehen, z.B. auf solche zwischenstaatlicher Art mit transnationalen. Oder sie können die Überlagerungen und Verflechtungen verschiedener Bildungsräume thematisieren, z.B. die Koexistenz oder Konkurrenz nationaler und transnationaler Hochschulangebote auf einem Territorium.

Die Aufmerksamkeit für die unterschiedlich geprägten Bildungsräume ist aber auch für Praktiker bedeutsam, weil sie Fragen der eigenen beruflichen Identität implizieren: Welchen Zwängen unterliegt (m)ein berufliches Handeln in einem ›nationalen Bildungsraum‹ (z.B. staatlicher Bildungsauftrag) im Unterschied etwa zu einer Tätigkeit in einem transnationalen Bildungsunternehmen wie etwa einer entsprechenden Sprachenschule? Was bedeutet es, wenn Lehrpersonen in den ›nationalen Bildungsraum‹ der Pflichtschule ›internationale Bildungsräume‹ einflechten wollen, z.B. Curriculumbausteine internationaler Organisationen wie UNESCO oder Europarat zur ›Menschenrechtserziehung‹: Können diese umstandslos in den Unterricht übernommen werden, oder müssen sie erst staatlich autorisiert sein, damit sie lehrplankonform sind? Was damit angedeutet werden soll ist, dass neue Theorien und Fragestellungen in einer wissenschaftlichen Disziplin nicht nur die wissenschaftsinterne Weiterentwicklung betreffen, sondern dass sie immer auch mit Fragen verknüpft sind, die sich auf die Anbindung einer Wissenschaftsdisziplin an die Praxis, in diesem Falle an das Referenzsystem ›Erziehung‹, beziehen.

Ausblick

Selbstverständnisdiskussionen in der Vergleichenden Erziehungswissenschaft drehten sich bisher überwiegend um Fragen der Vergleichsmethodik, des Theoriebezugs und der Verortung dieser Disziplin in der Wissenschaftsgeschichte und im derzeitigen Wissenschaftsgefüge. Neben einer solchen weiterhin sicher geforderten szientifischen, d.h. auf das Wissenschaftssystem bezogenen Selbstbeobachung, darf jedoch die Frage des Praxisbezugs nicht ausgeklammert oder vergessen werden: Welchen (potenziellen) Beitrag leistet die Vergleichende Erziehungswissenschaft für das Referenzsystem ›Erziehung‹?

Das Studium der Vergleichenden Erziehungswissenschaft ist sicher keines, das für einen ganz bestimmten pädagogischen Beruf qualifiziert, so wie dies z.B. bei einem Lehramtsstudium der Fall ist, das auf die Tätigkeit im Schulwesen vorbereitet. Diese Feststellung bedeutet hingegen nicht, dass durch das Studium der Vergleichenden Erziehungswissenschaft keinerlei berufsqualifizierende Kompetenzen vermittelt werden (können) – sofern sich die Fachvertreterinnen und Fachvertreter dieser Disziplin im Einklang mit entsprechenden Hochschulcurricula dieser Intention verpflichtet fühlen. Dies impliziert jedoch, diese Fachdisziplin nicht bloß unter szientifischen Gesichtspunkten zu vertreten, sondern auch unter professionspolitischen und kompetenzorientierten. In diesem Buch wurde diesem Anliegen dadurch Rechnung getragen, dass die Wissensbestände in der Vergleichenden Erziehungswissenschaft systematisch gegliedert wurden in solche, die sich auf das Referenzsystem ›Erziehung‹, und jene, die sich auf ›Wissenschaft‹ beziehen (vgl. Kap. 2), und dass die auf die Anbindung an ›Praxis‹ ausgerichteten Reflexionsebenen in entsprechenden Kapiteln ausführlich thematisiert wurden (Kap. 3 u. 4).

Bei der Frage, welche beruflich verwertbaren Kompetenzen ein Studium der Vergleichenden Erziehungswissenschaft wohl vermitteln mag, werden die meisten Leserinnen und Leser dieses Buches vermutlich recht schnell an ›Interkulturelle Kompetenzen‹ denken. Damit liegen sie sicher nicht falsch; denn dieser Begriff, der für die einen eine bedeutsame ›Schlüsselkompetenz‹ für das 21. Jahrhundert darstellt, für andere hingegen eher den Charakter eines Schlagwortes angenommen hat, ist in aller Munde, sobald die Rede von Migration, Europäisierung, Internationalisierung oder Globalisierung ist. Die Hochschulrektorenkonferenz sprach sich bereits im Jahre 1995 in ihrer Empfehlung »Zur Vermittlung berufsbezogener interkultureller Qualifikation an den Hochschulen« explizit dafür aus, alle Studierenden gleich welcher Fachrichtung durch die Förderung sprachlicher und landeskundlicher Kenntnisse und durch interkulturelle Kommunikation und Kontakte auf ein Lernen und Arbeiten in einem zunehmend grenzüberschreitenden europäischen Arbeitsmarkt vorzubereiten (HRK 1995). Diese Vermittlung soll ›berufsbezogen‹, d.h. je nach Fachrichtung unterschiedlich gelagert und auf antizipierbare Praxisanforderungen ausgerichtet sein. So nimmt es denn nicht wunder, wenn ›Interkulturelle Kompetenz‹ auch als Bestandteil pädagogischer Professionalität entdeckt wurde. Ein diesem Thema gewidmeter, von Georg Auernheimer (2002) herausgegebener Sammelband enthält entsprechende Beiträge zu verschiedenen pädagogischen Berufsfeldern, in denen je unterschiedliche Anforderungen mittels ›Interkultureller Kompetenz‹ professionell gemeistert werden sollen.

Anders als in Verlautbarungen, in denen ›Interkulturelle Kompetenz‹ als Teil der Allgemeinbildung deklariert wird, wie etwa in der (in Kap. 3.4) schon angesprochenen KMK-Empfehlung »Interkulturelle Bildung und Erziehung in der Schule« (KMK 1996), bedeutet der Hinweis auf entsprechende *berufsbezogene* Kompetenzen eine Orientierung an einer Steigerung der beruflichen Leistungsfähigkeit und Professionalität, mithin ein utilitaristisches, zweckgerichtetes Verständnis von ›Interkulturelle Kompetenz‹ (vgl. dazu Rotter 2004). Inhaltlich sind damit Zielvorstellungen im affektiven, kognitiven und konativen (handlungsrelevanten) Bereich gemeint wie etwa Ambiguitätstoleranz, Empathie, Kenntnisse über eigen- und fremdkulturelle Besonderheiten, interkulturelle Kommunikationsfähigkeit und -bereitschaft (ebd., S. 99f.).

Allerdings sind die potenziellen Berufsfelder, für die die Vergleichende Erziehungswissenschaft Interkulturelle Kompetenz beisteuern kann, recht diffus. Dennoch sollen am Ende dieses Buches einige noch kurz angesprochen werden. Der schulische Bereich wird vermutlich für viele Leserinnen und Leser dieses

Buches besonders relevant sein. Schaut man sich jedoch die Weiterentwicklung anderer Berufsfelder an, so fällt auf, dass auch dort häufiger, z.B. explizit in Stellenanzeigen, von ›Interkulturellen Kompetenzen‹ die Rede ist. Einige solche nicht-schulischen Bereiche sollen daher ebenfalls kurz angesprochen werden, zumal sie – im Vergleich zum Schulbereich – in der Vergleichenden Erziehungswissenschaft bisher weit weniger beachtet wurden. Dabei werden auch weitere berufliche Kompetenzen identifiziert, die nicht in der allgemeinen Vorstellung von ›Interkulturelle Kompetenz‹ aufgehen.

Im Lehrerberuf werden ›interkulturelle‹ und ›internationale‹ Herausforderungen immer wichtiger. Hierbei ist nicht nur an die steigenden Schülerzahlen ›mit Migrationshintergrund‹ zu erinnern, die eine intensive Beschäftigung mit der ›Interkulturellen Pädagogik‹ bereits im Studium nahelegen, sondern auch an die Auswirkungen der ›Internationalen Bildungspolitik‹ auf das Schulwesen zu denken. Letzteres Argument bezieht sich z.B. auf die internationalen Schulleistungsvergleiche, die zu Neuerungen im deutschen Bildungswesen, wie etwa Bildungsstandards und zentrale Prüfungen, geführt haben. Aber auch Schüleraustauschprogramme, Schulpartnerschaften und die Beteiligung einer Schule an Programmen der ›Internationalen Erziehung‹ wie etwa ›Bildung für nachhaltige Entwicklung‹, können von Lehrerinnen und Lehrern profitieren, die sich mit diesen Gegenständen in ihrem Studium schon einmal beschäftigt haben. Ausführliche Literaturhinweise erübrigen sich an dieser Stelle, da etliche dieser Bereiche im vorliegenden Buch bereits vielfach angesprochen wurden. Kurz genannt werden sollen noch Veröffentlichungen zu Themen, die bisher eher selten diskutiert, geschweige denn erforscht wurden, wie z.B. solche speziell zum internationalen Schüleraustausch (Krüger-Potratz 1996; Bade 2001) und zu Partnerschafts- und Patenschaftsprogrammen im Bereich der Schule (Dauber [Hrsg.] 1998; Böth 2001 und ein entsprechendes Themenheft der Zeitschrift für internationale Bildungsforschung und Entwicklungspädagogik, H. 3/2007).

Die Vergleichende Erziehungswissenschaft hat sich – in Bezug auf ihre möglichen Bezüge zu pädagogischen Praxisfeldern – bisher überwiegend mit Bereichen der formalen Bildung, d.h. mit dem Schul- und Hochschulwesen, beschäftigt und außerschulische Praxen von Erziehung und Bildung weit seltener im Blick gehabt. Der außerschulische Bereich bietet jedoch ebenfalls eine Vielfalt an Möglichkeiten, Kenntnisse internationaler Dimensionen von Erziehung und Bildung und ›Interkulturelle Kompetenzen‹ einzubringen und damit auch zu einer Professionalisierung z.B. der internationalen wie auch der interkulturellen Jugendarbeit beizutragen (Friesenhahn [Hrsg.) 2001; Gaitanides 1999; Thimmel 2001; Thomas 2006). Sind diese Berufsfelder in der außerschulischen Jugendarbeit noch als klassische (sozial)pädagogische zu identifizieren, so sind Absolventen mit Abchlüssen erziehungswissenschaftlicher Bachelor- und Masterstudiengänge jedoch inzwischen zunehmend auch in Bereichen tätig, die keinen solchen direkten Bezug zur ›Pädagogik‹ aufweisen.

In diesem Buch wurde schon auf Tätigkeitsfelder in der Öffentlichkeits- und teils explizit auch Bildungsarbeit in kirchlichen und anderen Nichtregierungsorganisationen hingewiesen. In entsprechenden Organisationen, die sich mit internationalen und interkulturellen Schwerpunkten und Problemlagen befassen, wie z.B. Kampaganen im Bereich des Gobalen Lernens, Projekte der entwicklungspolitischen Zusammenarbeit oder Beratung von Migranten, sind die in diesem Buch angesprochenen Gegenstände und ihre Bearbeitung ebenfalls von Belang. Dies gilt zunehmend auch für bestimmte Tätigkeiten in Industriebetrieben, in der öffentlichen Verwaltung, im Gesundheitswesen und im Dienstleistungssektor. So werden ›Interkulturelle Kompetenzen‹ inzwischen im Personalmanagement (vgl. z.B. Besamusca-Janssen/Scheve 1999; Blom/Meier 2002), in Städtepartnerschaften (Lücke 1997), im Tourismusgewerbe (Kösterke 2000; Landgrebe [Hrsg.] 2000) oder in internationalen Workcamps bzw. Freiwilligendiensten (Henn 2001; Mundorf 2000) und vermutlich noch in weiteren Bereichen gefordert. Zwar werden sich auf entsprechende Stellen auch viele Juristen, Philologen, Politologen, Psychologen, Ethnologen oder Soziologen bewerben, aber es dürfte dennoch auch hier durchaus Bedarf und Möglichkeiten für Pädagogen geben, die entsprechende Ausbildungsprofile aufweisen können, die in den neuen Abschlussdokumenten (›Diploma Supplement‹, ›Transcript of Records‹) der Bachelor- und Masterstudiengänge zusätzlich zum Abschlusszertifikat nachgewiesen werden.

Spezifische komparative und internationale Kompetenzen, die – neben der allgemein geforderten Schlüsselqualifikation ›Interkulturelle Kompetenz‹ – aus einem Studium der Vergleichenden

Erziehungswissenschaft resultieren (können), sind z.B. solche hinsichtlich einer Sensibilisierung für die Unterschiede von Alltagswissen und Wissenschaft im Umgang mit ›Nation‹ und ›Kultur‹, für die Rolle internationaler Organisationen, für die (möglichen) Auswirkungen von Globalisierung auf den Bildungsbereich, für ›transnationale‹ Netzwerke und Organisationen und deren Verhältnis zu nationalen und internationalen Organisationen sowie für die Notwendigkeit der Explizierung meist impliziter Vergleichskriterien. In vielen Berufsfeldern werden inzwischen auch gewisse eigene Forschungskompetenzen verlangt, um z.B. Evaluationen als Selbstbeobachtung zum Zwecke der Qualitätskontrolle bestimmter Maßnahmen durchführen zu können. In der Schule sind solche Kompetenzen noch nicht besonders gefragt, aber in außerschulischen Bereichen werden sie heutzutage vielfach gefordert, da z.B. außerschulische Bildungs- und Weiterbildungsmaßnahmen nicht-öffentlicher Träger in Konkurrenz zueinander um Adressaten, um staatliche Zuschüsse und um Spenden werben müssen, um ihre Programme überhaupt durchführen zu können. Gute ›Evaluationsergebnisse‹ entsprechender Maßnahmen sind dann ein Aushängeschild für die Bildungsarbeit solcher Trägerorganisationen (Beispiele in Scheunpflug 2003). Aus diesem Grunde ist eine Beschäftigung mit Forschungsdesigns und Theoriebildung – mindestens auf Masterebene – auch im Studium der Vergleichenden Erziehungswissenschaft unabdingbar. Hierzu zählt die besondere Sensibilität für kulturelle Voreingenommenheiten (›cultural bias‹) in Forschungsdesigns und für Ethnozentrismen in pädagogischen Konzeptionen wie auch in wissenschaftlichen Theorien, für Faktoren also, die ansonsten in der Pädagogik bzw. Erziehungswissenschaft eher selten mitreflektiert werden. Eine entsprechend aufgeklärte und (selbst)reflexive Vergleichende Erziehungswissenschaft kann aus den genannten Gründen sowohl einen Beitrag zur Vermittlung von ›Interkultureller Kompetenz‹ leisten als auch weitere spezielle Kompetenzen im komparativen und internationalen Bereich befördern.

Weiterführende Hinweise

Zeitschriften

Comparative Education. London etc.: Taylor & Francis Group. 1. Jg. (1964/65)

Compare. A Journal of Comparative Education. Abingdon: Taylor & Francis Group. 1. Jg. (1972)

Convergence. An international journal of adult education. Toronto: Ontario Institute for Studies in Education. 1. Jg. (1968)

Current Issues in Comparative Education. New York: Columbia University. 1. Jg. (1998) (http://www.tc.columbia.edu/cice/)

European Education. A Journal of Issues and Studies. New York: M.E. Sharpe. 1. Jg. (1969) (http://europeaneducation.org/index.html)

European Educational Research Journal. Oxford: Symposium Journals. 1. Jg. (2002) (http://www.wwwords.co.uk/eerj/)

Gemeinsam. Ausländer und Deutsche in der Schule, Nachbarschaft und Arbeitswelt. Regionale Arbeitsstelle zur Förderung ausländischer Kinder und Jugendlicher (Hrsg.). Weinheim: Beltz Verlag (1986–1994)

Globalisation, Societies and Education. Abingdon: Carfax. 1. Jg. (2003)

Intercultural Education. London etc.: Taylor & Francis Group. 1. Jg. (1990)

International Education Journal. Flinders University Institute of International Education. Shannon Research Press. 1. Jg. (1999) (http://iej.cjb.net/)

International Journal of Educational Research. Amsterdam: Elsevier. 1. Jg. (1986)

International Journal of Educational Development. Simon McGrath (Hrsg.). Amsterdam: Elsevier. 1. Jg. (1981)

Internationale Schulbuchforschung. Zeitschrift des Georg-Eckert-Instituts für Internationale Schulbuchforschung. Braunschweig/Hannover: Verlag Hahnsche Buchhandlung. 1. Jg. (1979)

International Review of Education. Springer Netherlands Verlag. 1. Jg. (1955). (1955–2004: Kluwer Academic Publishers)

Migration und soziale Arbeit. Institut für Sozialarbeit und Sozialpädagogik (Hrsg.). Weinheim: Juventa Verlag (1980–1995: Informationsdienst zur Ausländerarbeit)

Pädagogik und Schule in Ost und West. Zeitschrift für gesamtdeutsche und vergleichende Pädagogik. Lehrervereinigung Düsseldorf. Paderborn etc: Schöningh Verlag (1966–1993)

PROSPECTS. Quaterly review of comparative education. Dordrecht: Kluwer Academic Publishers. 1. Jg. (1970)
Research in Comparative & International Education. Oxford: Symposium Journals. 1. Jg. (2006) (http://www.wwwords.co.uk/rcie/)
Tertium Comparationis. Journal für internationale Bildungsforschung. Münster etc.: Waxmann Verlag. 1. Jg. (1995)
UNESCO heute. Deutsche Unesco-Kommission (Hrsg.). Bonn: 1. Jg. (2002) (http://www.unesco-heute.de/archiv.htm)
Vergleichende Pädagogik. Deutsche Zeitschrift für internationale Bildungspolitik und Pädagogik. Berlin (Ost): Akademie der Pädagogischen Wissenschaften der DDR (Hrsg.). Neuwied: Luchterhand (1962–1991)
Zeitschrift für internationale Bildungsforschung und Entwicklungspädagogik. Frankfurt a.M.: IKO Verlag. [Nachfolge von der Zeitschrift für Entwicklungspädagogik. 1. Jg. (1994)].
Zeitschrift für internationale erziehungs- und sozialwissenschaftliche Forschung. Köln etc.: Böhlau Verlag (1986–1999)

Enzyklopädien/Handbücher/Jahrbücher

The International Encyclopedia of Comparative Education and National Systems of Education. Postlethwaite, T. Neville (Hrsg.). Oxford etc.: Pergamon Press 1988
The International Encyclopedia of Education. Research and Studies. **Supplementary Volume One** and Two. 10 Bände. Husén, Torsten/Postlethwaite, T. Neville (Hrsg.). Oxford etc.: Pergamon Press 1985
The International Encyclopedia of Teaching and Teacher Education. Dunkin, M. (Hrsg.). 2. Auflage. Oxford etc.: Pergamon Press 1995
The Routledge International Encyclopedia of Education. McCulloch, Gary/Crook, David (Hrsg.). London etc.: Routledge 2008
Die Reformpädagogik auf den Kontinenten. Ein Handbuch. Röhrs, Hermann/Lenhart, Volker (Hrsg.). Frankfurt a.M.: Peter Lang Verlag 1994
Fachdidaktik interkulturell: ein Handbuch. Reich, Hans H./et al. (Hrsg.). Opladen: Leske & Budrich 2000
Handbuch der Dritten Welt. Nohlen, Dieter/Nuscheler, Franz (Hrsg.). 3. völlig neu bearb. Auflage. Bonn: Dietz Verlag 1995
Handbuch interkulturelles Lernen: Theorie und Praxis für die Arbeit in Kindertageseinrichtungen. Böhm, Dietmar/Böhm, Regine/Deiss-Niethammer, Birgit. 3. Auflage. Freiburg: Herder Verlag 2004
Handbuch zur interkulturellen Arbeit. Gorzini, Mehdi J./et al. (Hrsg.). Wiesbaden: World University Service 1993
Internationales Handbuch der Berufsbildung. Lauterbach, Uwe (Hrsg.). Baden-Baden: Nomos Verlag 1994

International Handbook of Education and Development: Preparing Schools, Students and Nations for the Twenty-first Century. Cummings, William K. (Hrsg.). Kidlington: Pergamon 1997
International Handbook of Education Systems. 3 Bände. Cameron, John (Hrsg.). Chichester etc.: Wiley 1983
International Handbook of Women's Education. Kelly, Gail P. (Hrsg.). New York: Greenwood Press 1989
Schule in der Einwanderungsgesellschaft. Ein Handbuch. Leiprecht, Rudolf/ Kerber, Anne (Hrsg.). Schwalbach/Taunus: Wochenschau Verlag 2005
The Sage Handbook of Research in International Education. Hayden, Mary (Hrsg.). London: Sage 2007
Jahrbuch „Pädagogik: Dritte Welt"; mehrere Bände ab 1983–1991/92, (1994), 1995. Dias, Patrick V./Sülberg, Walter (Hrsg.). Frankfurt a.M.: IKO Verlag
Unesco Statistical Yearbook, Annuaire Statistique, Anuario Estadistico. UNESCO (Hrsg.). UNESCO Publikation 1963 (1964)–1999
World Yearbook of Education; mehrere Bände ab 1965–2005, 2008. Verschiedene Autoren (Hrsg.). London etc.: **Routledge**

Schriftenreihen

Beiträge zur Regional- und Migrationsforschung; mehrere Bände ab 2002. Geisen, Thomas (Hrg.). Frankfurt a.M. etc.: IKO Verlag
Beiträge zur vergleichenden Bildungsforschung; mehrere Bände ab 1993. Gellert, Claudius/Leitner, Erich (Hrsg.). Frankfurt a.M. etc.: Peter Lang Verlag
Bildung, Migration, Nachhaltige Entwicklung. Datta, Asit/Noormann, Harry (Hrsg.); ein Band von 2007. Frankfurt a.M. etc.: IKO Verlag
Comparative Studies Series; mehrere Bände ab 1992. Schriewer, Jürgen (Hrsg.). Frankfurt a.M. etc.: Peter Lang Verlag
Erziehung und Gesellschaft im internationalen Kontext; mehrere Bände ab 1985. Dias, Patrick V. (Hrsg.). Frankfurt a.M. etc.: IKO Verlag
Erziehungswissenschaft und Weltgesellschaft. Lang-Wojtasik, G./Asbrand, B./ Hartmeyer, H. (Hrsg.); ein Band von 2007. Frankfurt a.M. etc.: IKO Verlag
European Studies in Education; mehrere Bände ab 1995. Wulf, Christoph (Hrsg.). Münster: Waxmann Verlag
Historisch-vergleichende Sozialisations- und Bildungsforschung; mehrere Bände ab 1998. Adick, Christel (Hrsg.). Frankfurt a.M. etc.: IKO Verlag
Interdisziplinäre Studien zum Verhältnis von Migration, Ethnizität und gesellschaftlicher Multikulturalität; mehrere Bände ab 1991. Marburger, Helga/ Steinmüller, Ulrich/Karsten, Marie-Eleonora (Hrsg.). Frankfurt a.M. etc.: IKO Verlag

Interkulturelle Bildungsforschung; mehrere Bände ab 1997. Gogolin, Ingrid/ Krüger-Potratz, Marianne (Hrsg.). Münster: Waxmann Verlag

Interkulturelles Lernen im Schüleraustausch; mehrere Bände ab 1995. Boullay, Peter (Hrsg.). Saarbrücken: Landesinstitut für Pädagogik und Medien (LPM)

Interkulturelle Studien; mehrere Bände ab 1999. Auernheimer, Georg/ Bukow, Wolf-Dietrich/Butterwegge, Christoph/Roth, Hans-Joachim/ Yildiz, Erol (Hrsg.). Wiesbaden: VS Verlag für Sozialwissenschaften

IKS – interkulturelle Studien; mehrere Bände ab 1990. Krüger-Potratz, Marianne/Arbeitsstelle Interkulturelle Pädagogik an der Universität Münster (Hrsg.). Münster

Internationale Beiträge zu Kindheit, Jugend, Arbeit und Bildung; mehrere Bände ab 1998. Liebel, Manfred/Overwien, Bernd/Albert, Marie-Theres/ Dupuis, André/Recknagel, Albert/Schimpf-Herken, Ilse (Hrsg.). Frankfurt a.M. etc.: IKO Verlag

Internationale Pädagogik; mehrere Bände ab 1982. Verschiedene Autoren (Hrsg.). Würzburg: Königshausen & Neumann Verlag

International Studies in Folklore and Ethnology; noch keine Veröffentlichungen. O'Connor, Anne (Hrsg.). Frankfurt a.M. etc.: Peter Lang Verlag

International Studies in Political Socialization and Political Education; mehrere Bände ab 1990. Claußen, Bernhard (Hrsg.). Frankfurt a.M. etc.: Peter Lang Verlag

Kritische und selbstkritische Forschungsberichte zur ›Dritten Welt‹; mehrere Bände ab 1990. Albert, Marie Theres/Karcher, Wolfgang/Liebel, Manfred/Overwien, Bernd/Schimpf-Herken, Ilse (Hrsg.). Frankfurt a.M. etc.: IKO Verlag

Lernen für Europa; mehrere Bände ab 1996. Hansen, Georg/Pfundtner, Raimund/Wenning, Norbert (Hrsg.). Münster: Waxmann Verlag

Migrantenkinder in den Schulen Europas. Versuche und Erfahrungen; mehrere Bände ab 1991. Reich, Hans H./Gogolin, Ingrid (Hrsg.). Münster: Waxmann Verlag

Ökologie und Erziehungswissenschaft. Schriftenreihe der Kommission Bildung für eine nachhaltige Entwicklung der DGfE; ein Band von 2006. Wiesbaden: VS Verlag für Sozialwissenschaften

Oldenburger Forschungsbeiträge zur Interkulturellen Pädagogik; mehrere Bände ab 1991. Frankfurt a.M. etc.: IKO Verlag

Sozialwissenschaftliche Beiträge zur europäischen Integration; mehrere Bände ab 2000. ASKO Europa-Stiftung (Hrsg.). Frankfurt a.M. etc.: IKO Verlag

SSIP – *Beiträge zur sozialwissenschaftlichen Analyse interkultureller Beziehungen*; mehrere Bände ab 1996. Sozialwissenschaftlicher Studienkreis für internationale Probleme (SSIP) e.V. (Hrsg.). Frankfurt a.M. etc.: IKO Verlag

Straßenkinder in Lateinamerika und Deutschland im interkulturellen Vergleich; mehrere Bände ab 1998. Internationale Gesellschaft zur Förderung des lateinamerikanischen Straßenkindes – educación para todos e.V. (Hrsg.). Frankfurt a.M. etc.: IKO Verlag

Studien zur International und Interkulturell Vergleichenden Erziehungswissenschaft; mehrere Bände ab 2003. Bos, Wilfried/Krüger-Potratz, Marianne/Henze, Jürgen/Hornberg, Sabine/v. Kopp, Botho/Kotthoff, Hans-Georg/Schwippert, Knut/Waterkamp, Dietmar/Weber, Peter J. (Hrsg.). Münster: Waxmann Verlag

ZwischenWelten: Theorien, Prozesse und Migrationen; mehrere Bände ab 1997. Kürsat-Ahlers, Elçin/Tan, Dursun/Waldhoff, Hans-Peter (Hrsg.). Frankfurt a.M. etc.: IKO Verlag

Quellen-/Überblickswerke

Adick, Christel/Mehnert, Wolfgang (Hrsg.): Deutsche Missions- und Kolonialpädagogik in Dokumenten. Eine kommentierte Quellensammlung aus den Afrikabeständen deutschsprachiger Archive 1884–1914. Frankfurt a.M. etc.: IKO Verlag 2001

Anweiler, Oskar/Mitter, Wolfgang (Hrsg.): Vergleich von Bildung und Erziehung in der Bundesrepublik Deutschland und in der Deutschen Demokratischen Republik. Materialien zur Lage der Nation. Köln: Verlag Wissenschaft und Politik 1990

Anweiler, Oskar/et al.: Bildungssysteme in Europa: Entwicklung und Struktur des Bildungswesens in zehn Ländern: Deutschland, England, Frankreich, Italien, Niederlande, Polen, Russland, Schweden, Spanien, Türkei. 4. völlig überarb. und erw. Auflage. Weinheim etc.: Beltz Verlag 1996

Döbert, Hans/et al. (Hrsg.): Die Schulsysteme Europas: Albanien, Andorra, Armenien, Belgien, Bosnien-Herzegowina, Bulgarien, Dänemark, Deutschland, England und Wales, Estland, Färöer-Inseln, Finnland, Frankreich, Georgien, Griechenland, Irland, Island, Italien, Kroatien, Lettland, Liechtenstein. 2. überarb. und korr. Auflage. Hohengehren: Schneider Verlag 2004

Jones, Phillip W./Coleman, David: The United Nations and Education: Multilateralism, Development and Globalisation. London etc.: Routledge 2005

Krebs, Uwe: Erziehung in traditionalen Kulturen. Quellen und Befunde aus Afrika, Amerika, Asien und Australien (1898–1983). Berlin: Reimer Verlag 2001

Lang-Wojtasik, Gregor/Lohrenscheit, Claudia (Hrsg.): Entwicklungspädagogik – Globales Lernen – Internationale Bildungsforschung. 25 Jahre ZEP. Frankfurt a.M. etc.: IKO Verlag 2003

Leischner, Dietmar: Bildungssysteme in Europa. Bonn: Europa-Union-Verlag 1993

Morsy, Zaghloul/Tedesco, Juan C. (Hrsg.): Thinkers on Education. 4 Bände. Paris: UNESCO Publikation 1994

Müller, Klaus E./Treml, Alfred K. (Hrsg.): Wie man zum Wilden wird. Ethnopädagogische Quellentexte aus vier Jahrhunderten. Berlin: Reimer Verlag 2002

Nestvogel, Renate: Aufwachsen in verschiedenen Kulturen: Weibliche Sozialisation und Geschlechterverhältnisse in Kindheit und Jugend. Weinheim etc.: Beltz Verlag 2002

Renner, Erich/Seidenfaden, Fritz.(Hrsg.): Kindsein in fremden Kulturen. Selbstzeugnisse. Bd. 1: Afrikanische Welt, asiataische Welt; Bd. 2: Nordamerikanische Welt, lateinamerikanische Welt, pazifische Welt, Welt europäischer Minderheiten. Weinheim: Dt. Studienverlag 1997/1998

Scheunpflug, Annette/Seitz, Klaus: Die Geschichte der entwicklungspolitischen Bildung. Zur pädagogischen Konstruktion der Dritten Welt. 3 Bände. Frankfurt a.M.: IKO Verlag 1995

Schleicher, Klaus (Hrsg.): Europäische Bildungsdynamik und Trends. 2. Auflage. Münster etc.: Waxmann Verlag 2002

Schleicher, Klaus (Hrsg.): Zukunft der Bildung in Europa: nationale Vielfalt und europäische Einheit. Darmstadt: Wiss. Buchgesellschaft 1993

Schriewer, Jürgen: Discourse Formation in Comparative Education. Frankfurt a.M. etc.: Peter Lang Verlag 2000

Schriewer, Jürgen/Holmes, Brian (Hrsg.): Theories and Methods in Comparative Education. 2. Auflage. Frankfurt a.M. etc.: Peter Lang Verlag 1990

Trommsdorff, Gisela (Hrsg.): Kindheit und Jugend in verschiedenen Kulturen: Entwicklung und Sozialisation in kulturvergleichender Sicht. Weinheim etc.: Juventa Verlag 1995

Einführungen

Allemann-Ghionda, Cristina: Einführung in die Vergleichende Erziehungswissenschaft. Weinheim etc.: Beltz Verlag 2004

Auernheimer, Georg: Einführung in die interkulturelle Erziehung. Darmstadt: Wiss. Buchgesellschaft 1990

Auernheimer, Georg: Einführung in die interkulturelle Pädagogik. 4. Auflage. (unveränd. Nachdr. der 3. Auflage von 2003). Darmstadt: Wiss. Buchgesellschaft 2005

Gogolin, Ingrid/Krüger-Potratz, Marianne: Einführung in die Interkulturelle Pädagogik. Opladen & Farmington Hills: Barbara Budrich Verlag 2006

Holzbrecher, Alfred: Interkulturelle Pädagogik. Berlin: Cornelsen Verlag 2004

Krüger-Potratz, Marianne: Interkulturelle Bildung. Eine Einführung, Münster etc.: Waxmann Verlag 2005

Mecheril, Paul: Einführung in die Migrationspädagogik. Weinheim etc.: Beltz Verlag 2004
Müller, Klaus E./Treml, Alfred K. (Hrsg.): Ethnopädagogik. Sozialisation und Erziehung in traditionellen Gesellschaften. Eine Einführung. 2. überarb. Auflage. Berlin: Reimer Verlag 1996
Nieke, Wolfgang: Interkulturelle Erziehung und Bildung. Wertorientierung im Alltag. 3. aktualisierte Auflage. Wiesbaden: VS Verlag 2008
Nohl, Arnd-Michael: Konzepte interkultureller Pädagogik. Eine systematische Einführung. Bad Heilbrunn: Klinkhardt Verlag 2006
Radtke, Frank-Olaf/Diehm, Isabell: Erziehung und Migration. Eine Einführung. Reihe: Grundriss der Pädagogik/Erziehungswissenschaft, Bd. 3. Stuttgart: Kohlhammer Verlag 1999
Roth, Hans-Joachim: Kultur und Kommunikation. Systematische und theoriegeschichtliche Umrisse interkultureller Pädagogik. Opladen: Leske & Budrich 2002
Waterkamp, Dietmar: Vergleichende Erziehungswissenschaft. Ein Lehrbuch. Münster etc.: Waxmann Verlag 2006

Literaturverzeichnis

Adam, Stephan: Confederation of European Rectors' Conferences. Transnational Education Project. Report and Recommendations. March 2001

Adick, Christel: Erziehung in verschiedenen Kulturen und Gesellschaften. Ziele, Institutionen und pädagogische Theorien. Stuttgart 1983

Adick, Christel: Die Ausländerproblematik und der Bildungsauftrag unserer heutigen Schule. In: K. Ghawami/World University Service (Hrsg.): Der Nord-Süd-Konflikt, Bildungsauftrag für die Zukunft, Wiesbaden 1991, S. 184–193

Adick, Christel: Die Universalisierung der modernen Schule. Paderborn 1992

Adick, Christel: Internationalisierung von Schule und Schulforschung. In: Rolff, Heinz-Günter (Hrsg.): Zukunftsfelder von Schulforschung. Weinheim 1995, S. 157–180

Adick, Christel: Koedukation als Weg zur Feminokratie in Barbados? Bildungssoziologische Befunde und massenmediale Rezeption. In: Horstkemper, Marianne/Kraul, Margret (Hrsg.): Koedukation. Erbe und Chancen. Weinheim 1999, S. 101–123

Adick, Christel: Gegenstand und Reflexionsebenen der International und Interkulturell Vergleichenden Erziehungswissenschaft. In: Adick, Christel/Kraul, Margret/Wigger, Lothar (Hrsg.): Was ist Erziehungswissenschaft? Donauwörth 2000a, S. 67–95

Adick, Christel: Fernsehfilme als interkulturelle Bildungsmedien: Öffentliche Wirkungen und didaktische Einsatzmöglichkeiten des Filmwerks von Gordian Troeller. In: Tertium Comparationis, 6. Jg. (2000b), H. 1, S. 6–25

Adick, Christel: Ein Modell zur didaktischen Strukturierung des globalen Lernens. In: Bildung und Erziehung 55. Jg. (2002a), H. 4, S. 397–416

Adick, Christel: Demanded and feared: Transnational convergencies in national educational systems and their (expectable) effects. In: European Educational Research Journal, 1. Jg. (2002b), H. 2, S. 214–233

Adick, Christel: Globale Trends weltweiter Schulentwicklung: Empirische Befunde und theoretische Erklärungen. In: Zeitschrift für Erziehungswissenschaft, 6, Jg. (2003a) H. 3, S. 173–187

Adick, Christel: Bedeutung von Lehr- und Lernzielen in international vergleichender Perspektive. In: Füssel, H.-P./Roeder, P.M. (Hrsg.):

Recht – Erziehung – Staat, Zeitschrift für Pädagogik, 47. Beiheft. Weinheim etc. 2003b, S. 86–104

Adick, Christel: Forschung zur Universalisierung von Schule. In: Helsper, Werner/Böhme, Jeanette (Hrsg.): Handbuch der Schulforschung. Wiesbaden 2004a, S. 943–963

Adick, Christel: Grundstruktur und Organisation von Missionsschulen in den Etappen der Expansion des modernen Weltsystems. In: Bogner, Artur/Holtwick, Bernd/Tyrell, Hartmann (Hrsg.): Weltmission und religiöse Organisationen. Protestantische Missionsgesellschaften im 19. und 20. Jahrhundert. Würzburg 2004b, S. 459–482

Adick, Christel: Transnationalisierung als Herausforderung der Vergleichenden Erziehungswissenschaft. In: Tertium Comparationis, 11. Jg. (2005), H. 2, S. 243–269

Adick, Christel: Transnational Organisations in Education. In: Pries, Ludger (Hrsg.): Rethinking Transnationalism – The Meso-Link of Organisations. New York etc. 2008

Adick, Christel (Hrsg.): Straßenkinder und Kinderarbeit. Sozialisationstheoretische, historische und kulturvergleichende Studien, Frankfurt 1997 (3. Aufl. 2000)

Adick, Christel/Stuke, Franz R. (Hrsg.): Ferne Länder – fremde Sitten. Analysen zum Filmwerk von Gordian Troeller. Frankfurt a.M. etc. 1996

Adick, Christel/Große-Oetringhaus, Hans-Martin/Nestvogel, Renate: Bildungsprobleme Afrikas zwischen Kolonialismus und Emanzipation. Berlin 1979; ergänzte Neuauflage Hamburg 1982

Adick, Christel/Hornberg, Sabine: Globales Lernen mit Neuen Medien. Das UNESCO-Lernprogramm ›Teaching and Learning for a Sustainable Future‹. In: Zeitschrift für internationale Bildungsforschung und Entwicklungspädagogik, 28. Jg. (2005), H. 2, S. 31–36

Adick, Christel/Mehnert, Wolfgang: Deutsche Missions- und Kolonialpädagogik in Dokumenten. Eine kommentierte Quellensammlung aus den Afrikabeständen deutschsprachiger Archive 1884–1914. Frankfurt a.M. 2001

Allemann-Ghionda, Cristina: Schule, Bildung und Pluralität. Sechs Fallstudien im europäischen Vergleich. Bern etc. 1999

Allemann-Ghionda, Cristina: Einführung in die Vergleichende Erziehungswissenschaft. Weinheim etc. 2004

Alt, Robert: Vorlesungen über die Erziehung auf frühen Stufen der Menschheitsentwicklung. Berlin (DDR) 1956

Amos, S. Karin/et al.: Globalisation: autonomy of education under siege? Shifting Boundaries between Politics, Economy and Education. In: European Educational Research Journal, 1. Jg. (2002), H. 1, S. 193–213

Anderson, Benedict: Die Erfindung der Nation. Zur Karriere eines erfolgreichen Konzepts. Frankfurt a.M. 1988

Anderson-Levitt, Kathryn (Hrsg.): Local Meanings, Global Schooling. Anthropology and World Culture Theory. New York etc. 2003

Anweiler, Oskar: Von der pädagogischen Auslandskunde zur Vergleichenden Erziehungswissenschaft. In: Pädagogische Rundschau, 20. Jg. (1966), H. 10, S. 886–896

Anweiler, Oskar: Konzeptionen der Vergleichenden Pädagogik. In: Zeitschrift für Pädagogik, 13. Jg. (1967), S. 305–314

Anweiler, Oskar: Von der ›Ostpädagogik‹ zur vergleichenden Bildungsforschung. In: Osteuropa, 21. Jg. (1971), S. 901–908

Anweiler, Oskar: Ursprung und Verlauf der Reformpädagogik in Osteuropa. In: Röhrs. H./Lenhart, V. (Hrsg.): Die Reformpädagogik auf den Kontinenten. Ein Handbuch. Frankfurt a.M. 1994, S. 127–138

Anweiler, Oskar/et al.: Bildungssysteme in Europa. Entwicklung und Struktur des Bildungswesens in zehn Ländern. Weinheim 1996

Arbeitsgruppe Internationale Vergleichsstudie: Vertiefender Vergleich der Schulsysteme ausgewählter PISA-Teilnehmerstaaten, durchgeführt von Klieme, Eckhardt/et al. Bundesministerium für Bildung und Forschung, Bonn 2003

Asbrand, Barbara/Lang-Wojtasik, Gregor: Vorwärts nach weit? Anmerkungen zum Orientierungsrahmen für den Lernbereich Globale Entwicklung im Rahmen einer Bildung für nachhaltige Entwicklung. In: Zeitschrift für internationale Bildungsforschung und Entwicklungspädagogik, 30. Jg. (2007), H. 3, S. 33–36

Auernheimer, Georg: Einführung in die Interkulturelle Erziehung. Darmstadt 1990, 2. Aufl. 1995

Auernheimer, Georg: Einführung in die Interkulturelle Pädagogik. Darmstadt 2003

Auernheimer, Georg (Hrsg.): Interkulturelle Kompetenz und pädagogische Professionalität. Opladen 2002

Baumert, Jürgen/Bos, Wilfried/Lehmann, Rainer (Hrsg.): TIMSS/III. Dritte internationale Mathematik- und Naturwissenschaftsstudie (2 Bde), Opladen 2000

Baumert, Jürgen/Lehmann, Rainer/u.a.: TIMSS – Mathematisch-naturwissenschaftlicher Unterricht im internationalen Vergleich. Deskriptive Befunde, Opladen 1997

Benner, Dietrich: Erziehung – Religion, Pädagogik – Theologie, Erziehungswissenschaft – Religionswissenschaft. Systematische Analysen zu pädagogischen, theologischen und religionspädagogischen Reflexionsformen und Forschungsdesiderate. In: Groß, Engelbert (Hrsg.): Erziehungswissenschaft, Religion und Religionspädagogik. Münster 2004, S. 9–50

Berg, Christa/Herrlitz, Hans-Georg/Horn, Klaus-Peter: Kleine Geschichte der Deutschen Gesellschaft für Erziehungswissenschaft. Wiesbaden 2004

Bernfeld, Siegfried: Sisyphos oder die Grenzen der Erziehung, Nachdruck des 1925 in Leipzig erschienenen Buches. Frankfurt 1967
Bertels, Ursula/et al.: Ethnologie in der Schule. Eine Studie zur Vermittlung interkultureller Kompetenz. Münster etc. 2004
Besamusca-Janssen, Mieke/Scheve, Sigrun: Interkulturelles Management in Beruf und Betrieb. Frankfurt a.M. 1999
Blom, Herrmann/Meier, Harald: Interkulturelles Management: interkulturelle Kommunikation, internationales Personalmanagement, Diversity-Ansätze im Unternehmen. Herne 2002
Bock, Hans-Manfred (Hrsg.): Deutsch-französische Begegnung und europäischer Bürgersinn. Studien zum Deutsch-Französischen Jugendwerk 1963–2003. Opladen 2003
Böth, Gunhild: Schulpartnerschaften: der Beitrag zum interkulturellen Lernen. Münster etc. 2001
Bohl, Thorsten: Wissenschaftliches Arbeiten im Studium der Pädagogik. Weinheim 2005
Boli, John/Ramirez, Francisco: World Culture and the Institutional Development of Mass Education. In: Richardson, John G. (Hrsg.): Handbook of Theory and Research in the Sociology of Education. Westport Conn. 1986, S. 65–90
Bos, Wilfried/et al.: IGLU 2006. Lesekompetenzen von Grundschulkindern in Deutschland im internationalen Vergleich. Münster etc. 2007
Borkenhagen, G.R.: Die Europäische Schule 1953–1991. Miteinander-Leben-Lernen. Köln etc. 1997
Bourdieu, Pierre: Ökonomisches Kapital, kulturelles Kapital, soziales Kapital. In: Kreckel, R. (Hrsg.): Soziale Ungleichheiten (Soziale Welt, Sonderband 2), Göttingen 1983, S. 183–198
Bourdieu, Pierre/Passeron, Jean-Claude: Abhängigkeit in der Unabhängigkeit: die relative gesellschaftliche Autonomie des Bildungssystems. In: Hurrelmann, Klaus (Hrsg.): Soziologie der Erziehung. Weinheim 1974, S. 124–158
Bühler, Hans: Perspektivenwechsel? Unterwegs zu globalem Lernen. Frankfurt a.M. 1996
Bühler, Hans/Karcher, Wolfgang/Nestvogel, Renate: Die Weltbankstudie zu Bildung in Schwarzafrika. Eine Anleitung zur Fortsetzung der Krise – Aus Sicht von Mitgliedern der Kommission Bildungsforschung mit der Dritten Welt. In: Internationales Afrikaforum, 25. Jg. (1989), H. 4, S. 351–356
DAAD (Deutscher Akademischer Austauschdienst) (Hrsg.): Mein Deutschlandbild. Ausländische Preisträger und Preisträgerinnen des DAAD erzählen von ihren Erfahrungen in Deutschland. Bonn 1998
Datta, Asit (Hrsg.): Transkulturalität und Identität. Frankfurt 2005

Datta, Asit/Lang-Wojtasik, Gregor (Hrsg.): Bildung zur Eigenständigkeit. Vergessene reformpädagogische Ansätze aus vier Kontinenten. Frankfurt a.M. etc. 2002
Dauber, Heinrich et al. (Hrsg.): Das Projekt war doch ein Erfolg. Schulen im interkulturellen Dialog. Frankfurt a.M. 1998
Daun, Holger/Walford, Geoffrey (Hrsg.): Educational Strategies among Muslims in the Context of Globalization. Some National Case Studies. Leiden 2004
Deutsche UNESCO-Kommission: Die Vereinten Nationen im Unterricht. München etc. 1979
Deutsche UNESCO-Kommission (Hrsg.): Lernfähigkeit: Unser verborgener Reichtum. UNESCO-Bericht zur Bildung für das 21. Jahrhundert, Leitung: Delors, Jacques. Neuwied etc. 1997
Deutsche UNESCO-Kommission (Hrsg.): Lernfähigkeit: Unser verborgener Reichtum. Bundesweite Fachtagung zum UNESCO-Bericht ›Bildung für das 21. Jahrhundert‹, Arnoldshain, 17. bis 18. Juni 1998
Diefenbach, Heike/Klein, Michael: ›Bringing Boys Back In‹. Soziale Ungleichheit zwischen den Geschlechtern im Bildungssystem zuungunsten von Jungen am Beispiel der Sekundarschulabschlüsse. In: Zeitschrift für Pädagogik, 48. Jg. (2002), H. 6, S. 938–958
Diehm, Isabell/Radtke, Franz-Olaf: Erziehung und Migration. Eine Einführung. Stuttgart 1999
Döbert, Hans/et al. (Hrsg.): Die Schulsysteme Europas. Hohengehren 2002
Drerup, Heiner: Die neuere Koedukationsdebatte zwischen Wissenschaftsanspruch und politisch-praktischem Orientierungsbedürfnis. In: Zeitschrift für Pädagogik, 43. Jg. (1997), H. 6, S. 853–875
El Beggar, Khalid: Die Fremde ist wie ein Exil. In: DAAD (Hrsg.): Mein Deutschlandbild. Bonn 1998, S. 44f.
Erny, Pierre/Rothe, Friedrich Karl: Ethnopädagogik – Historische Annäherung. In: Müller, Klaus E./Treml, Alfred K. (Hrsg.): Ethnopädagogik. Sozialisation und Erziehung in traditionellen Gesellschaften. Eine Einführung, Berlin 1. Aufl. 1992, S. 83–99; 2. überarb. Auflage 1996, S. 93–111
Espe, Hans (Hrsg.): Marc-Antoine Jullien von Paris: Skizzen und Vorarbeiten zu einem Werk über die vergleichende Erziehung. Deutsche Übersetzung der einzigen noch erhaltenen Originalausgabe aus dem Jahre 1817 von Hans Espe. Berlin-Mariendorf 1954
Evans, David R.: The planning of nonformal education. Paris: UNESCO 1981
Fernig, Leo: The Global Approach to Comparative Education. In: International Review of Education, 5. Jg. (1959), H. 3, S. 343–355
Fischer, Torsten: Die United-World-Colleges. Modelle internationaler Internatserziehung auf reformpädagogischer Grundlage. Lüneburg 1991

Fox, Elisabeth: Das internationale Bakkalaureat – Wegbereiter einer weltweiten Erziehung und Bildung. In: Bildung und Erziehung, 44. Jg. (1991), H. 3, S. 327–349

Friedrichs, Jürgen: Methoden empirischer Sozialforschung, Opladen 11. Aufl. 1983

Friesenhahn, Günther (Hrsg.): Praxishandbuch Internationale Jugendarbeit. Schwalbach 2001

Führing, Gisela/Mané, Albert Martin (Hrsg.): Globales Lernen im Schulalltag. Beiträge zu einem Wettbewerb. Münster 2001

Fujikane, Hiroko: Approaches to global education in the United States, the United Kingdom and Japan. In: International Review of Education, 49. Jg. (2003), S. 133–151

Gaitanides, Stefan: Aus-, Fort- und Weiterbildung im Bereich der interkulturellen Sozialarbeit. Sozialpädagogik mit dem Schwerpunkt ›interkulturelle Jugendarbeit‹. München 1999

Gautherin, Jacqueline: Marc-Antoine Jullien (›Jullien de Paris‹). In: Prospects – The quarterly review of comparative education, Jg. XXIII (1993), H. 3/4, S. 757–773

Göhlich, Michael/et al. (Hrsg.): Transkulturalität und Pädagogik. Weinheim 2006

Gogolin, Ingrid: Der monolinguale Habitus der multilingualen Schule. Münster etc. 1994

Gogolin, Ingrid/Krüger-Potratz, Marianne: Einführung in die Interkulturelle Pädagogik. Opladen & Farmington Hills 2006

Gogolin, Ingrid/Pries, Ludger: Stichwort: Transmigration und Bildung. Zeitschrift für Erziehungswissenschaft, 7. Jg. (2004), H. 1, S. 5–19

Gonon, Philipp: Das internationale Argument in der Bildungsreform. Bern etc. 1998

Gottwald, Eckhart/Siedler, Dirk Chr. (Hrsg): ›Islamische Unterweisung‹ in deutscher Sprache. Eine erste Zwischenbilanz in Nordrhein-Westfalen. Neukirchen-Vluyn 2001

Greve, Jens/Heintz, Bettina: Die ›Entdeckung‹ der Weltgesellschaft. Entstehung und Grenzen der Weltgesellschaftstheorien. In: Heintz, Bettina/et al. (Hrsg): Weltgesellschaft. Theoretische Zugänge und empirische Problemlagen (Zeitschrift für Soziologie, Sonderheft ›Weltgesellschaft‹). Stuttgart 2005, S. 89–119

Gruber, Karl Heinz: Die OECD – Anatomie eines pädagogischen ›global player‹. In: Achtenhagen, Frank/Gogolin, Ingrid (Hrsg.): Bildung und Erziehung in Übergangsgesellschaften. Opladen 2002, S. 65–76

Habermas, Jürgen: Zur Rekonstruktion des Historischen Materialismus. Frankfurt a.M. 1976

Hack, Lothar: Auf der Suche nach der verlorenen Totalität. Von Marx' kapitalistischer Gesellschaftsformation zu Wallersteins Analyse der ›Weltsysteme‹? In: Heintz, Bettina/et al. (Hrsg): Weltgesellschaft. Theoretische Zugänge und empirische Problemlagen (Zeitschrift für Soziologie, Sonderheft ›Weltgesellschaft‹). Stuttgart 2005, S. 120–158

Hahn, Karola: Hochschulen auf dem internationalen Bildungsmarkt und die Positionierung Deutschlands. In: Hahn, Karola/Lanzendorf, Ute (Hrsg.): Wegweiser Globalisieurng – Hochschulsysteme in Bewegung, Kassel 2005, S. 13–34

Hahn, Karola/Lanzendorf, Ute (Hrsg.): Wegweiser Globalisierung – Hochschulsysteme in Bewegung. Kassel 2005

Hasse, Raimund/Krücken, Georg: Neo-Institutionalismus. Bielefeld 1999

Hayden, Mary C./Thompson, Jeff J.: International Education: Perceptions of Teachers in International Schools. In: International Review of Education 44 (1998), S. 549–568

Hayden, Mary C./Wong, Cynthia: The International Baccalaureate: International Education and Cultural Preservation. In: Educational Studies, 23. Jg. (1997), S. 349–361

Heintz, Bettina/et al. (Hrsg): Weltgesellschaft. Theoretische Zugänge und empirische Problemlagen (Zeitschrift für Soziologie, Sonderheft »Weltgesellschaft«). Stuttgart 2005

Henn, Christiane: Workcamps: Dritte Welt-Tourismus einmal anders oder echte Chance für die Jugendpädagogik? Eine empirische Untersuchung. Frankfurt a.M. 2001

Hennes, Simon: Bildungsdienstleistungen im Welthandelsrecht. In: Recht der Jugend und des Bildungswesens, 51 Jg. (2003), H. 4, S. 449–465

Herrmanny, Christian: Straßenkinder brauchen Spenden – Wie international operierende Hilfswerke in Deutschland über ›Straßenkinder‹ informieren. In: Adick, Christel (Hrsg.): Straßenkinder und Kinderarbeit. Sozialisationstheoretische, historische und kulturvergleichende Studien. Frankfurt a.M. 1997, S. 141–165

Hierdeis, Helwart/Hug, Theo: Pädagogische Alltagstheorien und erziehungswissenschaftliche Theorien. Bad Heilbrunn 1992

Hilker, Franz: Vergleichende Pädagogik. Eine Einführung in ihre Geschichte, Theorie und Praxis. München 1962

Hill, Ian: The history of international education: an International Baccalaureate perspective. In: Hayden, Mary/et al. (Hrsg.): International Education in Practice – Dimensions for national and international schools. London 2002, S. 18–29

HRK (Hochschulrektorenkonferenz): Zur Vermittlung berufsbezogener interkultureller Qualifikation an den Hochschulen. Empfehlung des 474. Präsidiums der Hochschulrektorenkonferenz. Frankfurt a.M., 11. Dezember 1995

Holzbrecher, Alfred: Interkulturelle Pädagogik. Berlin 2004

Horn, Klaus-Peter: Pädagogische Zeitschriften im Nationalsozialismus. Selbstbehauptung, Anpassung, Funktionalisierung. Weinheim 1996

Horn, Klaus-Peter: Wissensformen, Theorie-Praxis-Verhältnis und das erziehungswissenschaftliche Studium. In: Der pädagogische Blick, 7. Jg. (1999), S. 215–221

Horn, Klaus-Peter: Allgemeine Erziehungswissenschaft und Berufsqualifikation im erziehungswissenschaftlichen Studium – ein Un-Verhältnis? In: Adick, Christel/Kraul, Margret/Wigger, Lothar (Hrsg.): Was ist Erziehungswissenschaft? Donauwörth 2000, S. 35–56

Hornberg, Sabine: Europäische Gemeinschaft und multikulturelle Gesellschaft. Frankfurt 1999

Hornberg, Sabine: Schule im Prozess der Internationalisierung von Bildung. Münster etc. 2008 (im Druck)

Hornberg, Sabine (Hrsg.): Die Schulsituation von Sinti und Roma in Europa. Frankfurt 2000

Hörner, Wolfgang: Technische Bildung und Schule. Eine Problemanalyse im internationalen Vergleich. Köln etc. 1993

Hörner, Wolfgang: Die Schulsysteme Europas – zur Einführung. In: Döbert, Hans/et al. (Hrsg.): Die Schulsysteme Europas. Hohengehren 2002, S. 1–7

Hörner, Wolfgang: Erziehungswissenschaft, Vergleichende. In: Wörterbuch Erziehungswissenschaft, herausgegeben von Heinz-Hermann Krüger/Cathleen Grunert. Wiesbaden 2004, S. 182–188

Hüfner, Klaus (Hrsg.): Bildungswesen: Mangelhaft. BRD-Bildungspolitik im OECD-Länderexamen. Weinheim 1973

Jullien (de Paris), Marc-Antoine: Esquisse d'un ouvrage sur l'éducation comparée. Paris 1817, Neuauflage: Bureau International d'Education (Publication No. 243). Genf 1962

Kern, Peter: Einführung in die Vergleichende Pädagogik. Konzeptionen, Themen, Problematik. Darmstadt 1973

Kiefer, Michael: Islamkunde in deutscher Sprache in Nordrhein-Westfalen. Münster 2005

Kienitz, Werner/Mehnert, Wolfgang: Über Gegenstand und Aufgaben der marxistischen Vergleichenden Pädagogik (1966). In: Busch, Adelheid/et al. (Hrsg.): Vergleichende Erziehungswissenschaft. Texte zur Methodologie-Diskussion. Pullach 1974, S. 45–70

KMK (Kultusministerkonferenz): Empfehlung zur Förderung der Menschenrechtserziehung in der Schule, Beschluss der Kultusministerkonferenz vom 4.12.1980 in der Fassung vom 14.12.2000

KMK (Kultusministerkonferenz): ›Eine Welt/Dritte Welt‹ in Unterricht und Schule, Beschluss der Kultusministerkonferenz vom 28.02.1997, geringfügig überarbeitet 20.3.1998

KMK (Kultusministerkonferenz): Empfehlung »Interkulturelle Bildung und Erziehung in der Schule«, Beschluss der Kultusministerkonferenz vom 25.10.1996

KMK (Kultusministerkonferenz): Europa im Unterricht, Beschluss der Kultusministerkonferenz vom 8.6.1978 in der Fassung vom 7.12.1990

KMK/BMZ (Kultusministerkonferenz/Bundesministerium für wirtschaftliche Zusammenarbeit und Entwicklung): Orientierungsrahmen für den Lernbereich ›Globale Entwicklung‹. Ein Beitrag zur Bildung für nachhaltige Entwicklung vom 14.06.2007 (www.kmk.org/aktuell/070614–globale-entwicklung.pdf)

KMK/DUK (Kultusministerkonferenz/Deutsche UNESCO-Kommission): Empfehlung zur ›Bildung für nachhaltige Entwicklung in der Schule‹ vom 15.06.2007 (www.kmk.org/aktuell/KMK-DUK-Empfehlung.pdf)

Kösterke, Astrid: Urlaubsreisen und interkulturelle Begegnung. Studienkreis für Tourismus und Entwicklung e.V. Ammerland 2000

Kohl, Gaby: Die internationalen Schulen weltweit. Entwicklung und aktuelle Situation. In: Bildung und Erziehung 44 (1991), S. 271–284

Kompass. Handbuch zur Menschenrechtsbildung für die schulische und außerschulische Bildungsarbeit. Hrsg. der deutschsprachigen Ausgabe: Bundeszentrale für politische Bildung/Deutsches Institut für Menschenrechte/Europarat; Projektleitung: Claudia Lohrenscheit. Berlin (Deutsches Institut für Menschenrechte) 2005

Krappmann, Lothar: Der Besuch von Vernor Muñoz-Villalobos: Eine menschenrechtliche Perspektive auf das deutsche Bildungswesen. In: Overwien, Bernd/Prengel, Annedore (Hrsg.): Recht auf Bildung. Zum Besuch des Sonderberichterstatters der Vereinten Nationen in Deutschland. Opladen & Farmington Hills 2007, S. 9–17

Krebs, Uwe: Erziehung in Traditionalen Kulturen. Quellen und Befunde aus Afrika, Amerika, Asien und Australien 1898–1983. Berlin 2001

Krüger-Potratz, Marianne: Zwischen Weltfrieden und Stammesversöhnung. Ein Kapitel aus der Geschichte des internationalen Schüleraustauschs. In: Bildung und Erziehung, 49. Jg. (1996), H. 1, S. 27–43

Krüger-Potratz, Marianne: Interkulturelle Bildung. Eine Einführung, Münster etc. 2005

Kuhn, Thomas S.: Die Struktur wissenschaftlicher Revolutionen. Frankfurt a.M. 2. Aufl. 1976

Landgrebe, Silke (Hrsg.): Internationaler Tourismus. München etc. 2000

Lanzendorf, Ute: Deutsche Hochschulen als neue *Transnational Player* – Zwischenbilanz einer politischen Initiative zum Aufbau gebührenpflichtiger Studiengänge im Ausland. In: Tertium Comparationis, 12. Jg. (2006), H. 2, S. 189–211

Lemberg, Eugen: Von der Erziehungswissenschaft zur Bildungsforschung: das Bildungswesen als gesellschaftliche Institution. In: Lemberg, Eugen (Hrsg.): Das Bildungswesen als Gegenstand der Forschung. Heidelberg 1963, S. 21–100

Lenhart, Volker: ›Bildung für alle‹. Zur Bildungskrise in der Dritten Welt. Darmstadt 1993

Lenhart, Volker: Der Aufgabenkreis einer Pädagogik der Menschenrechte. In: Lorenz, Thorsten/Abele, Albrecht (Hrsg.): Pädagogik als Verantwortung. Zur Aktualität eines unmodernen Begriffs. Weinheim 1998, S. 15–34

Lenhart, Volker: Aktuelle Aufgaben einer Kritischen Internationalen Erziehungswissenschaft. In: Sünker, Heinz/Krüger, Heinz-Hermann (Hrsg.): Kritische Erziehungswissenschaft am Neubeginn?! Frankfurt a.M. 1999, S. 210–230

Lenhart, Volker: Pädagogik der Menschenrechte. Wiesbaden 2003, 2. überarbeitete u. aktualisierte Aufl. 2006

Lohrenscheit, Claudia: Das Recht auf Menschenrechtsbildung. Grundlagen und Ansätze einer Pädagogik der Menschenrechte. Frankfurt a.M. 2004

Lücke, Barbara: Ein Europa der Städte und Gemeinden: Handbuch für Städtepartnerschaften. Generalsekretariat der Europäischen Kommission. Luxemburg 1997

Luhmann, Niklas/Schorr, Karl-Eberhard: Reflexionsprobleme im Erziehungssystem. Stuttgart 1979

McIntosh, Christopher (Hrsg.): Reflecting on Seven Decades in the Life of the Journal, Special Retrospective Issue, International Review of Education, 48. Jg. (2002), H. 1/2

McNeely, Connie L.: Prescribing National Education Policies: The Role of International Organizations. In: Comparative Education Review, 39. Jg. (1995), H. 4, S. 483–507

Mecheril, Paul: Prekäre Verhältnisse. Über natio-ethno-kulturelle (Mehrfach-)Zugehörigkeiten. Münster etc. 2003

Mecheril, Paul: Einführung in die Migrationspädagogik. Weinheim etc. 2004

Meinerts, Eva: Briefe aus Zaire. In: Neue Sammlung, 24. Jg. (1984), H. 2, S. 129–148

Menck, Peter: Didaktik (und Methodik). In: Helmwart Hierdeis (Hrsg.): Taschenbuch der Pädagogik. Baltmannsweiler 1. Aufl. 1978, Bd. 1, S. 178–187

Menck, Peter: Geschichte der Erziehung. Donauwörth 1993

Menck, Peter: Was ist Erziehung? Eine Einführung in die Erziehungswissenschaft. Donauwörth 1998

Meyer, John W.: Der sich wandelnde kulturelle Gehalt des Nationalstaats. In: Meyer, John W.: Weltkultur. Wie die westlichen Prinzipien die Welt durchdringen, hg. von Georg Krücken. Frankfurt a.M. 2005, S. 133–162

Meyer, John W./Ramirez, Francisco O.: Die globale Institutionalisierung der Bildung. In: Meyer, John W. – Weltkultur. Wie die westlichen Prinzipien die Welt durchdringen, hg. von Georg Krücken. Frankfurt a.M. 2005, S. 212–234

Meyer, John W./et al.: The World Educational Revolution, 1950–1970. In: Sociology of Education. 50. Jg. (1977), S. 242–258.

Meyer, John W./et al.: Die Weltgesellschaft und der Nationalstaat. In: Meyer, John W.: Weltkultur. Wie die westlichen Prinzipien die Welt durchdringen, hg. von Georg Krücken. Frankfurt a.M. 2005, S. 85–132

Miller, Errol: Marginalization of the Black Male. 2. veränderte Aufl. Barbados etc. 1994 (1. Aufl. 1986)

Miller, Errol: Men at Risk. Kingston (Jamaika) 1991, 2. Aufl. 1995

Mitter, Wolfgang: Vergleichende Analyse und internationale Erziehung in der Vergleichenden Erziehungswissenschaft. In: Lenhart, Volker/Hörner, Horst (Hrsg.): Aspekte Internationaler Erziehungswissenschaft. Weinheim 1996a, S. 3–11

Mitter, Wolfgang: Staat und Markt im internationalen Bildungswesen aus historisch-vergleichender Sicht – Gegner, Konkurrenten, Partner? In: Bildung zwischen Staat und Markt. Zeitschrift für Pädagogik, 35. Beiheft. Weinheim etc. 1996b, S. 125–142

Mohr, Irka-Christin: Islam-Unterricht. Wieviel Religion braucht die Schule? In: Zeitschrift für Kulturaustausch, 49. Jg. (1999), H. 4, S. 110–112

Mohr, Irka-Christin: Muslime zwischen Herkunft und Zukunft. Islamischer Unterricht in Berlin. Berlin 2000a

Mohr, Irka-Christin: Islamischer Religionsunterricht im europäischen Vergleich. Vortrag im Rahmen der Veranstaltungsreihe »Muslime und moderne Gesellschaften« der Heinrich-Böll-Stiftung, Berlin etc. 2000b (www.uni-erfurt.de/islamwissenschaft/mohr-vortrag.html)

Morsey, Zaghloul/Tedesco, Juan V. (Hrsg.): Thinkers on Education. 4 Bde. UNESCO Paris 1997

Müller, Klaus E./Treml, Alfred K. (Hrsg.): Ethnopädagogik. Sozialisation und Erziehung in traditionellen Gesellschaften. Eine Einführung. Berlin 1. Aufl. 1992, 2. überarb. Auflage 1996

Müller, Josef/Hinzen, Heribert (Hrsg.): Bildung für alle – lebenslang und lebenswichtig. Die großen internationalen Konferenzen zum Thema Grundbildung: Von Jomtien (Thailand) 1990 bis Dakar (Senegal) 2000. Bonn 2001

Mundorf, Margret: Christliche Freiwilligendienste im Ausland. Lernprozesse und Auswirkungen auf die Lebensentwürfe junger Menschen. Eine qualitative Studie. Münster etc. 2000

Mundy, Karen/Murphy, Lynn: Transnational Advocacy, Global Civil Society? Emerging Evidence from the Field of Education. In: Comparative Education Review, 45. Jg. (2001), H. 1, S. 85–126

Muñoz Villalobos, Vernor: UN-Menschenrechtskommission. UNHRC Bericht zu Deutschland 2007 (http://www.ohchr.org/english/bodies/

hrcouncil/docs/4session/A.HRC.4.29.Add.3.pdf) Deutsche Zusammenfassung: http://www.gew.de/Binaries/Binary25150/Arbeits%C3%BCbersetzung_M%C3%A4rz07.pdf

Naumann, Jens: TIMSS, PISA, IGLU und das untere Leistungsspektrum in der Weltgesellschaft. In: Tertium Comparationis, 10. Jg. (2004), H. 1, S. 44–63

Nestvogel, Renate: Lernen von der dritten Welt. Traditionelle afrikanische Erziehungsmuster. In: Afrika-Spectrum, 18. Jg. (1983) H. 1, S. 27–47

Nestvogel, Renate: Zum Verhältnis von »Interkulturellem Lernen«, »Globalem Lernen« und »Bildung für eine nachhaltige Entwicklung«. In: Wulf, Christoph/Merkel, Christine (Hrsg.): Globalisierung als Herausforderung der Erziehung. Theorien, Grundlagen, Fallstudien. Münster etc. 2002, S. 31–44

Nestvogel, Renate (Hrsg.): Interkulturelles Lernen oder verdeckte Dominanz? Hinterfragung »unseres« Verhältnisses zur »Dritten Welt«. Frankfurt a.M. etc. 1991

Niedrig, Heike: Sprache – Macht – Kultur. Multilinguale Erziehung im Post-Apartheid-Südafrika. Münster etc. 2000

Nieke, Wolfgang: Interkulturelle Erziehung und Bildung. Wertorientierungen im Alltag. Opladen 3., aktualisierte Aufl. 2008 (1. Aufl. 1986)

Niekrawitz, Clemens: Interkulturelle Pädagogik im Überblick. Von der Sonderpädagogik für Ausländer zur interkulturellen Pädagogik für Alle. Ideengeschichtliche Entwicklung und aktueller Stand. Frankfurt a.M. 1990, 2. überarb. Aufl. 2004

Noah, Harold J.: Bildungspolitik und internationale Studien zum Bildungswesen. In: Bildung und Erziehung, 44. Jg. (1991), S. 27–38

Nohl, Arnd-Michael: Konzepte interkultureller Pädagogik. Eine systematische Einführung. Bad Heilbrunn 2006

Oelkers, Jürgen: Reformpädagogik. Eine kritische Dogmengeschichte, 3. vollständig bearb. und erw. Aufl. Weinheim und München 1996

Ouane, Adama/Singh, Madhu: Large Scale Assessments and their Impact for Education in the South. In: Zeitschrift für internationale Bildungsforschung und Entwicklungspädagogik, 27. Jg. (2004), H. 1, S. 2–8

Overwien, Bernd/Prengel, Annedore (Hrsg.): Recht auf Bildung. Zum Besuch des Sonderberichterstatters der Vereinten Nationen in Deutschland. Opladen & Farmington Hills 2007

Özdil, Ali-Özgür: Aktuelle Debatten zum Islamunterricht in Deutschland. Hamburg 1999

Pantzer, Peter (Hrsg.): Die Iwakura-Mission. Das Logbuch des Kume Kunitake über den Besuch der japanischen Sondergesandtschaft in Deutschland. Österreich und der Schweiz im Jahre 1973, übersetzt und hg. von Peter Pantzer/et al. München 2002

Paschen, Harm: Pädagogiken. Zur Systematik pädagogischer Differenzen. Weinheim 1996

Piaget, Jean: Psychologie der Intelligenz. Olten 1972
Pries, Ludger: Die Transnationalisierung der sozialen Welt. Frankfurt a.M. 2008
Radtke, Franz-Olaf: Die Erziehungswissenschaft der OECD. In: Erziehungswissenschaft, H. 27 (2003), S. 109–136
Ramirez, Franciso O./Boli, John: The Political Construction of Mass Schooling: European Origins and Worldwide Institutionalization. In: Sociology of Education, 60. Jg. (1987), S. 2–17
Reagan, Timothy: Non-Western Educational Traditions. Alternative Approaches to Educational Thought and Practice. Mahwah/New Jersey 2. Aufl. 2000
Reich, Hans H./Holzbrecher, Alfred/Roth, Hans-Joachim (Hrsg.): Fachdidaktik interkulturell. Ein Handbuch. Opladen 2000
Renner, Erich: Ethnopädagogik. Ein Report. Weinheim etc. 2000
Renner, Erich/Seidenfaden, Fritz (Hrsg.): Kindsein in fremden Kulturen. Selbstzeugnisse. 2 Bde. Weinheim 1997/1998
Robertson, Susan/Bonal, Xavier/Dale, Roger: GATS and the Education Service Industry: The Politics of Scale and Global Reterritorialization. In: Comparative Education Review, 46. Jg. (2002), H. 4, S. 472–496
Röhrs, Hermann: Schule und Bildung im internationalen Gespräch. Studien zur Vergleichenden Erziehungswissenschaft, Frankfurt a.M. 1966
Röhrs, Hermann: Forschungsstrategien in der Vergleichenden Erziehungswissenschaft. Weinheim/Basel 1975
Röhrs, Hermann: Die Reformpädagogik. Ursprung und Verlauf unter internationalem Aspekt. Weinheim etc. 5. durchges. u. erg. Auflage 1998
Röhrs, Herrmann/Lenhart, Volker (Hrsg.): Die Reformpädagogik auf den Kontinenten. Frankfurt a.M. 1994
Rosselló, Pedro: Les Précurseurs du Bureau International d'Education. Un aspect inédit de l'histoire de l'éducation et des institutions internationales. Genf 1943
Rost, Friedrich: Lern- und Arbeitstechniken für das Studium. Wiesbaden 4. durchges. Aufl. 2004
Rotter, Carolin: Interkulturelle Kompetenz. In: Hantel-Quitmann, Wolfgang/Kastner, Peter (Hrsg.): Der globalisierte Mensch. Wie die Globalisierung den Menschen verändert. Gießen 2004, S. 95–111
Scheunpflug, Annette: Evaluation entwicklungsbezogener Bildungsarbeit. Evangelischer Entwicklungsdienst (EED)/Brot für die Welt. Bonn/Stuttgart 2003
Scheunpflug, Annette/Seitz, Klaus: Die Geschichte der entwicklungspolitischen Bildung. Bd. I: Entwicklungspolitische Unterrichtsmaterialien, Bd. II: Schule und Lehrerbildung, Bd. III: Erwachsenenbildung und Jugendarbeit. Frankfurt etc. 1995

Scheunpflug, Annette/Schröck, Nikolaus: Globales Lernen. Einführung in eine pädagogische Konzeption zur entwicklungsbezogenen Bildung. Stuttgart 2001
Scheunpflug, Annette/Treml, Alfred K. (Hrsg.): Entwicklungspolitische Bildung. Bilanz und Perspektiven in Forschung und Lehre. Tübingen 1993
Scheunpflug, Annette/Toepfer, Barbara (Hrsg.): Entwicklungsbezogene Bildung an beruflichen Schulen. Frankfurt a.M. 1996
Schneider, Barbara: »Alle alles zu lehren«. Überlegungen zum gegenwärtigen Verhältnis von Bildung und Bildungsforschung. In: Vierteljahresschrift für Wissenschaftliche Pädagogik, 80. Jg. (2004), H. 4, S. 505–522
Schneider, Friedrich: Internationale Pädagogik, Auslandspädagogik, Vergleichende Erziehungswissenschaft. Geschichte, Wesen, Methoden, Aufgaben und Ergebnisse. In: Internationale Zeitschrift für Erziehungswissenschaft, 1. Jg. (1931/32), H. 2, S. 243–257, H. 3, S. 392–407; 2. Jg. (1932/33), H. 1, S. 79–89
Schneider, Friedrich: Triebkräfte der Pädagogik der Völker. Eine Einführung in die Vergleichende Erziehungswissenschaft. Salzburg 1947
Schneider, Friedrich: Vergleichende Erziehungswissenschaft. Geschichte, Forschung, Lehre. Heidelberg 1961
Schöfthaler, Traugott: Vom additiven Wertkonsens zur Bildung für das 21. Jahrhundert. Die internationale Entstehungsgeschichte des globalen Lernens. In: Zeitschrift für internationale Bildungsforschung und Entwicklungspädagogik 23 (2000), H. 3, S. 19–23
Schriewer, Jürgen: ›Erziehung‹ und ›Kultur‹. Zur Theorie und Methodik Vergleichender Erziehungswissenschaft. In: Brinkmann, Wilhelm/Renner, Karl (Hrsg.): Die Pädagogik und ihre Bereiche. Paderborn etc. 1982, S. 185–236
Schriewer, Jürgen: Welt-System und Interrelationsgefüge. Die Internationalisierung der Pädagogik als Problem Vergleichender Erziehungswissenschaft. Humboldt-Universität zu Berlin: öffentliche Vorlesungen, Heft 34. Berlin 1994a
Schriewer, Jürgen: Internationalisierung der Pädagogik und Vergleichende Erziehungswissenschaft. In: Müller, Detlef K. (Hrsg.): Pädagogik – Erziehungswissenschaft – Bildung. Köln etc. 1994b, S. 427–462
Schriewer, Jürgen/et al.: Konstruktion von Internationalität: Referenzhorizonte pädagogischen Wissens im Wandel gesellschaftlicher Systeme (Spanien, Sowjetunion/Rußland, China). In: Kaelble, Hartmut/Schriewer, Jürgen (Hrsg.): Gesellschaften im Vergleich. Forschungen aus Sozial- und Geisteswissenschaften. Frankfurt a.M. 1998, S. 151–258
Schriewer, Jürgen: Wie global ist institutionalisierte Weltbildungsprogrammatik? Neo-institutionalistische Thesen im Licht kulturvergleichender Analysen. In: Heintz, Bettina/et al. (Hrsg): Weltgesellschaft.

Theoretische Zugänge und empirische Problemlagen (Zeitschrift für Soziologie, Sonderheft ›Weltgesellschaft‹). Stuttgart 2005, S. 415–441

Schuller, Tom: Constructing International Policy Research: the role of CERI/OECD. In: European Educational Research Journal, 4. Jg. (2005), H. 3, S. 170–180

Schulz, Uwe/Naumann, Jens: Grundbildung als Priorität der Bildungshilfe? Zur Rolle der Weltbank. In: Tertium Comparationis, 3. Jg. (1997), H. 2, S. 153–172

Seifer, Katrin: Virtuelle Mobilität im Hochschulbereich: Beispiele von Fernstudium und virtuellen Universitäten. In: Tertium Comparationis, 12. Jg. (2006), H. 2, S. 233–251

Seitz, Klaus: Von der Dritte Welt Pädagogik zum Globalen Lernen. In: Scheunpflug, Annette/Treml, Alfred K. (Hrsg.): Entwicklungspolitische Bildung. Bilanz und Perspektiven in Forschung und Lehre. Tübingen 1993, S. 39–77

Seitz, Klaus: Bildung in der Weltgesellschaft. Gesellschaftstheoretische Grundlagen Globalen Lernens. Frankfurt a.M. 2002a

Seitz, Klaus: Zwischen Ignoranz und Mystifizierung. Anmerkungen zur Rezeption der Pädagogik des Südens und zur ›Internationalität‹ der Reformpädagogik. In: Datta, Asit/Lang-Wojtasik, Gregor (Hrsg.): Bildung zur Eigenständigkeit. Vergessene reformpädagogische Ansätze aus vier Kontinenten. Frankfurt a.M. etc. 2002b, S. 271–287

Selby, David/Rathenow, Hanns-Fred: Globales Lernen. Praxishandbuch für die Sekundarstufe I und II, Berlin 2003

Siegele, Anna: Die Einführung eines islamischen Religionsunterrichts an deutschen Schulen. Frankfurt a.M. etc. 1990

Steiner-Khamsi, Gita: Local Meanings, Global Schooling, Anthropology and World Culture Theory (Rezension). In: Globalisation, Societies and Education, 3. Jg. (2005), H. 2, S. 229–237

Steiner-Khamsi, Gita (Hrsg.): The Global Politics of Educational Borrowing and Lending. New York/London 2004

Sylvester, Bob: The ›first‹ international school. In: Hayden, Mary/et al. (Hrsg.): International Education in Practice – Dimensions for national and international schools. London 2002, S. 3–17

Tenorth, Heinz-Elmar (Hrsg.): Klassiker der Pädagogik, 2 Bde. München 2003

Tenorth, Heinz-Elmar: Pädagogik als Wissenschaft und Praxis. Über pädagogische Ausbildung und pädagogische Kompetenz. In: Jäger, Georg/ Schönert, Jörg (Hrsg.): Wissenschaft und Berufspraxis. Paderborn 1997, S. 175–191

Thimmel, Andreas: Pädagogik der internationalen Jugendarbeit. Geschichte, Praxis und Konzepte des Interkulturellen Lernens. Schwalbach 2001

Thomas, Andreas: Erlebnisse, die verändern. Langzeitentwicklungen der Teilnahme an internationalen Jugendgruppen. Göttingen 2006
Thomas, William I.: Person und Sozialverhalten, hg. von Edmund H. Volkar. Neuwied/Berlin 1965
Thomas, William I./Thomas, Dorothy Swaine: The Child in America. New York 1928
Treml, Alfred K.: Die pädagogische Konstruktion der »Dritten Welt«. Bilanz und Perspektiven der Entwicklungspädagogik. Frankfurt etc. 1996
Tröhler, Daniel/Schwab, Andrea (Hrsg.): Volksschule im 18. Jahrhundert. Die Schulumfrage auf der Zürcher Landschaft in den Jahren 1771/1772. Bad Heilbrunn 2006; 2., durchges. Aufl. 2007
Unger-Heitsch, Helga (Hrsg.): Das Fremde verstehen – Ethnopädagogik als konkrete Hilfe in Schule und Gesellschaft. Münster etc. 2001
Van Ackeren, Isabell: Internationale Erfahrungen für die Entwicklung in Deutschland nutzbar machen! In: Die Deutsche Schule, 8. Beiheft, 2004, S. 250–261
Van daele, Henk: Education comparée et éducation internationale: problèmes linguistiques. In: Christoph Kodron/et al. (Hrsg.): Vergleichende Erziehungswissenschaft: Herausforderungen – Vermittlung – Praxis. Köln etc. 1997, Bd. I, S. 173–181
VENRO (Verband Entwicklungspolitik deutscher Nichtregierungsorganisationen): Bilanz entwicklungspolitischer Bildungsarbeit in den NROs. In: Zeitschrift für internationale Bildungsforschung und Entwicklungspädagogik, 22. Jg- (1999), H. 1, S. 32–34
Vogel, Peter: Der Theorie-Praxis-Konflikt in der Pädagogik als Deutungsmuster im Studienalltag. In: Der pädagogische Blick, 7. Jg. (1999), S. 34–40
Vogel, Peter: Vorschlag für ein Modell erziehungswissenschaftlicher Wissensformen. In: Borrelli, Michele/Ruhloff, J. (Hrsg.): Deutsche Gegenwartspädagogik. Hohengehren 1998, S. 173–185
Wallerstein, Immanuel: Klassenanalyse und Weltsystemanalyse. In: Kreckel, Reinhard (Hrsg.): Soziale Ungleichheiten (Soziale Welt, Sonderband 2). Göttingen 1983, S. 301–320
Wallerstein, Immanuel: World-Systems Analysis. An Introduction. Durham & London 2004
Waterkamp, Dietmar: Vergleichende Erziehungswissenschaft. Ein Lehrbuch. Münster etc. 2006
Weiße, Wolfram: Der Hamburger Weg – Dialogisch orientierter »Religionsunterricht für alle«. In: Beauftragte der Bundesregierung für Ausländerfragen (Hrsg.): Islamischer Religionsunterricht an staatlichen Schulen in Deutschland. Bonn 2000, S. 25–48

Welsch, Wolfgang: Auf dem Weg zu transkulturellen Gesellschaften. In: Seubold, Günter/et al. (Hrsg.): Die Zukunft des Menschen. Philosophische Ausblicke. Bonn 1999, S. 119–144

Welsch, Wolfgang: Transkulturalität. Zur veränderten Verfaßtheit heutiger Kulturen. In: Zeitschrift für Kulturaustausch, 1995, H. 1, S. 39–44

Welsch, Wolfgang: Transkulturalität. Lebensformen nach der Auflösung der Kulturen. In: Information Philosophie, 1992, H. 2, S. 5–20

Weniger, Erich: Theorie und Praxis in der Erziehung (1929). In: Ders.: Ausgewählte Schriften zur geisteswissenschaftlichen Pädagogik. Weinheim etc. 1975, S. 29–44

Wenning, Norbert: Die nationale Schule. Öffentliche Erziehung im Nationalstaat. Münster etc. 1996

Wigger, Lothar: Konturen einer modernen Erziehungswissenschaft. Überlegungen im Anschluss an die Diskussion um die Allgemeine Erziehungswissenschaft. In: Adick, Christel/Kraul, Margret/Wigger, Lothar (Hrsg.): Was ist Erziehungswissenschaft? Donauwörth 2000, S. 35–56

Wilson, David N.: Comparative and International Education. Fraternal or Siamese Twins? A Preliminary Genealogy of our Twin Fields. In: Comparative Education Review, 38. Jg. (1994), S. 449–486

Wimmer, Andreas/Glick Schiller, Nina: Methodological Nationalism, the Social Sciences, and the Study of Migration. An Essay in Historical Epistemology. In: International Migration Review, 27. Jg. (2003), S. 576–610

Wobbe, Theresa: Weltgesellschaft. Bielefeld 2000

World Bank: Education in Sub-Saharan Africa. Washington 1988

Yamoto, Yoko/Bray, Mark: Comparative Education in a microcosm: Methodological insights from the international schools sector in Hongkong. In: International Review of Education, 49. Jg. (2003), H. 1–2 S. 51–73

Zachariah, Mathew: Lumps of Clay and Growing Plants: Dominant Metaphors of the Role of Education in the Third World, 1950–1980. In: Comparative Education Review, 29. Jg. (1985), S. 1–21

Zimmer, Jürgen: Situationsansatz und interkulturelle Erziehung. Bericht über zwei Modellversuche in Berliner Kindergärten und Grundschulen. In: Die Deutsche Schule, 74. Jg. (1982), H. 5, S. 378–385

Zymek, Bernd: Das Ausland als Argument in der pädagogischen Reformdiskussion. Ratingen etc. 1975

Verzeichnis der Abkürzungen

AGIS	Association of German International Schools e.V.
BMBF	Bundesministerium für Bildung und Forschung
BMZ	Bundesministerium für wirtschaftliche Zusammenarbeit und Entwicklung
BNE	Bildung für nachhaltige Entwicklung
BRD	Bundesrepublik Deutschland
CES	Comparative Education Society
CESE	Comparative Education Society in Europe
CIES	Comparative and International Education Society
DAAD	Deutscher Akademischer Austausch Dienst
DDR	Deutsche Demokratische Republik
DFG	Deutsche Forschungsgemeinschaft
DGfE	Deutsche Gesellschaft für Erziehungswissenschaft
DIPF	Deutsches Institut für Internationale Pädagogische Forschung
ECIS	European Council of International Schools
ERASMUS	European Action Scheme for the Mobility of University Students
EU	Europäische Union
GATS	General Agreement on Trade in Services
IBE	International Bureau of Education der UNESCO
IEA	International Association for the Evaluation of Educational Achievement
IIE	Institute of International Education der UNESCO
ILO	International Labour Organisation der Vereinten Nationen
IRE	International Review of Education
KMK	Kultusministerkonferenz
OECD	Organisation for Economic Co-operation and Development
PISA	Programme for International Student Assessment
SIIVE	Sektion International und Interkulturell Vergleichende Erziehungswissenschaft der Deutschen Gesellschaft für Erziehungswissenschaft
TIMSS	Third International Mathematics and Science Study
UN/UNO	United Nations/United Nations Organisation

UNESCO	United Nations Educational, Scientific and Cultural Organization
UNICEF	United Nations Children's Fund, Kinderhilfswerk der Vereinten Nationen
VENRO	Verband Entwicklungspolitik deutscher Nichtregierungsorganisationen
WCCES	World Council of Comparative Education Societies
WTO	World Trade Organization; Welthandelsorganisation

2., überarb. Auflage 2008
236 Seiten. Kart. € 18,–
ISBN 978-3-17-019895-1
Urban-Taschenbücher, Band 677
Grundriss der Pädagogik, Band 17

Franz Hamburger

Einführung in die Sozialpädagogik

Die Sozialpädagogik ist ein breites und vielseitiges Praxisfeld. Konflikte und Krisen im Lebenslauf werden sozialpädagogisch begleitet von der Kindheit bis ins Alter. Die praktischen Hilfen sollen die Entfaltung des Individuums ebenso wie die Ordnung der Gesellschaft gewährleisten.

Auf die Praxis der Sozialen Arbeit, deren Voraussetzungen, Dynamiken und Folgen bezieht sich die wissenschaftliche Sozialpädagogik. Mit ihren Begriffen und Theorien strukturiert sie den „sozialpädagogischen Blick" auf die Wirklichkeit.

In diesem Band werden nicht nur Theorie und Praxis der Sozialpädagogik einleitend beschrieben, auch ihre Geschichte und die Perspektiven der weiteren Entwicklung werden diskutiert.

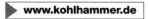

W. Kohlhammer GmbH · 70549 Stuttgart

2., überarb. Auflage 2007
236 Seiten. Kart. € 18,–
ISBN 978-3-17-019894-4
*Grundriss der Pädagogik/
Erziehungswissenschaft, Band 11
Urban-Taschenbücher, Band 671*

Jochen Kade/Dieter Nittel/Wolfgang Seitter

Einführung in die Erwachsenenbildung/ Weiterbildung

Diese Einführung zeigt auf, wie sich das Lernen im Erwachsenenalter und seine wissenschaftliche Bearbeitung historisch, theoretisch, forschungspraktisch und professionell entwickelt haben. Dazu werden die wesentlichen theoretischen Zugänge und empirischen Befunde detailliert vorgestellt. Die Darstellung ist fallbezogen und zugleich systematisch aufgebaut. Ihr Augenmerk liegt auf der Vielfalt der Perspektiven, mit der das Feld des Lernens Erwachsener strukturiert wird. Wer sich über die beruflichen Möglichkeiten in diesem facettenreichen pädagogischen Handlungsfeld näher orientieren will, findet eine Fülle empirisch abgesicherter Hinweise. Studienbezogene Ratschläge und ein Serviceteil runden die Darstellung ab.

www.kohlhammer.de

W. Kohlhammer GmbH · 70549 Stuttgart